종교사회학

종교학총서 2

종교 사회학

김 종 서

서울대학교출판문화원

서문

이 책은 종교사회학을 논하면서 다음과 같은 원칙들에 충실하고자 하였다.

첫째, 이론과 실제를 조화시킨다. 종래의 많은 종교사회학 책들이 너무 사소한 이론들에까지 집중한 나머지 종교사회학의 생명이라고 볼 수 있는 종교의 실제양상에 관한 지식들을 종종 간과해온 점은 무척 안타깝다. 예컨대, 아무리 종교집단에 관한 이론(즉, 기능주의의 유지이론이나 베버식의 의미이론 등)을 많이 알아도 불교의 승가(Sangha)가 어떻게 구성되는지, 이슬람교의 움마(Ummah)가 어떤 것인지를 모른다면 한심한 것이다.

둘째, 교구사회학(내지 기독교사회학)을 극복한다. 피히터(J. Fichter) 등의 연구에서 볼 수 있듯이 서구의 종교사회학적 관심은 종종 교회 안의 문제에만 집착하여 인간의 근본적인 종교성(religiosity) 등에 관한 연구는 무시해 왔다. 또 과연 이러한 기독교 중심적 개념과 이론들이 다른 종교 환경 속에도 적용될 수 있을까 하는 의문이 생기기도 한다. 예컨대, 교회-교파 이론(Church-sect theory)은 동양종교들에는 적합하지 않다는 주장들이 있다. 또 서구식 자기 확인 방법에만 의존해 종교인구 조사를 실시하면 한국에서는 유교인구가 2% 미만이다. 그러나 실제로 제사를 지내는 등 실천유교인은 95%라는 통계가 나오는 것이다.

셋째, 기존 한국적 종교사회 현상에 관한 연구업적들을 가능한 한 수렴한다. 그동안 대부분의 종교사회학 관계 논저들은 서구이론을 가지고 서구현상을 설명하는 내용이었다. 한국적 종교사회에 관한 논의들이 거의 취급되지 않고 있으므로 우리 사회를 위한 진정한 우리의 이야기가 아니라는 느낌이 든다. 종교다원주의에 관한 논의만 해도 서구의 것은 기본적으로 기독교 전통 안에서 가톨릭이냐 감리교냐 장로교냐 하는 일종의 종파적(denominational) 다원주의로서, 우리나라에서처럼 기독교, 불교, 유교 등 완전히 다른 종교 전통들 사이의 문제와는 다른 점이 많은 것이다.

넷째, 사회학적 환원주의(sociological reductionism)를 탈피한다. 기존에 실로 엄청난 종교사회학적 업적들이 등장했지만, 종교학계에서는 제한된 관심만을 기울여 왔다. 우선 대부분 종교사회학자들이 주로 사회학 쪽에서 훈련된 사람들이라서 사회학적인 면에서는 매우 풍부한 자료들을 인용하고 있지만, 이들이 종교 자체에 대하여 가지고 있는 전이해(pre-understanding)는 매우 약하다는 것을 지적할 수 있다. 종교 자체에 관한 인용은 대체로 학부 저학년생의 개론서 수준을 넘지 못하는 반면, 사회학적 이론은 최근 학술잡지의 첨단 주장들을 담고 있다. 한마디로 불균형이다. 또 종교는 사회현상의 한 부수현상 정도로 환원하여 버리고, 종교공동체의 진짜 핵심적인 면들을 종종 간과해 버리는 것이다.

예컨대 동학이 왜 일어나게 되었는지에 대하여 수많은 설명들이 있다. 당시 민중의 사회적인 박탈감(deprivation)이나 아노미(anomie) 현상 등이 자주 거론되어 왔다. 즉 동학의 발생은 그 당시 사회경제적 여건에 의해 결정된 결과라는 것이다. 그런데, 1860년 4월 5일 최제우가 했던 종교경험을 떠나서 동학 성립을 과연 생각할 수 있을까? 즉 상황(context)을 중심으로 한 결정론적(deterministic) 환원주의는 동학 성립의 모든 것을 다 설명해낼 수는 없는 것이다. 그와 비슷한 사회적 여건이 된다고 해서 반드시 종교가 생겨난다는 보장은 없다. 더구나 왜 하필 다른 종교도 아닌 동학이었을까 하는 질문에 대하여 사회경제적 결정론은 무력해진다. 이런 의미에서 종교학적 관심을 가지고 종교사회학을 하는 것은 중요하다. 물론 동학의 성립을 종교학적 입장에서만 이해하는 것도 사회경제적 맥락의 역동성과 우리의 현실적 관심을 희생하는 것이다. 즉 동학의 성립은 종교적 상징체계 자체(text)와 주변적 맥락(context) 사이의 적절한 상관관계 속에서 올바르게 이해될 수 있다. 이러한 적절한 상관관계를 베버(M. Weber)는 이른바 '선택적 친화력'(*Wahlverwandtschaft*)이라고 했고, 또 엘리아데(M. Eliade)는 '신비적 연대성'(mystical solidarity)이라고 표현했는지도 모른다. 결국, 요아힘 바하(J. Wach)가 종교학과 사회학의 변증법적 조화를 강조했던 것은 오늘날에도 의미 심장하다.

그러나 막상 집필을 하다 보니 원칙에 진정 충실하였는가 스스로 묻게 된다. 독자들의 질정을 겸허하게 받아들이고 싶다. 그리고 개정판에서 보완하겠다. 특히 여기서 다루지 못한 종교측정론 분야, 종교전문인론 분야 그리고 오늘날 새롭게 중시되고 있는 매스커뮤니케이션과 종교 및 종교의 상품화와 연관된 논의 등은 필자가 계속 관심을 가지고 있는 주제들이다.

끝으로 원고 정리에 도움을 준 서울대학교 종교학과 대학원 박사과정의 김재명 군과 김주실 양 그리고 서울대학교출판부의 관계자 여러분께 감사드린다.

2005년 12월

차례

제1장 사회적 맥락에서 본 종교

종교를 사회(학)적 맥락에서 논의한다고 할 때는, 확고부동한 정의를 내리고 그로부터 연역적 연구들을 전개해나가는 것보다는 오히려 기존의 연구 성과들을 귀납적으로 검토하여 정의에 도달하는 것을 더욱 바람직하게 여겨왔다. 그럼에도 불구하고 종교의 정의는 종교를 해석하는 근본적인 틀을 설정한다[1)]는 점에서 현대 종교사회학의 기존 종교 정의의 문제는 우선 우리가 짚고 넘어가야 할 사항인 것이다. 따라서 여기서는 먼저 사회(학)적 맥락에서 제시되어 온 고전적 종교 정의의 문제부터 개괄하고 그로부터 확장되어 온 현대적 쟁점들을 음미해 보기로 한다.

---

1) M. Hill, "Sociological Approaches (1)," F. Whaling, ed., *Contemporary Approaches to the Study of Religion*, vol. II, N.Y.: Mouton Publishers, 1985, p. 104.

1 베버와 종교 정의의 문제

근대 종교사회학의 창시자의 한 사람인 막스 베버(Max Weber, 1864~1920)는 그의 책 『종교사회학』(*The Sociology of Religion*)을 시작하면서, "종교를 정의하는 것, 즉 그것이 무엇인지 말하는 것은 이런 연구발표의 서두에서는 불가능하다. 종교의 정의는 비록 가능하다면 오직 연구의 결론에서나 시도될 수 있을 것이다. 종교의 본질(essence)은 우리의 관심사가 아니다. 우리는 특정한 사회적 행위의 조건과 결과를 연구함을 목표로 하고 있기 때문이다."[2)]라고 하고 있다. 즉 그는 종교의 의도적인 정의를 피하고 있다. 아마도 역사적 종교들에도 깊은 관심을 표명했던 베버가 종교들의 다양한 양태를 잘 인식했기 때문일 것이다. 또 개인적으로 보아도 베버는 (비록 독실한 기독교인이었던 셈이지만) 흔히 자신을 종교적 음치(unmusical)라고 표현한 바 있다. 즉 일부 선천적으로 종교적 재능을 가지고 태어나는 사람들(religious virtuosi, the few religiously gifted people)이 있는 반면에 자신을 비롯한 세상 많은 사람들은 사실상 그렇지가 못하다고 생각했던 것이다. 따라서 세속학문으로서 제시되고 있는 종교사회학에서는 적어도 그런 종교의 본질적인 면에 연관된 논의는 접어두자는 입장이다. 즉 엄밀히 말하자면 베버는 (특히 학문적인 입장에서 보면) 일종의 불가지론자(agnostic)였던 셈이다.[3)] 한편 방법론적으로 따져보면, 서구 합리주의적 사고에서 일반화되어 있던 어떤 확고부동한 기점(이른바 아르키메디안 포인트)을 정해 놓고 그로부터 연역적으로 사물을 설명해

---

2) M. Weber, *The Sociology of Religion*(1922), trans. E. Fischoff, Boston: Beacon Press, 1963, p. 1.

3) G. Baum, "Definitions of Religion in Sociology," M. Eliade & D. Tracy, eds., *What is Religion?*, N.Y.: The Seabury Press, 1980, pp. 25-26.

나가는 방식을 탈피하여, 베버는 경험주의적 귀납법을 바탕으로 가설을 설정해 놓고 이를 검증한 뒤 다시 가설을 수정해 나가곤 하는 이른바 해석학적 순환(hermeneutical circle)에 의한 이해방식을 종교연구에도 제기하고 있는 셈이다. 따라서 베버가 연구의 서두에 종교의 정의를 피하고 있다는 것은 정의 자체를 무시해서가 아니라, 오히려 섣부른 정의에 얽매여 경험적 연구 자체를 망치는 오류를 경계한 것이라고 보아야 할 것이다.

그러나 본격적인 종교의 연구에 앞서서 종교를 섣부르게 정의부터 하는 것도 문제지만, 반면에 연구대상에 대한 개념적 범위설정도 없이 종교의 연구를 시작한다는 것 또한 실제로 불가능한 일이다. 그러므로 대체로 종교를 연구하려면 나름대로 기본적인 이른바 "작업가설적 정의"(an operational definition)는 반드시 필요하다. 이런 맥락에서 보았을 때 베버도 비록 어렴풋이나마 당시 전개되어 왔던 종교학적 노선을 따라서 종교의 범위를 결과적으로 암시하고 있다는 것을 알 수 있다. 즉 명시된 바는 없으나 논의의 전개과정을 통해 보았을 때 베버의 경우 종교가 의미의 틀(the matrix of meaning)을 제공해 주는 것으로 이해하고 있다.[4] 물론 종교의 이러한 역할이 곧 종교 자체라고 말하기는 어려운 점이 있다. 그럼에도 불구하고 이렇게 사회적 맥락에서의 종교현상을 의미에 연관시켜 다루려 하는 것이 종교사회학에서 베버에 의해 정립된 독특한 전통인 것은 분명하다. 또 베버의 종교이해 가운데는 비록 단편적이지만 흔히 종교적 가치범주를 대표해온 "성스러움"(the sacred)에 관한 인식이 있는 것을 볼 수 있다. 그런데 베버는 이 성스러움이 특히 불변적이고(unalterable) 또 보편적인(universal) 것이라고 생각한다.[5]

---

4) *Ibid.*, p. 26.

5) M. Weber, *op. cit.*, p. 9. cf. p. xxvii.

2 뒤르켐의 종교 정의

한편 근대 종교사회학에서 베버와 더불어 또 하나의 이론적 지주로 알려진 뒤르켐(Emile Durkheim, 1858~1917)은 종교 정의의 문제에 있어서 더욱 적극적인 입장을 보여주고 있다. 개인적으로 신이나 내세 및 초자연적인 것들에 대해서 매우 회의적 성향을 보였던 뒤르켐은 일종의 무신론자(atheist)로 볼 수 있다.[6] 게다가 뒤르켐은 당시 종교 연구의 전통과는 완전히 별도로 나름대로 종교에 대한 독특한 이해를 전개하고 있어, 베버보다도 오히려 더 근본적으로 사회학적이라는 평가들도 있었다.[7]

아무튼 이러한 뒤르켐의 종교관은 그의 종교에 관련된 대표적인 저술인 『종교생활의 기본형태』(*The Elementary Forms of the Religious Life*)에 잘 나타나 있다.[8] 즉 혈연 그리고 더 나아가 이익공동체 및 전통과 같은 여러 특정한 사회적 요소들(social elements)에 의해 통합되어 있다고 느끼는 사람들은 그들의 도덕적 통일성(moral unity)을 의식하게 된다. 뒤르켐은 특히 이런 때 사람들이 모여서 느끼는 전기가 통하는 듯한 짜릿한 감정을 집단감격(collective effervescence)이라고 표현하는데, 이런 집단감격의 때에 모였던 사람들은 일상으로부터 철저하게 이탈하게 된다고 하고 있다.[9] 그리고 이렇게 집단감격을 통해 구체화되는 도덕적 통일성은 집단적 표상들(collective representations)[10]로 전

6) G. Baum, *op. cit.*, p. 26.

7) P.L. Berger, *The Sacred Canopy*, N.Y.: Anchor Books, 1967, p. 176.

8) E. Durkheim, *The Elementary Forms of the Religious Life* (1915), trans. J.W. Swain, N.Y.: The Free Press, 1965, pp. 432-433.

9) *Ibid.*, pp. 245-255. 예컨대 올림픽에서 우리 선수가 금메달을 따서 국기가 게양된 가운데 애국가가 울려 퍼질 때 우리가 가슴에 느끼는 복받치는 감격을 생각할 수 있다.

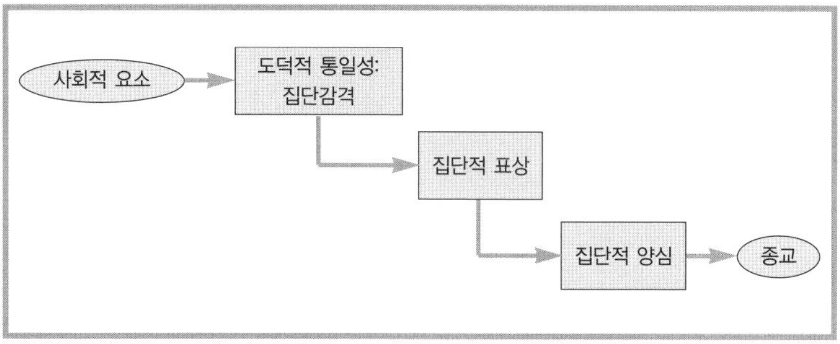

뒤르켐의 종교 형성 가설

개되고, 이들은 다시 집단적 양심(collective conscience)[11]을 형성하게 되는데, 그것이 바로 종교로 된다고 뒤르켐은 주장한다. 그러므로 공동체 내에서 종교제의(religious ritual)에 참여함은 사회 자체의 초월적 힘을 경험하는 것이라 한다. 즉 뒤르켐에게 본래 종교의 이미지는 사회통합의 원인이라기보다는 오히려 통합된 사회를 표현한 결과요, 간단히 말하자면 사회의 투사(projection)인 셈이다.

그리고 그가 중점적으로 연구했던 중부 오스트레일리아 아룬타(Arunta) 부족의 토템종교에서도 그러하듯이 종교는 사회 자체(society itself)를 반영하므로 사회적 요소들 중 하나에 불과한 것이 아니라 바로 그 사회 자체인 셈이라고 한다(Religion is society itself.). 반면에 여러 사회적 요소들이 지닌 분리된 의미들은 공통된 의미체계, 즉 사회 자체(달리 말해서, 종교)를 향해 연관되어 있을 뿐이므로, 이런 점에서 보았을 때 사회 자체(즉 종교)는 사회 안에 있는 다른 요소들(즉 속된 것들, the profane things)과 구별되기 때문에 성스럽다(sacred, *sacré*)

10) 이것은 버거도 암시하듯, 일종의 실재에 대한 (구체적) 정의(definitions of reality)로 이해될 수 있다.

11) 뒤르켐이 사용한 프랑스어 '*conscience collective*'의 *conscience*는 영어의 "양심"(conscience) 또는 "의식"(consciousness) 두 가지로 생각할 수 있는데, 뒤르켐 자신의 도덕적 관심을 고려하여 "양심"으로 옮기는 것이 더욱 타당하다고 본다(P.L. Berger, *The Precarious Vision*, N.Y.: Doubleday, 1961, p. 234).

고 뒤르켐은 말하고 있다.[12] 따라서 뒤르켐에서의 "성스러움"(the sacred)이라는 개념은 흔히 종교학 전통에서 사용되어 온 "거룩함"의 개념[13]과는 다른 맥락에서 쓰이고 있음을 주의할 필요가 있다. 더욱이 당시 프랑스 사회를 풍미했던 로마 가톨릭 교회적 가치와는 무관하다. 오히려 뒤르켐은 당시 로마 가톨릭의 정신적 영향력의 틀에서 벗어나 비기독교적 지고가치를 표현해 보려는 의도에서 "거룩함"뿐만 아니라 신(God)에 대한 사회학적 상당어로서 "성스러움"을 제시하고 있는 셈이다. 이런 점에서 뒤르켐의 "성스러움"이라는 용어는 적어도 전통적(더욱 정확히 말해서, 로마 가톨릭적) 의미에서의 "종교적"(religious)이라는 용어의 동의어는 결코 아니다. 그의 "성스러움"이라는 용어는 오히려 (전통적 의미에서 보면) 반종교적(anti-religious)이라고까지 할 수 있다.[14]

또 뒤르켐의 "성스러운"이라는 용어는 "세속적인"(즉 비종교적인, secular)에 짝이 되는 반대말이 아니라, 쿨랑쥐(Fustel de Coulanges)에 의해 유형화된 이분법을 답습한 "속된"(profane)에 짝이 되는 반대말이다. 즉 오늘날 종교연구 전반에서 널리 쓰이고 있는 성스러움의 개

---

12) 여기서 성스럽다(sacred)는 말의 라틴어 어원인 '*sacer*'가 본래 떨어져 있다(set off)는 의미를 지니고 있음을 상기해 볼 수 있다.

13) 종교학 전통에서는 예컨대 쐬더블롬(N. Söderblom)이 "거룩함"(holiness)이라는 용어를 썼고, 또 오토(R. Otto)도 "거룩한 것"(the holy)이라는 표현을 일반화하여 왔는데, 이들은 모두 뒤르켐의 "성스러움"보다는 더 가치에 연관되고 '비이성적'(irrational)인 뉘앙스를 포함한 것들이었으나 이들이 후에 뒤르켐의 "성스러움" 개념과 종합되어 엘리아데(M. Eliade)와 같은 현대 종교학자들에 의해 "성스러움"이라는 개념으로 사용되고 있음을 볼 수 있다. J. Waardenburg, *Classical Approaches to the Study of Religion*, The Hague: Mouton Publishers, 1973, p. 54; 졸고, 「엘리아데 종교학의 이론적 기초」, 『정신문화연구』 34 (1988): 187.

14) H. Becker & A. Boskoff, eds., *Modern Sociological Theory in Continuity and Change*, N.Y.: The Dryden Press, 1957, pp. 133-185; R. Nisbet, *The Sociological Tradition*, London: Heinemann, 1966, ch. 6, "The Sacred."

념이 성과 속의 이분법적 맥락으로 전개되어 온 것은 뒤르켐에서 일반화된 종교사회학적 전통의 산물임을 우리는 분명히 해둘 필요가 있다.[15] 아무튼 뒤르켐은 "성과 속"이 인간에 의한 종교를 구성하는 모든 것에 있는 두 가지 위치상의(positional), 상대적이고 양립 불가능한 측면이라고 생각하는데, 위엄과 힘에 있어서는 성스러움이 더 우월하고, 성은 속으로 또 속은 성으로 전환이 가능하지만, 성과 속 그 자체는 서로 상극관계에 있다고 한다.[16] 따라서 그가 중시했던 종교제의(cult)도 결국은 성과 속의 구별을 유지한다는 점에서 중요해진다. 즉 금기(taboos, the system of interdictions)에 의해 속됨으로부터의 오염을 막아주는 부정적 제의(negative cult)든 인간과 성스러움 간의 관계를 적극적으로 조성시켜 주는 긍정적 제의(positive cult)든 모두 성과 속의 영역을 지키기 위한 인간적 노력을 뜻하는 것이다.[17] 그러므로 "성스러움"은, 비록 어느 면에서도 그것의 특성을 속됨과 대조해 보는 것 말고는 꼬집어 말하기가 아주 어렵지만,[18] 모든 종교에 공통적이며 보편적인 것이다.

15) 예컨대 까유와(R. Caillois)가 금기(*tabous*)와 보충적 반족집단(*moitiés*)의 필수 상호 연관성을 성스럽다고 하는 것은 바로 이런 맥락에서이다(R. Caillois, *Man and the Sacred*, N.Y.: The Free Press, 1959). 또 현대 종교학자 엘리아데가 제시해 온 "성과 속의 변증법"(the dialectic of the sacred and the profane)의 개념도 바로 이 뒤르켐의 종교사회학 전통에 영향을 받은 것으로 생각된다(J.Z. Smith, "The Wobbling Pivot," *The Journal of Religion*, 52/2 (1972): 137).

16) E. Durkheim, *op. cit.*, pp. 52-57.

17) 부정적 제의와 긍정적 제의에 관하여, *Ibid.*, book 3 참조. 본래 뒤르켐에게서 금기의 체계(the system of interdictions)는 주술(magic)과 종교적 금기(religious interdictions)로 구분되고, 이 중 종교적 금기는 다시 다른 종류의 사물에 있는 두 가지 성스러움을 분리시키는 것과 속됨에서 성스러움을 분리시키는 것으로 양분되는데, 이 중 후자를 "부정적 제의"라고 한다.

18) *Ibid.*, p. 52. 이런 맥락에서 필자는 스승이었던 해몬드(P. Hammond) 교수가 늘 현대종교학에서는 흔히 "종교의 설명할 수 없는(inexplicable) 부분"을 "성스러움"으로 보는 경향이 있다고 했던 것을 상기하게 된다.

따라서 뒤르켐은 종교를 마침내 이 "성스러움"의 개념을 바탕으로 정의하고 있다. 즉 "종교는 성스러운 것(즉 동떨어져 구별되고 금지되는 것)에 연관된 신앙(beliefs)과 실천(practices)의 통합된 체계(a unified system) – 즉 교회라고 불리는 단일 도덕 공동체 속으로 통합되는 신앙과 실천 및 그에 귀의한 사람들"이라고 말할 수 있는 것이다.[19)]

그리고 다시 돌아가 생각해보면 이러한 종교의 성스러움은 바로 종교가 사회 안의 일부 요소가 아니라 사회 자체이기 때문에 생기는 가치이다. 바꾸어 말하자면 모든 개인과 사회들의 삶을 의미 있게 (즉 성스럽게) 할 수 있는 총체적인 설명에 의해서 비로소 사회행위의 뼈대틀이 유지되는 셈이다. 뒤르켐은 이러한 사회의 "실재에 대한 총체적 관점"(an overarching view of reality)을 곧 종교라고 한다. 즉 "상징이 없다면, 사회적 감정은 오직 애매모호해질 뿐이다."[20)] 따라서 일단 사회가 존재한다면 무질서의 상태(anomie)가 영속될 수는 없다. 한 사회의 지속적 존재는 그의 실재에 대한 총체적 관점, 즉 종교를 필수적으로 요청하기 때문이다. 결국 뒤르켐의 종교사회학 전통에는 종교가 어떤 사회에서나 필수적이라는 전제가 깔려 있음을 우리는 명심해야 한다.

3 본질적 정의와 기능적 정의

한편 고전적 종교사회학에 있어서의 종교 정의 문제가 현대 종교사회학으로 들어오면서는 주로 본질적(substantive)인가 또는 기능적(functional)인가 하는 양대 축을 중심으로 전개되어 온 것을 우리는 보

19) *Ibid.*, p. 62.

20) *Ibid.*, p. 263.

게 된다. 여기서 본질적 정의(a substantive definition)란 신, 초자연 그리고 성스러움 등 종교의 본질적 내용을 중심으로 한 정의를 뜻하고, 반면에 기능적 정의(a functional definition)란 구원이나 사회통합 등 종교가 하는 일을 바탕으로 하는 정의를 말한다.[21)]

종교의 본질적 정의를 강조하는 경우는 사회에서 구원이나 사회통합에 공헌하는 것이 꼭 종교만인가를 묻는다. 병든 자들을 구원하는 것은 의료체계일 수도 있고, 사회통합은 혈연이나 지연 또는 정치적 이데올로기에 의해서도 종종 가능한 것이다. 기능적으로만 종교를 정의하면 외연이 너무 커진다. 따라서 종교가 무엇을 하는가도 중요하지만 종교를 구성하는 신이나 성스러움 같은 본질적 특성을 더욱 분명히 할 것을 요구하는 입장이다. 그러나 이런 본질적 정의는 무엇을 종교의 본질로 보느냐에 따라서 너무 좁은 정의를 도출해낼 수 있다. 예컨대 신이나 성스러움을 본질로 생각한다면 과연 소승불교나 유교 등도 종교에 포함시킬 수가 있겠는가 하는 것이다. 또 심지어는 인류의 모든 종교에 공통적인 본질이 과연 있는지가 문제시되기도 한다.[22)]

반면에 종교의 기능적 정의를 강조하는 경우는 종교를 폭넓게 정의해낼 수 있다. 심지어 "연구의 관점으로부터 보았을 때 참 정의와 거짓 정의는 없고 오직 다소 유용한 정의와 그렇지 못한 정의가 있을 뿐이다."[23)]라는 주장도 있다. 특정 종교전통의 본질적 측면만을 중심으

---

21) 본질적 정의의 입장은 보편적인 종교의 본질로서 주로 성스러움 등을 전제로 하므로 "현상학적 신성주의"(phenomenological numinalism)로 분류되는 수도 있다. W.R. Garett, "Troublesome Transcendence: The Supernatural in the Scientific Study of Religion," *Sociological Analysis*, 35/3 (1974): 173ff.

22) 예컨대 철학자 비트겐슈타인(L. Wittgenstein)이 가족의 상사성(family resemblance)에서 말하듯이, 한 가정의 할아버지와 아버지와 아들 사이에는 부분적으로 닮은 점이 있으나 그 가문을 대표하는 얼굴 하나를 그려내기는 사실상 불가능하다. 마찬가지로 종교들은 서로 닮은 점이 있으나 이들 모두에 공통적인 "본질"을 찾아내기란 실로 불가능하다는 입장이다.

로 한 종교 정의는 다른 종교를 이해하기에는 유용하지 못하다는 말이다. 즉 본질적으로만 종교를 정의하면 내포가 너무 좁아진다. 따라서 몇몇 특정 종교의 실재적 특성보다는 그들이 사회에서 무엇을 하는가 하는 기능을 분석해 보는 것이 더욱 쓰임새가 크다는 입장이다. 그러나 기능적 정의에서는 폭이 넓어지다 보니 종종 세속주의 같은 것들까지도 종교에 포함되어 우리가 흔히 알고 있는 역사적 종교들과는 동떨어져 버리는 수가 많다. 도대체 어디까지 종교라는 것인지가 문제가 된다. 또 종교는 사회적 맥락에 따라 다양한 기능들(multi-functions)을 가질 수도 있어서 특정 기능만을 중심으로 정의하는 것이 항상 유용할 수도 없는 셈이다.[24)]

한편 종교의 본질적 정의와 기능적 정의는 상반된다기보다는 나름대로 사회적 맥락에 따라 유용성을 논의할 수 있다는 입장도 있다. 즉 특수하고(specific) 문화적으로 제한된(culturally bound) 안정된 사회(a stable society)에서는 본질적 정의가 더 유용한 반면에, 보편적이고(universal) 문화적 범위가 넓은(boundariless) 변화하는 사회(a changing society)에서는 오히려 기능적 정의가 더 적합하다는 것이다.[25)]

그러므로 이상과 같은 종교 정의에 대한 본질적 측면과 기능적 측면이라는 양축을 놓고 대부분의 종교사회학자들은 실제로 이 둘을 나름대로 종합해 보려는 경향이 있다. 예컨대 뒤르켐의 경우 초기에는 성과 속의 이분법을 토대로 한 본질적 정의를 제시했던 셈이지만 후기에 가서는 사회통합의 문제 등 종교의 기능적 정의에도 관심을 가졌던 것이다.[26)] 하지만 그럼에도 불구하고 어느 측면에 더욱 강조점

23) C.Y. Glock, "On the Study of Religious Commitment," J.E. Faulkner, ed., *Religion's Influence in Contemporary Society*, Ohio: Charles E. Merrill, 1972, pp. 35ff.

24) R. Machalek, "Definitional Strategies in the Study of Religion," *Journal for the Scientific Study of Religion*, 16/4 (1977): 398-399.

25) M.B. McGuire, *Religion: The Social Context*, Belmont, CA: Wadsworth Publishing Company, 1981, pp. 4-9.

을 두었는가는 중요하다. 처음에는 같이 종교연구에 뛰어들어 공동저술까지 냈던 현대의 대표적 종교사회학자들인 버거(P.L. Berger)와 루크만(T. Luckmann)이 방법론적으로 갈라서게 되는 주된 이유가 바로 이 종교 정의의 문제에서부터 비롯되었다는 것만 보아도 알 수 있다.

루크만은 오늘날 교회라는 역사적 제도를 떠나 종교인들이 혼자서 종교를 믿는 수도 많으므로 교회중심적인 종교 정의의 한계성을 지적한다.[27] 그는 인간의 일상생활의 독특성이 속된 것이라면 초월적인 영역을 규정하는 특성은 성스러움이라고 하며[28] 종교에 있어서 본질적인 면이라 할 수 있는 성스러움에도 관심을 표명한다. 그러나 루크만에게 종교는 사회적 현상일 뿐만 아니라 또한 인간(학)적 현상이다. 그리고 인간을 동물적 본성을 넘어서 인간적으로 만들어 주는 가장 중요한 특성은 바로 스스로를 초월하는 상징성이라고 한다. 따라서 일단 상징적 역할을 가지는 모든 인간적인 것은 다 종교라는 정의를 도출해내고 있다.[29] 즉 종교의 상징적 기능(symbolic function)을 강조하고 있는 셈이다. 반면에 버거는 기본적으로 베버의 노선을 따라서 종교의 정의가 진위의 문제라기보다는 유용성의 문제임을 전제한다. 그래서 종교의 정의는 "하기 나름"(a matter of taste)이라고 한다. 그러나 루크만의 기능적 종교 정의에서처럼 상징적인 역할만 있다고 모조리 종교라고 할 수는 없다는 입장이다. 예컨대 공산주의 같은 세속적 이데올로기도 종교와 유사한 상징적 기능이 있으므로 "종교적"(religious)이라고까지는 할 수 있지만, 그것이 곧 종교는 아니라는 말이다. 상징적인 것이라고 종교를 모든 것으로까지 확대할 수는 없고 적어도 본질적인 성스러움과 연관된 것이어야 비로소 종교라는 범주

---

26) P.L. Berger, *The Sacred Canopy*, p. 176.

27) T. Luckmann, *The Invisible Religion*, London: The Macmillan Co., 1967, p. 39.

28) *Ibid.*, pp. 58-59.

29) P.L. Berger, *The Sacred Canopy*, p. 177.

에 분명히 넣을 수 있다는 것이다. 즉 종교의 정의는 그 상징적 기능뿐만 아니라 성스러움이라는 본질적 성격도 필수적으로 고려해야 한다는 주장이다.[30)]

4 마르크스의 종교론

한편 이상 검토해 본 주류 종교사회학의 종교 정의와는 달리 마르크스(Karl Marx, 1813~1883)의 종교관은 독특한 면이 있다. 종교에 대하여 명백한 비판적 관점을 견지하고 있기 때문이다. 그렇다고 마르크스가 종교의 사회적 중요성 자체를 무시했다는 것은 아니다. 그는 헤겔(F. Hegel)의 우익철학을 비판하면서 "종교의 비판은 모든 비판의 기본 전제이다"[31)]라고 시작하고 있다. 즉 종교는 마르크스의 비판적 사회이론의 근저에 있는 중요 현상이라는 말이다.

하지만 마르크스의 종교이해는 대체로 산만한 편이다.[32)] 다만 그의

---

30) 이에 연관하여 더욱 확대된 논의로는 A.J. Weigert, "Functional, Substantive, or Political? A Comment on Berger's 'Second Thoughts' on Defining Religion," *Journal for the Scientific Study of Religion*, 13/4 (1974): 483-486; N. Grossman, "On Peter Berger's Definition of Religion," *Journal for the Scientific Study of Religion*, 14/3 (1975): 289-292 참조.

31) K. Marx, "Contribution to the Critique of Hegel's Philosophy of Right" (1844), K. Marx & F. Engels, *On Religion*, N.Y.: Schocken Books, 1964, p. 41.

32) 한편 마르크스의 종교이해의 계보적인 맥락은 꽤 복잡하다. 하지만 변증법적으로 설명될 수 있을지 모른다. 즉 헤겔이 전통적 신학을 비신비화했다면, 포이어바하(Feuerbach)는 헤겔의 회의론적 (그리고 절대적) 관념론을 비신비화하였고, 또 슈티르너(Stirner)는 포이어바하의 인간주의를 비신비화해 버린다. 그리고 마침내 마르크스는 자신의 "사회적 존재"(social being) 개념에 비교되는 슈티르너의 "독특한 개인"(the unique individual) 개념에 기초한 귀신쫓기(exorcism)를 다시 비신비화할 것을 제안한다. 그렇게 함으로써 마르크스는 종교뿐만 아니라 종교에 대한 비판까지도 비신비화해 버리고 있는 것이다. W.R.

소외(alienation) 개념에 주로 연관되어 있다고 할 수는 있다. 마르크스에 의하면, 종교적 신앙은 실제로 인간을 사로잡는 신비한 능력들의 실체가 지닌 특성들을 포함하기 때문에, 종교라는 것은 늘 소외의 한 형식 또는 그 징후(symptom)로 생각된다. 즉 인간은 자신의 내적 잠재력을 그의 주변세계로 투사시킨다. 그런데 이러한 투사물들은 인간 자신으로부터 점차 동떨어져 마침내는 신격화(또는 신비화)로 치닫게 된다.[33] 이러한 신격화(reification)는 바로 소외의 극단적인 결과인 셈이다. 따라서 신격화된 의식으로서의 종교는 소외로부터 유래하는 일종의 "허위 의식"(false consciousness)이다. 이런 이유에서 종교는 비록 사회적 병리현상을 고친다 해도 문제의 심각성을 혼동시키고 진정한 해결의 가능성을 저해하는 딜레마를 초래할 뿐이라고 한다. 그러므로 소외로서의 종교는 결국 추방되어야 한다고 주장한다.

"종교는 민중의 아편"(the opium of the people)[34]이라는 말은 이런 맥락에서 마르크스가 한 말이다. 즉 노동의 착취로 인해 부익부 빈익빈이 되어가는 자본주의 사회의 구조적 모순을 비판하면서, 마르크스는 종교가 당시 사회의 모순을 근본적으로 치유해 주는 것이 아니라 일시적으로 달래주기만 하여 오히려 모순 자체의 심각성을 흐려 놓거나 진정한 투쟁에 의한 해결 의지를 약화시키고 있다고 말한다. 맹장염에 걸려 고통을 겪고 있는 사람이 있다면 빨리 수술을 하여 잘라내 근본적인 치료를 해야 할 것이다. 그런데 아편만 투입한다면 일시적으로는 통증을 없애줄 수 있을지 모르지만 결국에는 곪아 터져 생명

Comstock, "The Marxist Critique of Religion: A Persisting Ambiguity," *Journal of the American Academy of Religion,* XLIV (1976): 337.

33) 마르크스의 "신비화"(mystification)의 개념에 대하여, K. Marx, *Writings of the Young Marx on Philosophy and Society,* L. Easton and K. Guddat, eds., N.Y.: Doubleday, 1967, pp. 165-166 참조.

34) K. Marx, "Contribution to the Critique of Hegel's Philosophy of Right," p. 42.

까지 잃게 될 수도 있다. 마찬가지로 종교는 자본주의적 모순에 의해 병들어 가고 있는 사회에 아편처럼 일시적인 진통효과만 가져올 뿐이고 궁극적인 치유의 가능성을 가로막고 있다는 말이다. 그래서 자본주의의 모순구조로 인한 인간적 소외가 마침내 극복된다면 종교는 저절로 해체될 현상에 불과하다고 한다.

5 종교사회학적 종교 정의의 의미

이상 우리는 종교사회학 전통을 따라 전개되어 온 다양한 종교 정의의 시도와 그에 연관된 문제들을 검토해 보았다. 물론 베버가 제시한 의미의 틀로서의 종교나 뒤르켐이 이해한 통합된 사회 자체의 상징으로서 성스러워진 종교의 이미지, 그리고 이들로부터 확장 전개된 본질적 정의와 기능적 정의의 문제들은 종교에 관한 다른 연구들에서 형성되었던 관점과는 분명히 다른 면을 보여주고 있다. 이 점은 마르크스가 소외의 한 형식으로서 종교를 이해한 데서도 마찬가지이다. 하지만 이런 종교사회(학)적 종교 정의들은 다른 종교연구에도 지속적으로 영향을 끼쳐 왔으므로 현대 종교학의 일반이론에서 이들은 사실상 거의 같이 다루어지고 있다. 따라서 끝으로 이들 종교사회(학)적 종교 정의들 자체보다도 이들이 근거한 더욱 기본적인 시각을 음미하기로 하자. 그래야 종교를 사회학적 맥락에서 본다는 것의 진정한 의미를 엿볼 수 있기 때문이다.

이런 맥락에서 보았을 때 종교사회학적 종교 정의에서 가장 중요한 점은 종교의 공동체적 측면이 잘 부각되고 있다는 것일지도 모른다. 고전적 종교사회학자들로부터 현대학자에 이르기까지 종교의 교리나 실천 및 역사적 측면들에도 관심을 안 보인 것은 아니지만, 대개의 종교사회학자들은 무엇보다도 종교가 지닌 공동체적 요소에 초점을 맞추어 왔다. 아주 단순히 말해서 사회학자들의 연구대상이 두 사람 이상으로 형성된 사회가 펼치는 현상이라면, 종교가 바로 그러한 사회적 공동체로서의 특성을 지녔으므로 종교사회학자들이 관심을 가지고 연구해 왔던 것이다. 그리고 그런 공동체적 측면에 집중하였으므로 종교에 관한 다른 연구들에 비해 독특한 연구 성과들을 낼 수 있었다고 생각된다. 그래서 최근 몇몇 종교사회학자들은 종교가 교리나 실천보다도 바로 이런 공동체적인 면에서 더욱 잘 이해될 수 있다는 입장을 견지하기도 한다.[35] 예컨대 감리교인이 되는 경우를 생각해 보자. 오늘날과 같은 사회에서 어떤 사람이 갑자기 하나님의 계시를 받거나, 혼자서 성경책을 읽고 교인이 되기로 결심하는 일은 거의 기대할 수 없을 것이다. 오히려 부모나 친구 따라 교회에 갔다가 목사의 설교에 공감하고 다른 교인들과 접촉하게 되면서 편안함을 느껴 점차 더 자주 그 공동체에 참여하고, 그러다 보니 어느날 교인이 되어 있는 경우가 더 많은 것이다. 이런 것은 종교의 공동체적 요소가 얼마나 중요한가를 단적으로 설명해 줄 수 있는 근거이다. 즉 종교의 공동체적 요소는 교리나 실천에 비해 결코 부수적인 것이 아니라 오히려 핵심적인 부분일 수가 있다는 말이다. 그리고 사회적 맥락에서 종교를 보는 종교사회학이 다른 종교학적 시각에 비해 진정한 독특성과 의미를 지녔다고 할 수 있는 것은 바로 이런 종교의 핵심적 부분을 강조한다는 점 때문이다.

---

35) 예컨대 글록(Glock)과 스탁(Stark) 등은 가톨릭 신자가 되는 것이 교리들에 대한 위탁보다도 그 공동체와의 관련으로 인한 것이라고 주장한다. R. Robertson, *The Sociological Interpretation of Religion* (N.Y.: Schocken Books, 1970), 이원규 역, 『종교의 사회학적 이해』, 서울: 대한기독교출판사, 1984, p. 180. 한편 종교학자로서 종교사회학에 관심을 가졌던 바하(Wach)도 종교에서 이론적 측면, 실천적 측면과 더불어 공동체적 측면을 필수적인 요소로 보았던 것을 상기할 수 있다. J. Wach, *The Comparative Study of Religion* (N.Y.: Columbia University Press, 1958), 김종서 역, 『비교종교학』, 서울: 민음사, 1988, 제5장.

물론 아주 최근에는 앞서 루크만이 주장한 것처럼 교회와 같은 종교공동체, 다른 말로 하면 종교의 공식적 모델(official model)이 점차 깨져 나가는 경향도 있다. 세속화된 종교공동체와는 별도로 개개인들이 혼자서 나름대로의 종교인들로서 살아가고 있다는 말이다. 아마도 이 점이 특히 오늘날 종교를 사회적 맥락에서 정의하기가 어려워지는 또 한 가지 이유일지도 모른다. 종교의 공식적 모델이 파괴되고 있다는 것은 바꾸어 말하자면 사회 전체가 종교공동체화되는 것으로도 생각할 수 있는 것이다. 사회 내 종교공동체의 경계가 불확실해지면서 사회 전반으로 그것이 확산되고 있다는 말이다. 이쯤 되다 보니 사회적인 것이 모두 종교라고까지 주장하는 경우도 있다. 그러나 모든 것이 종교라면 결국 또 아무 것도 종교가 아닌 셈이 된다. 그러므로 현대사회는 종교 정의의 문제에 더욱더 성찰된 도전을 초대하고 있다고 하겠다.

제2장 사회유형과 종교형태

앞에서 우리는 사회적 맥락에서 종교를 생각해 보았다. 실제로 제도적 차원에서 사회와 종교는 상관성이 있는 것일까? 이 문제에 관련하여 사실상 여러 종교사회학자들이 관심을 표명해 온 바 있다. 따라서 여기서는 사회유형과 종교형태의 상관성에 대한 이론들을 고전학자들로부터 시작하여 현대학자들에 이르기까지 간략히 검토해 본 뒤, 이런 이론들이 지닌 궁극적 의미를 살펴보기로 한다.

1 상관성에 관한 고전적 이론

사회유형과 종교형태의 상관성에 관한 본격적인 논의는 프랑스의 역사학자였던 퓌스텔 드 쿨랑쥐(N.D. Fustel de Coulanges, 1830~1889)가 1864년에 쓴 『고대도시』(*The Ancient City*)에서부터 시작되었다고 할 수 있다.[1] 그는 이 책에서 고대 희랍과 로마 문명에 나타나는 종교의 중요성을 강조하면서, 특히 희랍과 로마 문화사에서의 중심적 변화들이 종교적 신앙의 변화 때문이었음을 주장한다. 즉 이 두 고대 사회에는 "죽은 자에 대한 종교"(religion of the dead)가 형성되었고, 바로 이 원시종교가 이들 고대사회에 재산상속, 권위 및 결혼과 같은 법적 제도들과 더불어 가족 및 친족제도들을 초래하게 되었음을 지적하고 있는 것이다.[2] 희랍과 로마에서는 육체가 죽은 다음에도 영혼이 계속 존재한다는 영혼불멸의 신앙이 널리 퍼져 있었다. 따라서 조상을 섬기게 되는 가족이 구성의 기본단위가 되었고, 점점 부족과 종족으로 확대되었다. 그리고 조상숭배의식이 강한 사회는 집단적인 안정감을 유지할 수 있었다는 것이다. 그러나 역사가 흐름에 따라 이러한 조상숭배의식이 점차로 와해되고 고대종교가 발전하게 됨에 따라서 가족중심의 사회구조도 고대도시의 형태를 띠게 되었다고 주장한다. 그래도 이렇게 형성된 도시는 귀족가문에 의해서 종교와 비슷한(quasi-religious) 조직체로 만들어졌다고 한다. 여기서 우리가 좀더 분석적으로 살펴본다면, 퓌스텔 드 쿨랑쥐의 주장은 두 가지 측면으로 구성되어 있다고 할 수 있다. 다시 말해서, 첫째로 희랍과 로마의 종교는 사회제도들과 통일된 하나의 체계의 상호관련 부분이라는 것이고, 둘째로는 종교가 변화의 원인(cause)이며 다른 사회제도들은 결과(effect)로 볼 수 있다는 것이다.

그러나 그로부터 영향을 받고 등장하여 초기 종교사회학의 이론적 지주가 되는 뒤르켐은 퓌스텔 드 쿨랑쥐의 이러한 주장을 일부 답습하면서도 또 일부는 바꾸어 놓고 있다. 즉 뒤르켐은 종교와 사회 간의 상관성은 수용하지만, 앞서 보았듯이 종교는 일단 통합된 사회의 표현이라고 한다. 예컨대 종교적 제의는 무엇보다도 사회의 통일성을 표현하는 것이고, 이렇게 표현된 종교는 사회적 연대성과 그로 인한

1) N.D. Fustel de Coulanges, *The Ancient City: A Study on the Religion, Laws, and Institutions of Greece and Rome* (1864), N.Y.: Doubleday Anchor Books, 1873.

2) *Ibid.*, pp. 11-14.

사회적 질서가 의존하게 되는 사회적 감정을 재확인 및 강화함으로써 다시 사회와 사회질서를 재창조(re-create)하게 된다는 말이다. 따라서 사회는 근본적으로 종교의 모형이고 또 원천인데, 사회로 인해 일단 표현된 종교가 다시 통합을 통해 사회를 재강화할 수 있다는 입장을 견지하였던 셈이다.

한편 이런 뒤르켐의 입장은 기능주의이론을 주도적으로 형성하는 영국의 사회인류학자 래드클리프 브라운(A.R. Radcliffe-Brown, 1881~1955)에 의해 더욱 확장되고 심화되는 것을 알 수 있다. 즉 그는 종교와 사회의 구성성분의 형태는 상호연관이 있으므로, 종교는 사회적 기능을 가지는 한 사회구조와 항상 연관을 맺게 된다고 한다. 특히 종교는 사회의 통합과 균형의 유지에 중요한 역할을 하므로 사회구성성분 중 본질적인 부분에 관련된다고 한다. 그 예로 인도나 아프리카의 사회를 조사해 보면 가족제도가 약화되면서 조상에 대한 제의(the cult of ancestors)도 역시 사라지게 되었음을 지적한다. 그리고 (기독교를 포함하는) 유럽문화의 영향은 또 그들의 혈통감정을 약화시키게 되었다고 한다. 결국 사회구조의 해체와 조상제의의 쇠퇴는 같이 진행되었고, 따라서 특히 사회구조의 이해 없이는 종교를 이해할 수가 없다는 주장이다.[3] 좀더 분명히 하자면 종교는 사회구조 변동의 일방적 원인이라기보다는 영향을 받는 결과라는 입장도 강조하고 있는 셈이다.

아무튼 사회유형과 종교형태의 상관성에 대한 고전적 논의는 우선 대체로 긴밀한 상관관계를 확인하는 것이었고, 또 한편으로는 그 상관관계가 인과론적으로 전개되어 종교가 사회제도에 영향을 준다는 입장으로부터 점차 사회구조가 종교형태를 결정하는 데 중요한 요인이 된다는 입장이 강화되고 있음을 알게 된다. 그러나 문제는 대개의

3) A.R. Radcliffe-Brown, "Religion and Society," *The Journal of the Royal Anthropological Institute of Great Britain and Ireland*, 75 (1945): 33-43.

고전적 주장들이 피상적 상관성을 지적하는 데 머무르고 있고, 좀더 엄밀한 경험적 · 분석적 연구를 토대로 하는 이론으로 정교화되지는 못했다는 데에 있다. 그래서 종교를 연구의 중심적 주제로 여겼던 마지막 사회인류학자라 할 수 있는 에반스 프리차드(E.E. Evans-Prichard)는 이러한 사회유형과 종교형태의 상관성에 대한 고전적 이론들을 단지 그럴 듯한 가설 정도로 간주해 버리기도 하였다.[4]

2 상징체계와 사회구조의 연관성

그럼에도 불구하고 그런 고전적 상관성의 가설이 그저 가설로서 끝나 버리고 진지한 탐구를 위한 관심조차 상실된 것은 아니었다. 에반스 프리차드의 제자였던 메리 더글라스(Mary Douglas, 1921~)쯤 가서는 구체적 종교전통 대신 상징체계와 사회구조 사이의 연관성에 관한 논의를 통해 이 주제가 다시 살아나고 있다.

그녀의 책 『자연적 상징들』(*Natural Symbols*)[5]에 의하면, 상징들은 우리가 의사를 전달하고 가치와 사상을 표현하며 경험을 조절하게 하는 유일한 수단이다. 그런데 이러한 상징들은 아무렇게나 선택되는 것이 아니다. 어느 사회에서나 상징의 선택은 역사와 그 당시 사회구조에 깊이 연관되게 마련이다. 따라서 더글라스는 특히 상징체계와 사회구조의 유형 간의 관련성에 대하여 깊은 관심을 가졌다. 그 결과 대체로 하나의 사회에서 집단(group)의 경계(boundary)가 분명하면 그 사회는 집적된 상징체계(condensed symbolism)를 지니고 고도의 제의화(ritualization)를 이루는 반면에, 집단의 경계가 불분명하면 상징체계

4) E.E. Evans-Prichard, *Theories of Primitive Religion*, Oxford: Clarendon Press, 1965, p. 75.

5) M. Douglas, *Natural Symbols*, Harmondsworth: Penguin Books, 1970.

가 산만해지고(diffused symbolism) 제의화가 덜 이루어진다는 이론을 도출시키고 있다.[6] 즉 하나의 사회가 지니게 되는 상징체계는 집단의 경계에 비례하여 집중된다는 입장이다. 그리고 사회적 억압(social pressure)이 약해지면 개인의 자율권(individual autonomy)이 확장되어 마침내 제의적 성향이 감소(antiritualism)하게 된다고 하고 있다. 그러므로 아프리카의 피그미족이나 런던 산업사회의 사람들 양자는 모두 집단의식이 약화된 셈이어서 결국 제의적 실천에 소극적일 수밖에 없다고 설명하고 있다. 즉 종교도 일종의 상징체계적 성격을 지닌 것이라면, 집단적 경계가 강하면 사회 전체를 지배하는 강력한 신 개념을 지니게 되고, 반면에 집단적 경계가 약하면 그런 신 개념 대신 오히려 약화된 신앙대상을 지향하게 된다는 것으로 생각할 수 있다. 그래서 대부분의 원시사회에서처럼 집단경계가 확실하여 그 사회 내에서 경건성, 명예심 그리고 규율의 준수 등이 중심적 덕목으로 되어 있는 곳에서는 죄(sin)의 기본관념이 바로 그 사회구조를 위반함에 있다고 한다. 하지만 사회구조가 느슨하고 개인의 자율권이 확대되어 있는 곳에서는 죄의식이 주로 개개인 자신의 문제에 있다고 한다. 즉 성실이 바로 지고선이요, 위선과 좌절이 죄로 생각된다는 말이다. 그래서 일반적으로 대개의 사회에서는 점차 사회적 억압의 구조가 약화되면 될수록 상징체계가 자유로워진다고 한다. 또 사회구조상 그 사회가 허약해지고 혼돈될수록 신 개념도 내용상 무력해지고 불안정해진다고 더글라스는 주장한다.

한편 더글라스는 이러한 사회구조와 상징체계 간의 연관성을 좀더 세분화하여 설명하기 위하여 사회적 통제를 증진시키는 두 가지의 척도(scales)인 이른바 집단(group)과 창살(grid)의 모델을 도입하기도 한

6) cf. J.J. Honigmann, *The Development of Anthropological Ideas*, Homewood, IL: The Dorsey Press, 1976, p. 320.

다. 여기서 "창살"이란 질서, 상징체계 등을 지칭하는 것으로서 엄밀히 말하자면 하나의 상징체계가 일관된 세계관을 구성하기 위해서 틀이 잡히는 정도이다. 그리고 "집단"이란 개인이 사회적 관계에 의해 통제되는 정도이다.[7] 이 두 가지의 척도를 축으로 조합을 하면 우리는 네 가지 유형의 사회를 만나게 된다. 이들을 종교적인 면에 초점을 맞추어 살펴보면 다음과 같다. 첫째, 집단과 창살의 척도가 모두 약한 경우, 즉 집단의식이 융통성이 있고 상징체계가 미약한 사회에서는 비제의적(unritualistic)이고 황홀경(ecstasy) 등으로 표현되는 비교적 온건한(benign) 신앙 형식이 나타나게 된다. 즉 내적 감정이 중시되고 외적인 표현은 비교적 약한 종교형태들로 주로 구성된다. 둘째, 집단과 창살의 척도가 모두 강한 경우, 즉 개인에 대한 사회적 통제가 심하고 공공의 상징체계가 발달된 사회에서는 우주관이 규제적(regulative) 성격을 띠게 되어, 결국 제의적이며 강력한 신이 요청된다고 한다. 따라서 이런 사회에서는 권위에 대한 일상화된 경건성이 지속되기 마련이고, 그에 연관된 상징들과 더불어, 불행은 도덕적인 응보의 결과라는 신앙이 만연한다고 더글라스는 주장한다.

한편 집단과 창살의 척도가 서로 다른 경우는 (앞서 검토한 집단경계와 상징체계에 관한 일반적 논의를 상기해 보면) 예외적인 특수한 경우라고 여겨지므로 더욱 흥미롭다. 아무튼 셋째, 집단의 척도는 강하나 창살의 척도가 약한 경우, 즉 집단의식이 강해서 사회구조는 단단한데 그에 연관된 분명한 상징체계가 결핍된 사회에서는 마녀가 지배하는(witch-dominated) 우주관이 횡행하게 된다고 한다. 물론 이런 사회라고 공식적 종교형태가 아주 없는 것은 아니며, 신 개념 등이 있을 수 있다. 그러나 그것들은 오직 형식적일 뿐이고 마귀 개념 등이 소집단들에서 오히려 병행하여, 결국 두 가지 신앙형식이 병행하는

7) M. Douglas, *op. cit.*, p. 83.

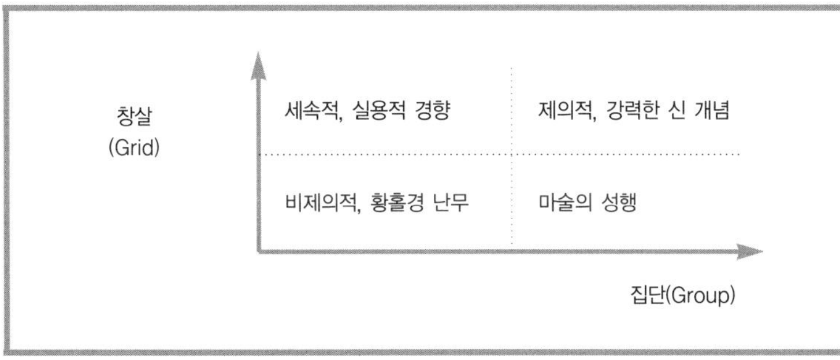

더글라스의 집단과 창살 척도분석, Group-Grid

이중적(dualistic) 종교형태들을 취한다고 한다. 반면에 넷째, 집단의 척도는 약하고 창살의 척도가 강한 경우, 즉 집단의식은 별로 없이 강한 사회적 기풍들에 의한 상징체계가 발달되어 있는 사회에서는 근본적으로 세속적이고 실용적인 경향이 압도하게 된다고 한다.[8] 아마도 이것은 경쟁적 다원사회를 가리키고 있는 것 같다.

이상 검토한 더글라스의 상징체계와 사회구조의 연관성에 관한 이론도 결국 사회구조가 종교의 형태를 결정한다는 입장으로 흐르고 있음을 볼 수 있다. 즉 뒤르켐에서 래드클리프 브라운을 거쳐 사회인류학적으로 전개된 경향이 더욱 정교화된 셈이라고 하겠다.

3 권력구조와 신 개념의 상관성

한편 이제까지 살펴본 영국의 사회인류학적 맥락과는 달리, 뒤르켐으로부터 영향을 받고 직접 사회학 전통에서 사회유형과 종교형태의 상관관계에 관해 연구한 대표적 인물로 미국의 종교사회학자 스완슨

8) *Ibid.*, p. 144. cf. B. Morris, *Anthropological Studies of Religion*, Cambridge: Cambridge University Press, 1987, pp. 228-229.

(Guy E. Swanson)을 꼽을 수 있다. 우선 스완슨은 그의 책 『신들의 탄생』(*The Birth of the Gods*)[9]에서 권력구조와 신 개념의 상관성을 논한다. 즉 머독(G.P. Murdock)의 표본추출 방법을 축소 변형하여 50여 원시사회에서 수집된 자료들을 통하여 신과 초자연 등에 관한 개념들이 어떻게 사회구조의 특성과 연관되는가 하는 것을 검토하고 있는데, 특히 인간의 사회적 체험은 종교 관념에 신빙성(credibility)을 부여하고 그 사회적 체험은 사회구조에 따라 변한다는 주장을 한다. 그래서 구체적으로 권력집중이 덜한 사회, 즉 인간의 상호행위가 규범과 사회적 인습에 적게 통제되는 사회에서는 마법(witchcraft)이 성행하게 되고, 반면에 권력집중이 강한 사회, 즉 인간 상호간의 행위가 규범과 사회적 인습에 많이 통제되는 사회에서는 유일신(monotheism) 개념이 현저하다는 결론을 내리고 있다.[10]

다시 말해서 마법은 사회통제(social control)의 형식인 반면에 유일신론은 사회구조의 반영으로 이해되고 있는 셈이다. 그리고 결국 권력구조가 변화하면 신이나 초자연적 존재에 대한 개념도 따라서 변하게 된다는 말이다.

이러한 스완슨의 주장을 보면 통합된 사회의 표현이 바로 종교라는, 앞서 우리가 검토한 바 있는 뒤르켐의 종교관이 강한 영향을 끼치고 있음을 쉽게 알 수 있다. 즉 인간은 사회생활 속에서 초자연적

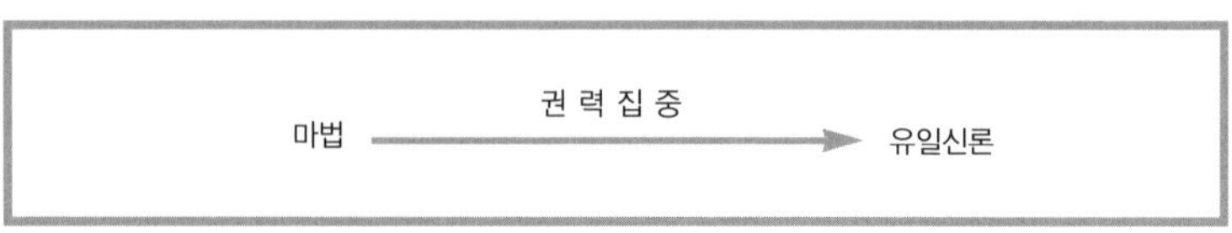

스완슨의 권력구조와 신 개념 간의 관계

9) G.E. Swanson, *The Birth of the Gods: The Origin of Primitive Beliefs*, Ann Arbor: University of Michigan Press, 1960.

10) *Ibid.* cf. N.J. Demerath III & P.E. Hammond, *Religion in Social Context: Tradition and Transition*, N.Y.: Random House, 1969, pp. 38-39.

(supernatural) 특성을 경험하고, 사회적 관계는 내적으로 우리가 초자연적이라고 여기는 성격들을 포함한다고 스완슨은 말한다. 그러므로 인간은 그의 사회가 제공하는 모델로부터 인격화된 초자연적 존재의 개념을 만들어 냈다는 것이다.[11] 즉 뒤르켐이 종교를 사회의 투사라고 하는 것과 맥락을 같이하고 있는 셈이다. 그러나 스완슨이 뒤르켐의 종교이론을 그대로 답습하고 있는 것만은 아니다. 스완슨은 무엇보다도 뒤르켐의 연구가 사회현상 전반과 종교현상 전반 간의 보편적인 상관관계를 추적하려 하는 데서 야기된 한계, 즉 검증불가능성을 나름대로 극복하고자 하고 있다. 그리하여 스완슨은 사회의 어느 한 측면과 종교의 어느 한 측면, 즉 사회와 종교라는 두 현상의 한 측면 간의 상호관련성을 확인할 수 있는 변수를 추출해내고자 한다. 초자연적 존재가 종교적 변수이고 권력집단이 바로 사회적 변수였던 셈이다. 따라서 여러 원시사회에 초자연적 존재의 모델을 제공하는 것은 (뒤르켐에서처럼) 사회 전체가 아니라, 사회의 특수부분, 즉 권력구조라고 보고 있다. 좀더 자세히 말하자면 인간이 인격화된 초자연적 존재를 상정하게 되는 모델은 그 사회 안에 있는 통치집단의 "입법구조" (constitutional structures, 또는 입법적 조정체계 constitutional arrangements)라고 한다. 즉 단순히 통치집단 자체가 아니라 오히려 그 통치집단의 "집단적 의사결정 양식의 유형"(typology of patterns of collective decision making)이라고 하고 있다.[12]

한편 이상 원시사회에서의 권력구조와 신 개념 간의 상관성에 관한 자신의 입장을 16세기 종교개혁의 맥락에 다시 적용한 것이 바로 스완슨의 또다른 명저인 『종교와 정권』(*Religion & Regime*)이다.[13] 이 책

---

11) G.E. Swanson, *op. cit.*, p. 16.

12) A.J. Winter, "Toward a Fuller Version of Swanson's Sociology of Religion," *Sociological Analysis*, 45/3 (1984): 205-212.

13) G.E. Swanson, *Religion and Regime: A Sociological Account of the Reformation*, Ann

에서는 스완슨이 이제까지 본 뒤르켐 일변도의 노선으로부터 역사적인 사실에 관심을 가졌던 베버적 노력에도 관심을 돌리고 있음을 알 수 있다.[14] 즉 당시 유럽 지역에서 권력 체험이 가톨릭보다도 개신교의 신 관념에 신빙성을 부여했던 곳, 다시 말해서 국가의 결정이 하부집단들의 이익을 위주로 채택되던 사회에서는 주로 중앙정부가 미약해지고 종교개혁이 성공적이었음을 주장하고 있다. 이것은 가톨릭과 개신교의 신 개념의 차이와도 연관되는데, 양자가 모두 유일신 개념에 기초하고 있으나 개신교의 경우는 신이 완전히 초월적이고 감추어져 있는 데 비해, 가톨릭의 경우는 각종 예배의식 등이 강조되어 신이 초월적인 동시에 내재적이고 구체적으로 보인다는 점이 중요하다.[15] 결국 국가권력이 불분명한 곳에는 개신교의 신처럼 완전히 초월적인 신이 수용된 반면에, 국가권력이 분명하면 가톨릭의 신처럼 초월적이고도 동시에 내재적인 신이 지속적으로 유지될 수 있었다는 입장이다. 따라서 요약하면, 의회가 득세하여 (국가와 성원들의 이해가 동일시되어 시민과 구별되는) 국가권력이 분명히 부각되지 못하면 신이 완전히 초월적이고 감추어져 있는 개신교적 신 관념이 전개되고, 반면에 의회가 미약하여 (시민과 구별되는) 국가권력이 뚜렷하면 신이 (상징을 통해서) 가시적인 존재로 나타나는 신 관념이 전개되는 것이다.

물론 이상 살펴본 권력구조와 신 개념 간의 상관성에 대한 스완슨의 주장에 대하여 비판적인 입장들도 있다. 예컨대 다신론은 분업의 기초 위에서 발달하므로 다신론이 유일신론보다도 더 진보된 사회의

Arbor: University of Michigan Press, 1967.

14) R. Robertson & F. Lechner, “On Swanson: An Appreciation and an Appraisal,” *Sociological Analysis*, 45/3 (1984): 190.

15) A. Bergesen, “Swanson’s Neo-Durkheimian Sociology of Religion,” *Sociological Analysis*, 45/3 (1984): 181.

산물이라는 주장이 있다.[16] 또 초자연적인 도덕적 제재들은 (권력구조보다도) 부의 불평등이 있는 사회에서 흔하다는 가정도 등장하였다.[17] 즉 마르크스적 경제구조의 영향력을 고려해야 한다는 것이다.[18] 하지만 무엇보다도 중요한 것은, 형이상학적 연구대상이었던 신 개념의 문제를 경험과학적으로 측정하려 시도했다는 점에서 의미 있는 연구였으나, 결과적으로 권력구조가 신 개념에 일방적으로 영향을 준다는 주장으로 흘러 종교현상에 대한 사회학적 환원이라는 비판도 받았다는 점이다.[19]

4 종교진화론

한편 사회유형과 종교형태의 상관성에 대한 논의를 확장시켜 보면, 뒤르켐적 이론을 기초로 하여, 역사상의 구체적 종교형태들에도 관심을 가졌던 베버적 노선을 도입한 벨라(R.N. Bellah)의 종교진화론(religious evolution)을 생각해 보게 된다. 물론 여기서의 "진화"라는 것은 초기 인류학자들이 주장했던 것처럼, 단순히 시간이 흐름에 따라 단선적(unilinear)으로 성장해나감을 뜻하는 것은 아니다. 오히려 파슨즈의 분화이론에 영향을 받아, 체제의 환경적응능력을 향상시키고 자율성을 증가시키는 일종의 상승적 분화작용인 동시에 조직의 복잡화를 뜻한다고 할 수 있다. 또 그저 나뉘어 복잡해짐으로써 의미를 상실

16) R. Robertson, *The Sociological Interpretation of Religion* (N.Y.: Schocken Books, Inc., 1970), 이원규 역, 『종교의 사회학적 이해』, 서울: 대한기독교출판사, 1984, p. 153.

17) 위의 책, p. 153.

18) R. Underhill, "Economy, Polity and Monotheism: Reply to Swanson," *American Journal of Sociology*, 82 (1976): 418-421.

19) R. Robertson & F. Lechner, *op. cit.*, p. 188.

하게 되는 것이 아니라, 엄밀히 말하자면 자기와 상관없는 것을 떨쳐내는 과정, 즉 분화되면서 자기수정(self-revising)이 일어나는 과정으로 제시되고 있다.[20] 벨라는, 시간이 흐름에 따라 일반적 존재질서(general order of existence)라고 할 수 있는 것에 대한 종교적 상징화(religious symbolization)가 일어나고, 인간의 종교행위는 이런 종교적 상징화에 연관되게 마련인데, 결국 이 모든 종교적 영역에서의 다양한 변화는 사회문화적 진화과정을 규정하는 다른 사회적 영역에서의 여러 변화에 밀접하게 관련된다는 전제를 하고 있다.[21] 즉 종교적 변화가 사회적 유형의 복잡화에 상응한 변화를 감수해왔다는 입장이다.

따라서 이러한 종교진화의 맥락에서 벨라는 구체적으로 원시종교, 고대종교, 역사종교, 근대종교, 현대종교라는 다섯 단계의 종교형태를 구분해서 그 상징체계, 종교행위, 종교조직 및 이들의 사회적 의미에 초점을 맞추어 특징들을 논의한다.

첫째, 원시종교(primitive religion)는 오스트레일리아 원주민의 종교로 대표될 수 있는 것으로서, 그 상징체계는 꿈의 세계, 즉 신화적 세계관이 지배하는 종교이다. 따라서 실제적 세계(actual world)에 연관되고 조직성이 매우 느슨한 편이어서, 원시 종교행위는 예배나 희생보다는 스스로를 대상에 동일화(identification)시키거나 일상적인 제의에 참여한다는 특징을 갖는다고 한다. 그리고 종교조직은 아직 다른 사회구조로부터 전혀 분화되어 있지 않고, 그런 점에서 원시종교는 사회에서 연대성을 강화하는 역할을 수행할 수 있다고 한다.

둘째, 고대종교(archaic religion)는 아프리카, 폴리네시아, 북미 일부 및 고대 중동, 인도, 중국 등에서 등장했던 종교형태로서 복잡한 신, 사제, 예배, 희생 등의 형식을 포함한 제의(cult) 종교이다. 여기서는

---

20) R.N. Bellah, "Religious Evolution," *Beyond Belief,* N.Y.: Harper & Row, 1970, p. 21.

21) *Ibid.*, p. 24.

신화적 존재들이 더욱 객관화되어 분명하고도 다양한 신 개념들이 형성되지만, 기본적 세계관은 아직도 원시종교에서처럼 일원론적(monistic)이라고 한다. 하지만 사제의 역할이 증가하여 고대 종교행위는 주체로서의 인간과 대상으로서의 신 사이의 구분이 명확해진다는 점이 원시종교와 판이한 측면이다. 또 종교조직이 아직도 대체로 다른 사회구조들과 미분화된 상태이지만 (따라서 평신도와 사제 두 계층의 분명한 구분이 안 되지만) 그래도 위계질서상 분화되는 집단들이 점차 제의적 조직의 성격을 증가(multiplication of cults)시키고 있다고 한다. 그러므로 사회적으로 신성하게 제도화된 우주적 질서(cosmic order)를 향해 위계질서(hierarchy)가 형성되는 점이 의미심장하다.

셋째, 역사종교(historic religion)의 단계는 유대교, 기독교, 이슬람교, 불교, 유교 등 오늘날 대부분의 세계종교들이 형성, 발달된 시기이다. 여기서는 초월세계와 현실세계의 이중적(dualistic) 구조가 일반화되면서 초월적인 경향이 선호되고 현실세계가 부정된다. 그러므로 구원(salvation)의 상징체계가 발달된다고 한다. 따라서 종교행위도 구원을 향해 점차 진지해지고, 그러는 가운데 개인적 자아개념이 싹트기 시작한다. 조직적 차원에서는 분화된 종교집단(differentiated religious collectivities)이 등장하게 되는 것이 중요하다. 최소한 정치와 종교가 독립적 위계질서를 형성하고, 흔히 정치 · 군사적 엘리트, 문화 · 종교적 엘리트, 시골의 농민층, 그리고 도시의 상공인층으로 구성되는 네 계층구조가 특징적으로 나타난다고 한다. 사회적으로 보면 이렇게 분화된 집단들 간의 긴장과 갈등이 있음은 당연하다.

넷째, 근대종교(early modern religion)의 단계에서 벨라는 개신교의 종교개혁과 불교 정토종 운동의 경우를 대표적으로 제시하고 있다. 이 단계에서 구원은 현실세계로부터 물러나기보다는 오히려 현실세계 자체 안에서의 문제이다. 그리고 종교적 상징체계는 제의적 매개를 통하지 않는 개인과 초월적 실재 간의 직접적 연관에 집중한다. 따라서 개인의 적극적이고 자율적인 종교행위가 강조되고, 또 생활 전체로서의 종교행위가 요청된다. 이러한 상황에서 종교조직의 경우, 모든 전통적 위계질서가 와해되고, 신이 선택한 자와 버림받은 자의 구분만이 성립될 뿐이다. 근대종교 단계가 지닌 사회적 의미는 아직도 사회과학적 논란의 여지가 있다. 하지만 민주주의의 등장에서처럼 종교적 가치의 세속적 제도화를 주목할 수 있다고 한다.

끝으로 다섯째, 현대종교(modern religion)의 단계에서 벨라는 칸트 이후 전통종교의 형이상학적 기반이 무너지면서 등장하는 슐라이어마허(Schleiermacher), 바르트(Barth), 불트만(Bultmann) 등의 현대신학적 동향과 나아가 탈교회적 종교경향 등을 중심적으로 논의한다. 이 단계의 상징체계에서는 역사종교의 산물인 초월적 세계와 현실세계의 이중구조가 파괴되고, 인간의 삶이 무한한 가능성으로 열린다는 특징이 있다. 또 그러다 보니 자아(self)의 실존적 삶에 대한 관심이 더욱 확대되고, 인간은 자신의 운명에 대하여 스스로 책임을 통감하게 된다. 따라서 종교행위는 인간의 일상생활 전반에 직결되고 한층 더 절실히 요구된다고 벨라는 주장한다. 종교조직도 개개인이 자발적으로 참여하는 그러한 구조가 발달한다. 결국 사회 전체적으로는 제도적 종교형식이 지녔던 경직성을 넘어서 자기수정적(self-revising) 사회체계를 가져오게 된다. 즉 사회는 불필요한 구성성분들을 떨쳐내고 나름대로 정예화하는 절차를 가지게 되는 셈이다. 결과적으로 벨라의 종교진화론은 개인과 사회가 자유를 추구하는 방향으로 나아간다는 낙관적 입장을 견지하고 있다고 하겠다.[22)]

한편 이상 살펴본 벨라의 종교진화론의 5단계는 엄밀히 따져보면 사회유형에 따른 종교의 특성들을 정리해 놓았다고도 할 수 있다. 예컨대 원시종교는 결국 원시사회의 종교형태요, 고대종교는 또 고대사

22) *Ibid.*, pp. 25-45.

	종교양태	상징체계	종교행위	종교조직	사회적 의미
원시종교	오스트레일리아	꿈, 신화적	동일화, 참여	완전 미분화	사회적 연대성 강화
고대종교	아프리카, 폴리네시아, 북미 일부, 고대 중동, 인도, 중국	다양한 신, 일원론적 세계	신과 인간의 구분, 제의적 형식	미분화 속 제의적 조직의 증가	위계질서 확립
역사종교	유대교, 기독교, 이슬람교, 불교, 유교	초월과 현실의 이중구조, 구원관의 전개	진지성, 자아 개념의 발아	분화된 종교 집단의 출현	분화로 인한 긴장, 갈등
근대종교	종교개혁, 불교 정토종	현실적 구원, 초월 실재와의 직접 연관	적극적 자율 행위, 생활 전체	전통적 위계질서 와해, 선택된 자와 버림받은 자의 구분	종교적 가치의 세속적 제도화
현대종교	현대신학, 탈교회적 종교	이중구조의 와해	스스로 책임지는 세속적 행위	개인적 · 자발적 종교 조직	경직성을 넘어서 자기 수정

벨라의 종교진화의 단계

회의 종교형태인 셈이다. 즉 종교 자체의 진화단계를 종교적 안목에서 체계화한 것이라기보다는 사회적 유형변화에 따른 사회-종교적 안목에서 진화단계를 설정하고 있다고 생각된다. 따라서 단순히 사회가 원인이고 종교가 결과라는 인과론은 극복하고 있으나 종교형태 변화에 있어서 사회유형적 변수의 역할을 역시 강조하고 있다고 하겠다.

5 상관성의 진정한 의미

사회유형과 종교형태의 상관관계에 대한 논의는 실로 수많은 종교사회학자들의 관심대상이었다고 하겠다. 과연 이 둘 사이의 상관성은 진정 의미가 있는 것일까? 여기서 벨라와 유사한 맥락에서 이 문제를 검토했던 종교사회학자 노팅햄(Elizabeth K. Nottingham)의 경우를 살펴보면서 이 문제를 음미해 보기로 하자. 노팅햄은 그녀의 책 『종교와 사회』(*Religion and Society*)에서 세 가지 사회유형을 구분하고 그들 각각의 종교형태를 논의하고 있다.[23] 즉 첫째 사회유형은 문자 이전 사회(preliterate society)로서 성스러운 가치가 지배하고, 종교와 사회가 미분화된 작은 사회이다. 둘째 사회유형은 산업 이전 변화하는 사회(changing preindustrial society)로서 성과 속이 동시에 공존하며, 대개의 역사적 세계종교들의 초기 단계에서 보이는 종교와 사회의 분화가 중요한 특징으로 나타난다. 셋째 사회유형은 오늘날 미국과 같은 산업적 세속사회(industrial-secular society)로서 아주 역동적이고 세속적 물결이 거세어 종교가 사회의 한 영역 속에 갇히는 상황을 지적할 수 있다.

이처럼 사회유형을 구분하면서 노팅햄은 사회의 크기, 변화 정도, 분화 등을 중심적 지표로서 제시하고 그에 상응한 성과 속의 변화를 검토하고 있다. 이쯤에서 보면 벨라의 종교진화의 단계들과 비슷한 것을 알 수 있다. 그러나 중요한 것은, 오늘날 세계에서 우리가 접하게 되는 사회유형은 위의 세 유형 중 어느 하나로 정확히 분류되기보다는 오히려 이 세 유형이 혼합(intermixture)되어 나타남을 노팅햄이 강조하고 있다는 사실이다. 즉 늘 그러하듯이 실제적 상황은 인간적 유형화 노력에 저항한다는 말이다. 따라서 사회유형과 종교형태의 상

---

23) E.K. Nottingham, *Religion and Society*, N.Y.: Doubleday, 1954, ch. 3.

관성에 관한 논의를 논리적 인과법칙에 의한 대응관계로 설명하기에는 무리가 있다. 이 논의는 오히려 신화적 성격을 지닌다. 다만 사회학자들과 종교학자들의 공통된 신화적 논의의 장(場)을 열어준다는데 더 큰 의미가 있다고 하겠다.

제3장 종교사회학의 발달과정

종교사회학은 오늘날 갑자기 유행하게 된 단순한 종교연구 방법론이 아니라, 오랜 전통을 가지고 발달해온 종교연구의 중요한 안목이다. 여기서는 그러므로 그동안 거쳐 온 종교사회학적 연구들의 사상적 배경과 고전적 이론의 전개 및 그 이후 오늘날까지의 연구경향을 거시적으로 살펴보고 전체적 계보를 정리해 둠으로써, 뒤에 소개될 상세한 연구들의 길잡이를 제공하고자 한다. 특히 교회의 후원을 바탕으로 성립한 교구사회학의 문제와 그를 극복하려는 좀더 객관적 학문 차원에서의 종교사회학의 등장, 그리고 오늘날 국제종교사회학을 주도하고 있는 미국 종교사회학의 전통을 정리해 본 후, 나아가 동양의 종교사회학에 대한 논의들도 덧붙여 검토하기로 한다.

1 종교사회학 성립의 사상적 배경

종교에 대한 사회학적 연구가 출현하는 것은 흔히 자본주의, 문화적 다원주의, 종교적 관용 및 자유주의적 국가 등의 출현과 밀접하게 연관되어 있다고들 한다.[1] 즉 사회의 현대화 경향의 산물이라는 말이다. 물론 더욱 거슬러 올라가 본다면, 플라톤의 관념론에서부터 시작하여 아리스토텔레스의 목적론, 스토아학파의 자연법사상 및 어거스틴의 사회실재론과 중세 사회사상에 있어서의 종교논의까지도 생각해 볼 수 있을지 모른다. 이런 전통적 사회사상의 특징은 사회적 관점과 윤리적 관점이 종합되고 또 그들이 기독교적 구원론의 틀 속으로 흡수되었다는 데 있다.

그러나 17~18세기에 이르러 계몽주의(Enlightenment)가 발달하면서 전통적 사회사상의 경향을 지배하던 종교적 · 도덕적 토대보다는 사회의 "실재적인" 기초가 더 중시되기 시작한다. 이에 따라 이른바 민족국가(nation-state)가 성립되고 산업혁명, 중산층의 출현과 함께 사유재산제도 등이 점차 확산되다 보니, 이런 현대적 사회 속에서 중세적 사회질서의 근원이었던 종교는 마침내 힘을 잃고 오히려 세속적 · 반종교적 조류가 주도하게 되었다고 할 수 있다. 특히 학문뿐 아니라 사회질서체계의 해석을 거의 독점해오던 것이 성직자였는데, 바로 이 성직자에 대한 비판, 즉 반성직자주의(anticlericalism)는 모든 사회비판의 핵심적 요소로까지 나타난다. 그러나 종교사회학이 본격적으로 성립되는 데 있어서 계몽주의만이 중심적 배경이 된 것은 아니었다. 현대사회로 넘어오는 길목에 버티고 있던 산업혁명과 프랑스혁명으로 야기된 황폐화는 계몽주의적 낙관론에 의문을 제기하였고, 그로 인해 일게 된 보수적인 낭만주의(Romanticism)는 단순히 개개인이 사회를 형성하는 것이 아니라 사회가 개인을, 그리고 신이 사회를 형성하는 것이라고 주장함으로써 공동체와 종교, 전통, 권위 그리고 개인 간의

1) D. Winston, "Sociology of Religion," M. Elide et al. ed., *Encyclopedia of Religion*, vol. 13, N.Y.: Macmillan, 1987, p. 393.

상호관련성을 재발견하게 된다. 따라서 종교사회학은 현대사회를 가져오는 계몽주의적 합리사상과 전통적 보수성을 계승한 낭만주의 사상의 묘한 어우러짐의 결과로서 나왔다고 볼 수 있는 것이다.[2] 이것은 현대 종교사회학의 전통 속에 아직도 세속적 경험주의의 경향과 좀더 교회중심적이고 실천적인 성향이 공존하게 되는 이유일지도 모른다.

한편 이런 가운데 19세기에 이르러서는 생시몽(Saint-Simon)의 사회사상이 출현하고, 또 그로부터 영향을 받고 나오는 콩트(Auguste Comte, 1798~1857)가 본격적인 사회학을 일으키게 된다. 특히 콩트는 종교적 단계, 철학적 단계 및 과학적 단계라는 3단계를 통해 역사를 추적해내려는 그의 진화론적 틀 속에서, 사회학이 나름대로 신화적 설득력을 지닐 수 있는 학문으로 성장이 가능함을 효과적으로 암시하였다. 그런데 종교는 여기서 인류의 발전을 위해 끝내는 극복되어야 할 단계로 제시되고 있다. 하지만 그럼에도 불구하고 종교 자체가 사회학의 관심 영역 속에 계속 자리 잡고 있음은 주목할 만하다.

그러나 이와 같은 사회사상적 폭넓은 배경들이 현대 종교사회학의 성립에 직접적인 영향을 주었다고 하기는 어렵다. 좀더 직접적인 성립 배경으로는 본격적인 사회학이 시작되면서 나타난 마르크스, 베버, 뒤르켐 및 파슨즈 등의 고전적 사회학자들의 이론적 공헌을 생각해 보아야 할 것이다. 하지만 이런 고전적 종교사회학 이론의 정립과정을 살펴보기에 앞서 종교사회학 성장의 좀더 실천적인 면을 잠시 거론할 필요가 있다. 즉 종교사회학은 학문적 연구의 산물일 뿐만 아니라, 19세기 이후 급속화된 교회의 세속화 과정에서 파생한 실천적 요청을 또한 배경으로 하고 있다는 말이다. 교회의 세속화는 무엇보다도 기독교의 사회참여에 대한 관심을 야기시켰고 이로 인한 기독교 사회운동이 여러 형태로 전개되었다. 특히 미국에서는 일부 기독교파

2) *Ibid.*, pp. 393-395.

를 중심으로 경제적 · 사회적 정의추구를 향한 제도적 개혁운동이 이른바 사회복음(Social Gospel) 운동이라는 형식으로 나타나기도 했다. 그런데 이렇게 경제적 · 사회적 정의추구의 목표를 이루기 위해서는 무엇보다도 교회에서 사회에 대한 지식을 요청했던 것이다. 따라서 실로 많은 재정적 지원이 교회로부터 사회학으로 들어왔고, 이것은 결과적으로 교회를 위한, 또 교회에 대한 수많은 사회학적 연구들을 초대한 셈이었다.[3] 예컨대 교회의 전도정책을 위한 지역적 상황조사 등은 바로 이런 맥락에서 등장한 종교사회학적 연구들이었다.

한편 종교사회학의 발달을 교회적 맥락과는 별도로 종교연구 전체의 경향을 따라서 생각해볼 수도 있을지 모른다. 무엇보다도 원시문화와 동양문화의 충격을 받아온 서양에서는, 기독교만이 종교가 아니라 종교는 세계 도처에 있는 보편적인 현상임이 일반적으로 인식되면서, 기독교와 타종교에 대한 비교론적 관심이 대두하였다. 즉 홀로 있던 기독교 이외에 다른 종교도 있음이 알려지고 이른바 종교다원주의(religious pluralism)가 확산되면서 종교연구에도 비교종교학(comparative religion)적 성향이 등장하게 된 것이다. 이런 성향은 종래의 종교연구를 주도해온 기독교의 경전, 교리, 역사에 집중하던 연구방법에 일대 변혁을 가져왔다. 따라서 기독교의 성서 이외에 다양한 경전들의 연구와 기독교적 신 개념과는 다른 다양한 신성에 대한 연구들이 출현했다. 그러나 더욱 중요한 것은 이른바 경전 교리 등에 근거한 신학적 연구보다도 오히려 좀더 (사회)과학적인 이론들을 도구로 하는 인류학, 심리학 그리고 사회학적 연구들이 더욱 강화되었다는 것이다. 이런 맥락을 타고서 종교사회학은 무엇보다도 전통적 신학을 대신하는 종교이해의 한 독특한 형식으로 제시되기 시작한 것이다. 특히 미국에서는 이미 만연되어 있던 종교적 다원주의가 이러한

3) *Ibid.*, p. 399.

종교사회학적 성과들을 더욱 환영하였다.[4)]

결국 종교사회학의 성립과 발달에는 사회변동에 연관된 다양한 배경이 있었던 것을 알 수 있다. 그러므로 우리가 다양한 유형의 종교사회학적 연구들을 접하게 되는 것은 당연한 일인지도 모른다. 그러면 이제 좀더 구체적으로 종교사회학의 실제적인 발달 전개과정을 보기로 하자.

2 종교사회학의 고전적 이론 정립

종교사회학의 고전적 이론은 막스 베버와 에밀 뒤르켐을 양대 지주로 성립되었다. 하지만 베버를 올바로 이해하려면 칼 마르크스에서부터 시작할 필요가 있다.

칼 마르크스의 종교사회학적 공헌은 무엇보다도 변증법(dialectic)의 맥락을 타고 이루어진 셈이다. 마르크스에 의하면 인간은 본질적으로 "사회적 존재"(social being)이고,[5)] 그의 행위가 사회로 향하는 외면화는 필수적인 것이다. 이런 점에서 인간의식은 사회 속에 있는 주체로서의 인간과 물질적 객체로서의 세계 사이의 변증법적 상호작용에 의해 늘 조건지어지는 것이라고 한다. 특히 서구사회에서 기독교와 그에 발판을 둔 독일관념론이 일방적으로 매달려온 (종교중심적) 상부구조 지향적 사회현상을 이해하는 것에서 과감히 탈피하여, 마르크스는 사회 내에서 하부구조(infrastructure, *Unterbau*)와 상부구조(superstructure, *Überbau*)의 변증법적 상호관계를 강조함으로써, 결과

---

4) R. Robertson, *The Sociological Interpretation of Religion* (N.Y.: Schocken Books, Inc., 1970), 이원규 역, 『종교의 사회학적 이해』, 서울: 대한기독교출판사, 1984, p. 16.

5) K. Marx, *Early Writings*, T. Bottomore, ed., N.Y.: McGraw-Hill, 1964, p. 158.

적으로 (경제적) 하부구조의 참된 의미를 창조적으로 발견하였다고 평가된다.[6] 즉 상부구조는 오히려 생산관계를 토대로 한 하부구조에 의해 사회 내에서 결정된다는 입장이 강조되기도 하였다.[7] 따라서 인간과 주변 사회세계 간의 변증법적 맥락으로부터 파생되는 소외(alienation)도 궁극적으로 상부구조의 문제라기보다는 경제적 · 물질적 환경의 변화를 가져올 수 있는 실천을 통해서 해결될 하부구조 문제이다.[8] 그러므로 상부구조의 일부로서의 종교는 결국 노동의 착취로 인해 소외된 자들을 근본적으로 치유해내는 것이 아니라, 일시적이고도 불완전한 사회적 보상기재(compensatory mechanism)일 뿐이라는 입장이다.[9]

아마도 이러한 하부구조 지향적 변증법에 기초한 종교에 대한 부정적 이해를 정면으로 비판하고 나온 이가 바로 베버였다고 할 수 있을지 모른다. 물론 베버가 변증법 자체를 부정한 것은 아니다. 또 변증법적 과정 속에서의 하부구조의 중요성을 완전히 무시해버린 것도 아니다. 오히려 베버는 변증법적 틀 안에 머물면서, 다만 하부구조 일변도의 안목만을 비판하였다. 즉 자신의 입장을 마르크스의 '역사적 유물론에 대한 하나의 경험적 반박' 이라고 특징지으면서 종교를 포함한 상부구조의 의미를 강조하고자 하였다. 베버의 종교사회학에 관한 대표적인 저술인 『프로테스탄트 윤리와 자본주의 정신』은 바로 금욕적 개신교 윤리가 세계의 합리화에 결정적 영향을 주어 자본주의 정신을 발생시키는 데 공헌했다는 명제를 제시하고 있다. 따라서 넓게 보면

---

6) D. Winston, *op. cit.*, p. 398.

7) 물론 마르크스가 단순히 사회 내의 경제적 하부구조가 상부구조를 결정하는 것이 아니라, 상부구조로서의 종교 등에 자율권(autonomy)을 인정했다는 주장들도 최근에는 전개되고 있다. (*Ibid.*)

8) N. Birnbaum, "Beyond Marx in the Sociology of Religion?" C.Y. Glock & P.E. Hammond, eds., *Beyond the Classic?*, N.Y.: Harper & Row, 1973, pp. 5-21.

9) R. Robertson, *op. cit.*, p. 25.

마르크스에서 베버에 이르는 전통은 종교사회학에 거시적 역사에 대한 관심과 역동성을 불어넣은 셈이라 하겠다. 특히 베버의 카리스마의 일상화와 합리화 등을 주축으로 하는 이론적 공헌은 종교변동론 분야에 있어서 현재까지도 숙고되어야 하는 핵심적 뿌리이다.

한편 베버의 학문적 배경은 칸트, 헤겔, 피히테, 슐라이어마허 및 딜타이로 이어지는 독일 관념론 철학과 해석학 전통에까지 거슬러 올라간다. 따라서 사회현상의 외적 형식만이 아니라 내적 의미를 중시해온 이른바 그의 "의미이론"(meaning theory)은 베버 종교사회학이 지닌 또 다른 중요한 측면이다. 특히 현대 종교조직론에서 종교조직의 기계론적 설명보다는 버거 등에 의해 사회행위, 정당화, 신정론 등을 중심으로 한 사회현상의 의미이해가 강조되어 온 점은 분명히 베버적 유산이라고 할 수 있을 것이다.[10)]

그러나 이런 베버 종교사회학의 관념적 성향이 그의 실제 연구 자체가 구체적 역사종교의 문제에서 동떨어져 있음을 뜻하는 것은 아니다. 베버는 동료였던 역사주의 신학자 트뢸치(E. Tröltsch)와 더불어 구체적인 종교조직 유형론의 틀을 잡았고, 또 카리스마 개념을 토대로 역사종교 내 구체적 종교전문인의 기초적 유형화도 시도하여 사실상 종교사회학 중심분야 전반에 걸쳐 분명한 공헌을 하였다.

더욱이 베버는 당시 타종교에 대한 소위 (비교)종교학적 연구에도 폭넓은 관심을 가졌다. 이것은 베버가 유대교, 인도 종교 및 중국 종교 등에 대한 다양한 종교사회학적 업적을 내놓고, 종교사회학에 소위 비교연구법(comparative studies, 엄밀히 말하자면 통문화적 연구 cross-cultural studies)을 도입할 수 있었던 이유이기도 하다.

한편 고전적 종교사회학의 또 하나의 지주인 뒤르켐은 당시 계몽주

---

10) J.A. Coleman, "Compassionate Mind and Commitment: The Political Ethics of P.L. Berger," *Encounter*, 38 (1977): 29-42.

의적 경향을 타고 시작된 사회학 전통을 더욱 충실히 계승하고 있다.[11] 특히 생시몽과 콩트뿐 아니라 로버트슨 스미스(W. Robertson Smith)와 그의 스승인 퓌스텔 드 쿨랑쥐의 영향을 받고 과학적 · 실증적 연구 풍토를 종교사회학에 정립시킨 선구자가 되었다. 물론 당시 계몽주의의 영향을 받고 등장한 종교연구의 실증적 경향으로는 인류학적인 맥을 타고 성립된 진화론도 있었다. 하지만 진화론적 사고에서 종교연구에 확장된 이른바 종교기원의 탐구 풍토는 결국 오늘날 인류가 시간을 거슬러 올라가 진화의 초기를 다시 경험할 수 없다는 결정적인 문제가 제기되었다. 따라서 알 수 없는 종교의 기원보다는 오히려 현존하는 종교가 사회 속에서 무엇을 하느냐에 뒤르켐은 관심을 가졌다. 특히 통합된 사회의 상징화로서의 종교의 역할은 매우 중시된 바 있다. 따라서 후에 등장하는 이른바 현지답사를 강조하는 기능주의(functionalism)적 관점은 바로 뒤르켐에서 유래한다고 생각된다.

그런데 실증적 성향의 일부로서 출현하는 기능주의적 종교연구의 중요한 특징은 종래와 같이 기독교 등 어느 특정한 구체적인 종교에 초점을 맞춘 이론의 전개보다는 더욱 비제도적 보편적인 종교일반(the Religion)을 연구목표로 한다는 점이었다. 따라서 기독교의 신 개념보다는 좀더 보편적이라 할 수 있는 성스러움(the sacred)이 강조되고, 구원보다는 오히려 사회적 질서와 통합을 토대로 한 도덕성의 회복이 거론되었다.

이렇게 보편적인 현상으로서의 종교를 다루다 보니 뒤르켐에 있어서 모든 사회에 종교는 당연하고도 필수적인 것이다. 그러므로 사회

11) 일반적으로 뒤르켐의 종교에 대한 관심은 그의 후기 저술을 중심으로 논의되어 왔으나, 최근 연구들은 그의 초기 저술에서의 종교에 대한 관심도 중시하고 있다. E. Wallwork, "Durkheim's Early Sociology of Religion," *Sociological Analysis,* 46/3 (1985): 201-218.

가 아무리 변하더라도 쉽게 사라져버릴 수 있는 것이 결코 아니다. 따라서 뒤르켐의 종교사회학은 대체로 종교의 정적인(static) 측면을 강조했다고도 할 수 있다.

이런 맥락에서 후에 전개된 종교사회학에서 영국의 사회인류학적 기능주의의 요소나 미국의 파슨즈와 벨라로 이어지는 종교사회학적 이론 전통은 뒤르켐에 힘입은 바가 자못 크다 할 것이다.

이제까지 살펴본 베버와 뒤르켐이 종교사회학의 양대 이론적 지주라고 하는 것은 고전적 이론에서의 그들의 공헌뿐 아니라, 오늘날의 많은 연구 성과들에서도 그들의 영향에 따른 다양한 특징들이 나타나고 있기 때문이다. 그러므로 이쯤에서 이 두 이론적 지주들의 기본적 안목들을 비교 검토해보는 것은 의미가 있을 것이다. 물론 베버와 뒤르켐의 이론들 사이에는 유사한 점도 있지만[12] 대조적인 면이 더욱 두드러진다고 할 수 있기 때문이다.[13] 우선 학문적 목표만 보더라도 뒤르켐이 사회학과 철학(신학)을 통합시킨 가운데 도덕적인 것을 추구했다면, 베버는 사회학을 가능한 한 규범적인 것들과 분리시켜 가치중립을 실현시키고자 하였다. 하지만 실제 방법론적으로는 뒤르켐이 오히려 사회학적 분석은 "사회적 사실"(social facts)에서 시작해야 한다며 명시적 관점을 유지한 반면, 베버는 사회행위의 이해는 궁극적으로 개개인의 의도를 아는 데서 시작한다고 보는 (꽤 애매모호한) 인간주의적(humanistic)이고 개념적 · 경험적 · 명제적인 관점을 제시

---

12) 베버와 뒤르켐의 유사점을 강조했던 것은 파슨즈에서부터 분명해진다. T. Parsons, *Essays in Sociological Theory: Pure and Applied*, N.Y.: The Free Press, 1949, pp. 52-66; T. Luckmann, *The Invisible Religion*, London: The Macmillan Company, 1967, p. 19. 그러나 버거는 파슨즈가 이 둘의 유사점을 너무 좁은 의미에서 연관시키고 있을 뿐 심각하게 고려하여 본격적으로 종합해내지는 못했다고 비판한 바 있다. P.L. Berger, *Invitation to Sociology*, Garden City, N.Y.: Doubleday, 1963, p. 204.

13) W. Davis, *op. cit.*, pp. 397-398; R. Robertson, *op. cit.*, p. 20.

하였다. 하지만 베버와 뒤르켐의 이론적인 차이는 연구대상에 대한 관심 자체가 달랐기 때문에 더욱 심각했는지도 모른다. 뒤르켐이 원시적인 통합된 사회를 주로 분석하려 했다면, 베버는 오히려 근대적인 분화(다원화)된 사회를 이해하려 했던 것이다. 따라서 종교의 개념과 초월적 힘의 유래에 대한 양자의 생각은 매우 다르게 전개되었다. 뒤르켐이 (원시적 집단의) 집단적 감격으로부터 생기는 통합의 상징을 종교로 보고 그것을 사회의 다른 요소들과는 구분되는 사회 자체로서 성스럽다고 한 데 비하여, 베버는 (좀더 근대적인 종교조직의) 개인적인 창시자와 예언자의 비범한 능력인 카리스마로부터 종교와 초월적 힘의 논의를 전개시키고 있는 것이다. 그러므로 뒤르켐이 비교적 안정된 사회를 중심으로 사회의 연대강화 (통합)에 있어서의 종교의 역할을 강조했다면, 베버는 더욱 동적인 변화하는 사회의 사회변동 속에서의 종교의 역할과 개인적 구원의 문제를 다루었던 셈이다. 그래서 뒤르켐에 있어서는 종교가 늘 사회와 동일시되므로 성스러움은 어느 사회에서나 영속적일 수밖에 없는 반면, 베버에 있어서는 변화해가는 사회 속에서 종교의 형태도 불변할 수는 없다. 그리고 합리화의 과정을 따라서 결국 세속화가 이루어질 수밖에 없게 된다.

3 교구사회학의 문제

앞서 우리는 종교사회학의 성립에 있어서 고전적 이론들뿐만 아니라 교회의 후원을 토대로 한 실천적인 경향이 또한 중요했음을 지적한 바 있다. 이렇게 교회에 대한 그리고 교회를 위한 사회학적 연구들은 주로 프랑스 가톨릭 사회학자들에 의해 주도되어 온 셈인데, 이들은 흔히 사회학을 종교적 목적에 대한 수단으로 간주하였다. 따라서 좀더 학문적 관심에서의 종교사회학(the sociology of religion)과는 구별하여, 이러한 전통은 "교구사회학"(parochial sociology), 또는 "종교적 사회학"(the religious sociology)이라고도 불려왔다. 즉 교구사회학은 교회적 목표 특히 교회의 선교활동과 사회사업 등을 보조하기 위한 연구들에 집중하였고 종종 교회적 입장을 반영하려 노력했다.

그러므로 당연히 보편적 종교사회학이라기보다는 교파적 · 종파적 성격이 드러났다. 이렇게 해서 교구사회학의 문제점은 우선 이론적인 면이 결핍되었다는 것이 지적된다. 대체로 다루기 쉬운 연구방법만을 채택하여 근본적인 제도를 설명하기보다는 별로 중요하지도 않은 의견조사에 무비판적으로 너무 매달리고, 종교적 신앙과 같은 본질적인 측면보다도 외형적이고 보잘것없는 통계에 집착한다는 비판들이 있었던 것이다. 그리고 학술적이기보다는 실용적인 경향이 전체 연구를 압도해 왔다는 것이었다.[14]

그러나 이러한 비판들에도 불구하고 교구사회학적 연구들은 실로 상당한 규모였다. 아마도 유럽의 가톨릭 사회학자들이 중심이 되어 형성되었던 "국제 종교적 사회학회"(*Conférence internationale de sociologie religieuse*)는 그 규모를 단적으로 보여주는 것인지도 모른다. 하지만 세계대전들을 겪으며 교회의 후원이 사회학에 끊어지면서 교구사회학이 지녔던 문제점들이 더욱 크게 부각되었다. 우선 교회 지향적 종교성부터가 비판되어 좀더 보편적인 종교성의 연구가 강조되었다. 그리고 어차피 교회의 후원이 없이 연구되는 성과들이므로 구태여 교파적 성격을 유지하기보다는 학문적 이론의 정립에 관심을 가지게 되었다. 이쯤 되니 유럽의 종교적 사회학자들의 모임도 학문적 성향을 반영하여 명칭부터 "국제 종교사회학회"(*Conférence internationale de sociologie des religions*)로 바뀌게 된다.[15] 물론 종교사회

---

14) T. Luckmann, *op. cit.*, pp. 20-21.

15) B. Wilson, *Religion in Sociological Perspective*, Oxford: Oxford University Press, 1982, p. 23.

학 자체가 서양기독교 문화권에서 성립되었고 서양의 종교공동체의 핵심은 교회이므로, 심지어 오늘날까지도 종교사회학은 교회에 일부 관련된 채 기독교의 주변을 맴돌고는 있다고 생각된다. 그럼에도 불구하고, 1960년대 이후로 학문적 경향이 점증적으로 강조되고, 특히 버거와 루크만 등에 의한 이론적 연구들이 출현하면서 교구사회학은 대체로 극복되었다고 본다.[16]

4 미국 종교사회학의 발달

오늘날 국제 종교사회학계를 주도하고 있는 곳은 역시 미국이다. 이 분야에 관련된 정보의 양과 질이 이를 입증한다. 따라서 미국 종교사회학의 전통이 발달되어 온 과정을 이해해 두는 것은 중요하다고 본다. 19세기 말에서 20세기 초에 이르는 때, 미국에서는 사실상 베버나 뒤르켐보다는 사회과학에 진화론적 관점을 도입했던 스펜서(H. Spencer)나 인간의 이성적 능력을 낙관하여 그에 의한 합리적 사회조직이나 사회개혁을 주장했던 워드(L.F. Ward) 등의 사상이 풍미하고 있었다. 따라서 법칙적인 이론의 정립보다는 실천적 관심이 압도하고 있었던 셈이다. 이런 맥락에서 사회학계는 주로 선교적 의도를 가졌던 목회자나 독실한 신자(religionists)들로 주로 구성되어 있었고, 이들이 당시 일어나고 있었던 사회복음 운동과 밀접한 관련을 가지고 있었던 것은 당연한 일이었다. 그러므로 사회(과)학자들은 비록 초자연적인 것에 대하여 적대적이고 진화론적 영향을 받아서 종교를 원시적 사고유형으로 보았지만 반면에 기독교 윤리와 중산층의 도덕성에 밀착해 있었다. 이런 점에서 자유주의 신학자들의 과학과 종교간 병립

16) R. Robertson, *op. cit.*, p. 33.

에 대한 이념은 사회복음 운동으로 표출되었고, 이것은 결국 사회(과)학자들과 신도들 간의 화해의 기초를 마련하여, 개혁을 위한 협력(동맹)이 순조롭게 진행되었다. 즉 시카고대학 신학부를 중심으로 한 사회복음 운동의 입장에서는 실로 자유주의적 사회과학 공동체와 연계를 맺음으로써 궁극적 사회개혁을 위한 학문적 뒷받침을 기대했던 셈이다. 물론 사회과학자들 가운데 점차 비종교적인 성향도 확대되었으나, 아무리 세속적인 학자라 하더라도 사회학을 실천적 학문분야로 생각하는 한 사회복음 운동과의 협력은 강화될 수밖에 없었다.[17)]

그러나 1차 세계대전 후부터 이러한 양상은 급변한다. 전후 심각한 비관론이 구미에 퍼지면서 사회복음 운동과 같은 기독교 진보주의가 크게 위축되니 신도들과 사회과학의 세계를 연결시키는 기반이 붕괴된 까닭이었다. 또 점차 교회로부터의 후원이 줄어들게 되고, 이와 더불어 교구사회학자들은 세속사회학자들의 비판에 열리고, 결국에는 종교사회학 전체의 퇴조가 일어나게 되었다. 이런 양상은 1920년대와 1930년대에 계속되었으며, 그나마 유럽에서의 학문적 성과조차 수용되지 못하고 있었다.

이런 가운데 1940년대 미국에서 가톨릭 사회학자들이 모임(American Catholic Sociological Society)을 형성하여 학술잡지 *American Catholic Sociological Review*를 발간한 것은 매우 특이한 일이었다. 이들은 물론 방어적이었고, 이들이 낸 잡지는 세속적 · 유물론적 사회학에 대한 공격을 일삼았으며, 가톨릭 집단에 제한된 연구에만 집중하였다. 따라서 학문적인 종교사회학의 경향이 거의 무너진 상황 속에서 미국의 종교사회학은 점차 가톨릭 사회학으로 더욱 게토화되어 갔고, 이론적 공헌은 기대하기가 어렵게 되었다.[18)] 이런 상황은 2차 세계대

17) M.S. Reed, Jr., "An Alliance for Progress: The Early Years of the Sociology of Religion in the United States," *Sociological Analysis*, 42/1 (1981): 27-46.

전 후까지도 지속되었다. 아마도 미국에서 본격적인 학술적 종교사회학이 재건된 것은 1960년대에 이르러서라고 해야 할 것이다. 이쯤에서 미국은 확고히 세계 최강국으로서 자리를 잡고, "스푸트니크 충격"(the Sputnik Shock) 이후 학계에 쏟아진 재정적 보조로 대개의 미국 학계가 급발전하게 됨에 따라, 사실상 종교사회학에도 새로운 물결이 시작되었던 셈이다. 그러므로 이 무렵부터 오늘날 미국 종교사회학계를 대표하는 학술 잡지들이 창간되거나 기존의 것들도 대체로 새로운 면모를 갖추게 된다.

1960년대 이후 미국 종교사회학의 특징은 다시 베버와 뒤르켐을 중심으로 한 고전적 경향이 확장되어 왔다는 점이다. 아마도 크게 세 부류의 종교사회학 전통을 꼽을 수 있을 것이다.

첫째는 역시 파슨스(T. Parsons, 1902~1979)로부터 시작하는 구조기능주의 전통을 들 수 있다. 일찍이 미국 사회학의 이론적 한계를 절감하고 독일 유학을 했던 파슨스는 미국 사회학계의 대부로서, 미국의 (종교)사회학에 유럽적 이론을 본격적으로 도입했던 인물이다.[19] 그는 특히 전체적인 면에서는 뒤르켐으로부터 영향을 받았으면서도 또 구체적인 면에서는 베버적 영향을 보이고 있는데,[20] 이 양자를 나름대로 구조기능주의적 입장에서 종합해내려고 하였다. 하지만 파슨스의 연구가 고전적 사회학의 전통을 재해석하는 데에만 국한된 것은 아니었다. 그의 학문은 폭이 넓어서 인류학에서 전개된 기능주의 이론과 심리학의 인격(personality) 및 행동이론(behaviorism)들을 도입하는가 하면, 기능주의적 유기체 이론과는 달리 사회를 하나의 정보전

18) Idem, "After the Alliance: The Sociology of Religion in the United States from 1925 to 1949," *Sociological Analysis*, 43/3 (1982): 189-204.

19) 이런 점에서 그의 저술로 T. Parsons, *The Structure of Social Action* (IL: The Free Press, 1949)이 지닌 가치는 의미심장하다고 평가되어 왔다.

20) R. Robertson, *op. cit.*, p. 27.

달체계로 보려는 인공두뇌학(cybernetics)의 다양한 배경지식을 끌어다 (종교)사회학적 설명에 적용시켜 왔다. 그러므로 행위이론(action theory)을 바탕으로 질서, 규범, 역할 개념 등을 재조명하여 종교조직론에 공헌하는가 하면, 분화(differentiation) 개념 등을 정립하여 종교변동론 등에도 영향을 끼쳐 왔다. 미국 종교사회학계에서 파슨즈의 위치는 뚜렷하였다고 볼 수 있다. 그후 하버드 대학에서 배출된 파슨즈의 제자로는 오데아(T. O'Dea), 존슨(B. Johnson), 벨라(R.N. Bellah) 등 거장들이 있다.

한편 두 번째로 꼽아 볼 수 있는 오늘날 미국 종교사회학상의 전통은 측정론 분야를 중심으로 경험적 연구에 공헌해 온 부류라고 할 수 있다. 이 분야에서는 피히터(J. Fichter), 렌스키(G. Lenski) 등도 중요하지만, 특히 글록(C. Glock)과 그의 제자들에 의한 종교조사 척도에 대한 연구를 비롯한 각종 계량적 조사연구 등이 실로 독특한 측면이라 할 수 있다. 이러한 전통은 무엇보다도 너무 거창한 이론에만 집착하던 종래의 연구들에 실증적 조사기술을 도입하여 보다 설득력 있는 주장을 해온 셈이어서 오늘날 널리 수용되고 있다. 실제로 현대 종교사회학의 대부분의 학술잡지들이 이러한 실증적 연구들에 많은 지면들을 할당하고 있는 것을 보면 이 측정론적 전통의 영향력을 쉽게 짐작할 수 있을 것이다.

끝으로 현대 미국 종교사회학의 또 하나의 중요 경향은 역시 버거 등을 중심으로 정립된 현상학적(pheonomenological) 전통이라고 할 수 있다. 버거의 전통은 베버와 뒤르켐의 고전적 종교사회학 전통을 계승하려 함에 있어서는 파슨즈 계열과 유사한 면이 있다. 그러나 보조과학적 지식을 많이 동원했던 파슨즈와는 달리, 좀더 사회학의 본래 전통 자체를 중시하면서 이른바 지식사회학(sociology of knowledge)적 방법론 위에서 의미이론의 틀을 구축하며 베버와 뒤르켐의 고전적 종교사회학을 창조적으로 종합해온 것이 중요하다. 그리고 특히 종교변동론의 문제에 있어서 현대의 종교 상황이 지닌 가장 의미심장한 측면으로서 종교다원주의를 잘 부각시킨 점이 높이 평가되고 있다. 그러므로 최근에는 특히 대부분의 종교사회학에 관련된 업적들이 버거 등에 의해 강조된 종교다원주의 이론들을 신중하게 고려하고 있다.

결국 1960년대 이후 미국 종교사회학에는 종래의 실천적 의도가 거의 사라졌고 순수 학술적 경향이 주도하고 있다고 할 수 있을 것이다. 따라서 종교사회학적 연구결과들이 지닌 효용성도 단순히 종교집단을 위한 것보다는 오히려 보편적 이론에 공헌하는 데에 있다. 그리고 이런 보편적 이론이 점점 더 정교화됨에 따라, 단순한 선교나 사회봉사의 차원이 아니라 오히려 신학적 또는 종교학적 차원에서도 종교사회학적 지식을 필요로 하게 된 것이다.[21)] 즉 신학적 믿음들과 규정들까지 사회학적 통찰력과 관점에 의존하고 있다고 생각된다.[22)]

5 동양적 종교사회학 연구

이제까지 우리는 서구에서 교구사회학이 극복되고 세속적이고도 학술적인 종교사회학이 전개되어 온 과정을 살펴보았다. 그럼에도 불구하고 서구 종교문화의 기독교 지향성을 크게 벗어날 수 없음은 또한 분명한 사실이다. 그러므로 서구의 종교사회학은 역시 기독교를 바탕으로 발달되어 올 수밖에 없었다. 하지만 진정한 의미의 종교사회학이라면, 그리고 한국처럼 다원적 종교사회에서 참된 의미를 지닐

---

21) 예컨대 우리나라에서만도 다음과 같은 것들을 볼 수 있다. G. Theissen, 조성호 역, 『예수운동의 사회학』, 종로서적, 1981; 안병무 편, 『사회학적 성서해석』, 한국신학연구소, 1983; R.J. Cassidy, 한완상 역, 『예수, 정치, 사회』, 대한기독교출판사, 1983; H.C. Kee, 서중석 · 김명수 역, 『그리스도교 기원에 대한 사회학적 연구』, 대한기독교출판사, 1984.

22) R. Robertson, *op. cit.*, p. 206.

수 있는 종교사회학이라면 불교나 유교 등 기독교 이외의 동양종교의 문제도 다룰 수 있어야 할 것이다. 이런 점에서 우리는 동양적 종교사회학의 연구를 이쯤에서 생각해 보기로 한다. 종교사회학은 본래 서구에서 유래했으므로 실제로 동양종교에 대한 엄밀한 종교사회학적 연구들은 매우 드물다. 그리고 체계적인 전통이 형성되어 있다고 하기는 어렵다. 따라서 그동안 적으나마 주로 동양(특히, 중국, 일본, 한국)에서 이루어진 동양종교에 관련된 사회학적 연구 성과들을 검토함으로써 앞으로 더욱 본격적인 동양적 종교사회학을 기대해 볼 수 있을지 모른다.

우선 중국의 경우, 제도들의 다양성에도 불구하고 이들을 뒤덮고 있는 하나의 위계질서 체계는 종교에 연관되어 있음이 거듭 지적되어 왔다.[23] 대표적인 학자로는 우선 네덜란드인으로서 19세기 말 중국 여러 지역을 여러 차례 현지조사했던 흐로트(J.J.M. de Groot, 1854~1921)를 생각해 볼 수 있다. 그는 『중국의 종교제도』(*The Religious System of China*)[24]라는 6권으로 된 방대한 책을 썼는데, 진화론적 관점을 견지하면서 당시의 중국 민간신앙을 특히 자세히 다루고 있다. 또 비기독교적 감정을 지닌 채 당시 중국인들에게 널리 만연되어 있는 종교적 포용성을 강조하기도 한다. 하지만 그의 연구는 주로 위로부터 아래로의 연구였다. 그래서 엘리트 중심의 고전적 전통(classical tradition)이 바로 중국 사회의 위계질서 체계 전반을 설명하는 토대로 제시되고 있다. 한편 뒤르켐과 그의 학파의 영향을 받았던 그라네(M. Granet, 1884~1940)의 책 『중국인의 종교』(*La Religion des Chinois*)[25]는

23) M. Freedman, "On the Sociological Study of Chinese Religion," A.P. Wolf, ed., *Religion and Ritual in Chinese Society*, CA: Stanford University Press, 1974, pp. 19-41.

24) J.J.M. de Groot, *The Religious System of China*, 6 vols, Leiden, 1892-1910.

25) M. Granet, *La Religion des Chinois*, Paris: Universitaires de France, 1922, trans. M. Freedman, *The Religion of the Chinese People*, N.Y.: Harper & Row, 1975.

이론적인 면에 치중하다 보니 현지조사나 역사적인 측면은 비교적 약했던 것이 특징이다. 다만 중국 군주왕정의 기원과 중국문화와 사회조직의 형성에 있어서 농민계급의 역할이 무엇보다도 강조되고 있다. 이것은 물론 흐로트와는 매우 다른 시각이었다. 그러나 근자에 중국인으로서 미국에서 사회학을 전공한 양(C.K. Yang)은 그의 역저 『중국사회에서의 종교』(*Religion in Chinese Society*)[26]에서 국가와 종교간 관계에 초점을 맞추어 논의를 전개하면서, 중국의 전체적 종교체계에 대해 분석해 보면 엘리트 중심 고전적 전통과 농민문화 사이에 체계적 일관성이 있음을 天命(the Mandate of Heaven)설을 토대로 제시하려 하고 있다.

아무튼 이런 일련의 연구 성과들을 고려해 보았을 때, 적어도 중국 종교 연구에도 일정한 사회학적 전통이 있다는 주장은 당연하다고 하겠다. 물론 이런 전통이 중국사회와 종교의 전반을 다루지는 못해왔다. 오히려 단면적 관찰이었던 셈이다. 그래도 농민문화의 시각은 나름대로 독특하다는 긍정적 평가를 받고 있다.[27]

한편 일본에서의 종교사회학적 연구는 20세기에 들어서면서 시작된 셈이다. 초기에는 주로 서구의 이론을 도입하는 데 집중하다가, 점차 사회학자들뿐만 아니라 역사학자, 민족지학자 및 민속학자들의 연구가 덧붙여져 확장되어 온 것이 특징이라 하겠다. 서구의 이론으로는 뒤르켐이 최초로 도입되었고 짐멜(G. Simmel)이 소개된 뒤 1940년대에 들어와 베버가 본격적으로 논의되었고 그 후로는 일본 종교에 직접적인 업적을 낸 벨라가 중시되어 왔다.[28] 1935년 이후로는 일본

26) C.K. Yang, *Religion in Chinese Society: A Study of Contemporary Social Functions of Religion and Some of Their Historical Factors*, Berkeley: University of California Press, 1967.

27) M. Freedman, *op. cit.*, pp. 36-37.

28) K. Morioka, *Religion in Changing Japanese Society*, Tokyo: University of Tokyo Press, 1975, ch. 10.

민속학의 대부로 알려진 야나기타(柳田國男)의 연구를 이어받은 경험적 조사방법이 확산되어 전후에까지 현지조사연구를 진작시켰으며, 그 후로는 기능주의적 방법이 도입되어 특정 종교분야의 전문적 연구들이 속출하게 된다. 神道와 민속신앙분야는 일찍부터 많은 자료의 축적이 이루어져 전통적인 접근을 통한 내적 조직과 고유기능 연구가 활발하였고, 불교는 종전 후 주로 사찰과 불교집단에 관련된 연구들이 있었다. 개신교의 경우는 수용계급의 배경이나 토착신앙과의 관계에 관심이 집중되고, 가톨릭의 경우는 소외계급의 해방에 대한 역할 등이 주로 연구되다가 종전 후에는 개종자들의 사회적 배경에 관한 연구들도 나왔다. 또 신흥종교에 대한 연구들은 지도자의 역할, 종교조직 형성, 사회적 역할 등을 강조해 왔다. 1960년대 이후 일본 종교사회학의 중요한 경향은 사회변동과 종교의 상관성에 대한 연구들이 많이 이루어져 왔다는 점이다. 특히 근대 일본 종교학의 대부였던 동경대학의 기시모토(岸本英夫)와 그의 영향을 받고 등장한 야나가와(柳川啓一), 이카도(井門富二夫) 및 모리오카(森岡清美) 등은 사회변동에 따른 일본 종교조직의 변화를 검토하는 데 괄목할 공헌을 한 것으로 평가되고 있다.[29)]

끝으로 한국에서 종교사회학이 전개되어 온 과정을 간단히 살펴보기로 하자. 일찍이 한말에 벌써 서양 선교사들이 한국종교를 사회적 관습들과 연관지어 논의하였고, 20세기에 들어오면서는 일본의 식민지 정책수립을 위한 사회조사활동 가운데 종교에 대한 통계조사 등이 포함되기도 한다. 그리고 동경대 사회학과 출신인 아키바(秋葉隆)와 무라야마(村山智順) 등의 한국 무속 및 민간신앙 연구 등에서 사회적 관심이 일부 표출된 바는 있으나, 본격적인 사회학적 이론에 관한 논

29) *Ibid.* 또 이 분야에 관한 문헌목록으로 井門富二夫 편, 「문헌목록」, 柳川啓一 · 安齋伸 編, 『宗教と社會變動』, 東京: 東京大出版會, 1979 참조.

의는 역시 해방 후 서양의 고전이론들이 도입되면서부터라고 할 수 있다.

서양 이론의 도입은 주로 번역서들이 나오면서 시작된 셈인데, 최초로 역시 베버의 『프로테스탄트 윤리와 자본주의 정신』이 1958년에 번역되었고,[30] 개설서로는 기능주의 입장에서 쓰여진 오데아(T. F. O'Dea)의 『종교사회학 입문』이 1969년 번역되어 나왔다.[31] 그리고 뒤이어 1973년에는 잉거(J. M. Yinger)의 개론서가 『종교사회학』으로 완역되어 나왔는데,[32] 이러한 일련의 번역서들은 당시 싹트고 있던 사회학계와 신학 및 종교학계의 종교사회학적 관심을 반영하는 것이었다고 하겠다. 따라서 1970년대 이후로 점차 종교사회학적 연구나 번역이 비교적 빠른 성장을 해온 것을 알 수 있다.[33] 그리고 이런 맥락을 타고 1970년대 후반 이후 1980년대에 들어오면서는, 벨라, 버거, 루크만, 바움(G. Baum) 등 서구의 현대 종교사회학자들의 저술들이 경쟁적으로 소개 및 번역되기도 하였다. 하지만 한국에서의 종교사회학적 연구들이 주로 서구 이론이나 문헌의 번역 및 해석을 위주로 하다 보니, 지나치게 서구 이론만을 추종할 뿐 한국적인 상황에 대한 종교사회학적 연구가 상대적으로 적었다는 지적들도 있다. 이것은 1979년에 나온 한국 최초의 본격적인 종교사회학의 저술인 오경환의 『종교사회학』에서도 느껴지는 바이다.[34] 물론 이 책은 번역이 아닌 독자

---

30) M. Weber, *The Protestant Ethic and the Spirit of Capitalism*, 권세원 · 강명규 역, 『프로테스탄트 윤리와 자본주의 정신』, 서울: 일조각, 1958. cf. 해방 직후 잠시 서울대 교수를 역임한 金宗洽이 1950년 잡지 『학풍』에 「종교사회학」이란 짧은 글을 써 소개한 바는 있다.

31) T.F. O'Dea, *The Sociology of Religion*, 권규식 역, 『종교사회학 입문』, 서울: 대한기독교서회, 1969.

32) J.M. Yinger, *Sociology Looks at Religion*, 한완상 역, 『종교사회학』, 서울: 대한기독교서회, 1973.

33) 이에 관한 수량적 고찰로서, 김영식, 「한국에서의 종교사회학 연구 현황」, 『사회학 연구』 2 (1984): 252-257 참조.

적 저술로서 한국 종교사회학사에 분명히 두드러진 업적이라고 하겠으나, (그동안 한국적인 종교사회학의 축적된 연구가 물론 거의 없었으므로 어려움이 있었겠지만) 아무튼 한국적 종교사회 현상의 독특성에 관한 논의가 거의 없다. 또 원시종교와 종교심리학적 내용 및 종교와 과학에 관한 논의 등 통상적인 종교사회학의 주류와는 동떨어진 주제에 대하여 너무 많은 지면을 할애하고 있음도 문제점으로 지적할 수 있을 것이다. 즉 아직도 종교사회학이 다루어야 하는 영역의 범위가 한국에서는 책마다 혼동되고 있다고도 할 수 있다. 종종 해방신학이나 순수 이데올로기의 문제 등도 오늘날 종교사회학적 연구라는 명목하에 등장하곤 한다. 또 반면에 비교적 한국적인 상황에서의 종교사회학적 연구를 반영하여 왔다고 생각되는 분야인 한국 신흥종교의 연구들에서는 한국적 특수상황을 충분히 고려하였으나 종교의 교리 내용, 사상, 역사 등이 지나치게 많이 논의되어 사회학적 연구라고 하기 어려운 것들도 많다.

그럼에도 불구하고 한국적 상황과 종교사회학적 독특성의 문제가 점차 더욱 창조적으로 종합되면서, 초기에 오직 사회학자로서 이론이나 사회변동에 관심을 가졌던 일부 학자들의 비전문적인 연구들이 지양되고, 특히 1980년대 이후로는 한층 더 종교사회학의 전문가로서 집중 훈련되어 본격적인 업적을 내는 학자들의 연구활동이 증가하고 있음은 주목할 만한 일이라고 하겠다.

---

34) 오경환, 『종교사회학』, 서울: 서광사, 1979.

제4장 종교사회학의 의미와 연구방법

1 종교사회학의 기본적 의미

흔히 말하는 "종교사회학"(더 정확히 말해서 '종교와 사회에 관한 연구')에는 엄밀히 따져보면 두 가지 전통이 있다. 그 하나는 사회학에서 시작된 것이고, 또 하나는 종교학에서부터 출발하는 것이라고 할 수 있을 것이다. 두 전통, 즉 사회학적 경향에서 출발하여 종교를 자료로 보고 사회학적 방법에 의해 종교분석을 하는 경우든 또는 종교(학)적 관심에서 종교공동체 자체의 의미 이해를 시도하는 경우든, 어떤 경우에나 종교사회학은 우선 경험적 과학(empirical science)으로 흔히 간주된다. 적어도 종교사회학은 의도적으로 규범적(normative)이 되려 하지는 않는다는 말이다. 예컨대 기독교보다 불교가 더 낫다든지 삼위일체의 기독교 교리만이 "참"이라든지 하는 가치판단적 영역은 논외로 하는 것이다. 물론 종교사회학이 종교연구에 있어서 교리의 가치를 꼭 무시한다는 것은 아니다. 다만 가치의 문제를 일부러 다루지 않으려(non-evaluative)는 것이다. 따라서 자연히 종교사회의 경험적 현상 그 자체를 중시하고 그를 가능한 한 객관적(objective)으로 신앙적 편견 없이 서술하는(descriptive) 것이 종교사회학자들이 기본적으로 지니는 입장이었다.

종교사회학자들에게 있어서 종교(사회)를 연구한다는 것은 종교를 신앙하는 것과는 다르기 때문이다. 그리고 또 종교(사회)적 진리라는 개념은 (흔히 현대 여러 학문들에서 진리가 그러하듯이) 주변 공동체의 합의에 의해 성립되는 경우가 많다고 여기는 것이다.[1)] 예컨대 중세 유럽의 기독교인들에게는 성경의 말씀이 별 의심 없이 받아들여졌으나, 삼국시대 한국인들은 그런 '진리'를 들어본 적도 없었던 것이다. 그러니 그런 성경적 진리 같은 것(오늘날 구태여 무시할 이유는 없지만 적어도 그런 국지적 규범 가치)을 소위 종교(사회)학에서 주로 다룰 필요는 없다는 말이다. 따라서 사회과학적 맥을 타고 발달해온 종교사회학은 늘 객관성을 목표로 하는 경험적 과학임을 자처해왔다.

그러나 종교사회(학)적 현상을 이른바 '객관적'으로만 분석한다는 것이 과연 의미 있는 일인가? 물론 인간의 관점이 '순수 객관'만을 목표로 할 수 있는가 하는 문제는 철학으로 흐르게 되니 여기서는 잠시 접어두기로 하자. 그것보다는 비록 종교현상을 상당히 객관적으로 볼 수 있다 하더라도 과연 그것만이 의미 있는 방법인가 하는 이야기이다. 예컨대 가톨릭 성당의 창문을 가린 색유리(stained glass)의 경우를 보자. 밖에서 보는 사람은 그것을 그저 색유리라고 하지만, 안에 있는 독실한 신도는 완전히 다르게 거기서 거룩한 광채를 볼 수도 있을 것이다. 물론 일곱 살 난 조카가 "색유리란 무엇인가" 하고 묻는다면 가톨릭 성당의 창문을 가린 빨강 · 파랑 · 노랑 등의 유리라고 말해주어야겠지만, 그냥 그런 색깔 있는 유리에 불과하다면 왜 성당마다 그것

1) "종교적 진리"의 개념에 대한 종교학의 간략한 이론적 논의로는 졸고, 「종교적 진리의 학문적 탐구」, 한국정신문화연구원 편, 『생각하는 삶』, 서울: 대한교과서주식회사, 1987, pp. 220-230 참고.

들을 장식하는가 하는 좀더 깊은 뜻을 우리는 간과해버리는 셈이 아닐까? 따라서 현대 종교사회학자들은 비록 학문적 객관성을 유지는 해야 하지만, 또 한편으로는 종교적 의미 자체도 고려해야 한다는 주장들을 하기도 한다. 이것은 아마도 (좀 애매하게 보일지 모르지만) "공감적 초연"(sympathetic detachment)이라는 말로 요약될 수도 있을지도 모른다.[2] 즉 종교(사회) 현상 자체의 의미를 가능한 공감적으로 수용하면서 또 한편으로는 떨어져서 학문적 객관성(academic objectivity)을 추구한다는 말이다.

이런 점은 현대 종교사회학자들이 종교적 변수(religious variable)를 다루는 태도와도 연관지어 설명할 수 있다. 다시 말해서 종교사회학에는 종교가 사회현상과는 별도로 독립적 변화를 할 수 있는 독립변수(independent variable)라는 입장과, 반면에 사회변동에 수반되어 변화할 뿐이라는 종속변수(dependent variable)라는 입장이 있어 왔다. 즉 종교를 독립변수라 함은 사회현상의 원인이 될 수 있다는 것인 데 비해, 종속변수로 본다는 것은 종교가 오직 사회현상 변화의 결과일 뿐이라는 것이다. 이 문제는 종교변동론에서 더욱 분명히 취급할 점이지만, 여기서 중요한 것은 오늘날의 종교사회학자들은 대체로 이 두 가지 변수로서의 관점을 거의 모두 동시에 인정하려 한다는 것이다.[3] 결국 현대 종교사회학자들은 종교를 사회의 세속적 양상의 일부로 단순히 환원(reduction)시키는 것이 아니라 종교 그 자체의 비세속적(unsecular) 영역을 또한 매우 존중하고 있음을 볼 수 있다.

그러면 이런 맥락에서 과연 종교사회학이 소위 종교학 (넓은 의미의 종교연구) 가운데서 차지하고 있는 위치는 어떻게 볼 수 있을까? 실로 오늘날에는 다양한 형식의 종교연구의 전통들이 형성되어 왔다.

---

2) B. Wilson, *Religion in Sociological Perspective*, Oxford University Press, 1982, p. 13.
3) 오경환, 『종교사회학』, 서울: 서광사, 1979, p. 19.

형식적 분류(taxonomy)의 틀을 넘어서, 간단히 신학(theology)이나 종교철학(the philosophy of religion)과 같은 규범적 종교연구의 전통들은 차치하고서라도, 경험과학적 종교연구들 가운데에도 종교현상학(the phenomenology of religion), 종교심리학(the psychology of religion), 종교인류학(the anthropology of religion) 등 종교사회학 이외의 여러 연구 전통들이 있는 셈이다. 따라서 경험과학적 객관성만을 지향한다는 것이 종교사회학만의 유일한 독특성이 될 수는 없다. 사회학이 (아주 넓게 보아서) 두 사람 이상으로 구성되는 인간관계의 경험을 탐구하는 안목을 제시해 왔다면, 종교사회학은 역시 두 사람 이상으로 구성된 종교공동체(religious community)의 참된 의미를 탐구하는 것이라고 생각할 수 있을지 모른다. 요컨대 종교사회학은 종교를 연구하는 유일한 방법이 아니라 여러 방법들 중 하나지만, 다양한 측면들로 이루어진 종교를 특히 그 공동체적인 면을 통해서 경험과학적으로 보려는 관점이라는 데에 그 특성이 있다고 하겠다. 이러한 관점은 분명히 종교사회학이 지닌 명백한 장점이요 또 독특성이다. 그리고 종교가 단순히 성스러움에 연관된 신앙과 실천일 뿐만 아니라 그들을 지속적으로 유지시키는 공동체적 (제도적) 차원으로 구성된다는 점을 감안하면 이러한 종교사회학의 독특한 관점은 건전한 종교연구 전반에 있어서 매우 의미심장하고 또 심지어 필수적 고려사항이라고까지 할 수 있을 것이다. 적어도 다른 연구에 의해 대치될 수 없는 것임을 우리는 알 수 있다.[4)]

4) 위의 책, p. 21.

2 신학 대신 등장한 초기 사회학

우리는 현대 종교사회학의 기본적 의미를 생각해 보았지만, 실로 거슬러 올라가 초기 사회학의 형성과정을 보면 사회학 자체가 신학(또는 종교)적 동기에 아주 밀접하게 연관되어 있는 것을 주목하게 된다. 우선 초창기 사회학을 성립한 사람들은 사회학을 단순히 엄밀한 경험과학의 한 분과로 생각하기보다는 오히려 당시 서구사회를 정신적으로 지탱해 주던 기독교(신학) 전통을 대신하여 도덕적 · 정신적 지주로서 제시하고 있음을 볼 수 있다. 물론 고전 사회학자들은 종교나 형이상학이 새로 부상하고 있는 과학적 사회학에 의해 대치되어야 한다고 믿었다.[5] 하지만 비록 방법은 달라도 당시 사회를 떠받쳐주는 기독교(신학)적 전통이 지닌 도덕적 · 정신적 기능 자체의 중요성은 깊이 실감했던 셈이다.

사회학의 창시자로 알려져 있는 콩트(A. Comte, 1798~1857)는 일종의 사회학적 가톨릭교도였다고도 하겠지만, 무엇보다도 사회조직의 원리들을 가톨릭에 구현시키고 동시에 강한 反改新敎的 개인주의의 형태를 취하면서 사회학을 하나의 "인간성의 종교"(religion of humanity)로 제시한 바 있다.[6] 또 마르크스(K. Marx)의 경우도 종교를 (주로 헤겔적인) 종교적 맥락에서 취급하는 것은 피하면서도 종교적 신앙에 의하여 제기된 물음들에 철저하게 집착해 있다. 그리고 인간의 "구원"에 대한 마르크스의 관심은 종종 종교적인 선입관을 포함하

5) Araki Michio, "Toward an Integrated Understanding of Religion & Society," *Japanese Journal of Religious Studies*, 9/1 (1982): 67.

6) A. Comte, *A Discourse on the Positive Spirit*, trans. E.S. Beesley, London, 1903, pp. 117-118 (R. Robertson, *The Sociological Interpretation of Religion*, 이원규 역, 『종교의 사회학적 이해』, 서울: 대한기독교출판사, 1984, pp. 193-194, 221-222에서 재인용).

고 있었다.[7] 그래서 그가 제시한 공산주의는 또 하나의 새로운 종말론적 종교라고까지 말해져 왔던 것이다.[8]

그러나 신학(종교)을 대신하는 것으로서의 사회학 개념은 종교사회학의 양대 지주로 알려진 뒤르켐과 베버에서 더욱 분명해진다. 우선 뒤르켐은 당시 도덕적으로 무너져가고 있는 프랑스 사회의 정신적 지주였던 가톨릭 신앙을 대신하기 위한 대체적 틀로서 사회학을 강조한다. 따라서 그는 새로 시작한 사회학의 이른바 "자율권"(autonomy)을 주장하는데, 그것은 두 가지 측면에서였다. 즉 첫째는 신생 학문으로서의 사회학이 다른 학문들로부터 구분된다는 것이고,[9] 둘째는 가톨릭 전통에 대하여 독자적이고 동시에 기능적으로 대신할 수 있다는 것을 주장하였다. 물론 뒤르켐은 "사회는 실재 그 자체이다"(Society is reality *sui generis*)라고 하며 사회를 자연과학에 비교할 만한 객관성을 지닌 것으로 보아 관념적 접근을 배격하지만, 결국 그러한 사회의 자연과학적 객관성이 당시의 사회를 뒤덮고 있던 도덕적 종교성을 대치할 수 있는 것으로 제시되었던 셈이다. 즉 사회가 형성된 실재라면 (뒤르켐에게) 그 사회와 동일한 종교도 또한 투사된 실재(a projected reality)일 뿐이었다.

한편 베버의 경우는 사회학의 방법을 가치의 문제로부터 중립(value-free, *Wertfreiheit*)시키려 하였고, 따라서 종교의 특수한 형식들보다는 오히려 소위 "이념형"(ideal-types)을 중심으로 논의를 전개한 바 있다. 그러므로 기존 기독교(신학) 전통을 의도적으로 대신해 보려는

---

7) 위의 책, pp. 194-195.

8) M. Eliade, *Myth and Reality*, N.Y.: Harper & Row, 1968, pp. 183-184.

9) 뒤르켐은 예컨대 인간의 가장 개인적 행위 중 하나라고 할 수 있는 '자살' 조차도 단순한 개인적 차원의 문제가 아니라 사회학적 차원의 문제라 할 수 있고, 엄밀한 사회학적 분석이 가능하고 또 그것이 유용하다는 것을 지적하려 한다. E. Durkheim, *Suicide*, trans. J.A. Spaulding & G. Simpson, N.Y.: The Free Press, 1951.

사회학적 이미지는 비교적 약한 편이다. 그럼에도 불구하고 그가 인간의 사회행위를 의미(meaning)에 초점 맞추어 거론하고 있음은 주목할 필요가 있다. 인간행위의 의미를 추구함은 곧 구원적 경향과 밀접하게 관련되기 때문이다. 즉 인간이 사회 속에서 행하고 있는 바의 진정한 의미를 알게 된다는 것은 결국 거기서 살 만한 가치를 확인하는 계기가 된다고도 할 수 있는 까닭이다.

그러나 이러한 초기 사회학의 신학(종교)을 대신하려는 경향은 점차 퇴색되고, 현대에 이르러서는 사회학이 일반적으로 독립적 경험과학의 전통을 더욱 확고히 다져나가고 있는 것을 우리는 알고 있다. 사회학은 더 이상 적어도 신학적 변증(theological apology)이 되어서는 안 된다는 입장이 오늘날에는 일반화되어 있는 셈이다.[10] 하지만 그럼에도 불구하고 아주 최근의 종교사회학에서조차도 일부 신학(종교)적 성향이 면면히 남아 있는 점은 흥미롭다. 적어도 단순한 경험과학적 객관성만을 목표로 종교현상 자체의 의미를 쉽게 간과하는 입장에 대한 비판은 널리 중시되고 있음을 우리는 늘 명심해야 할 일이다. 여기서 오늘날 대표적인 두 종교사회학자들인 버거(P. L. Berger)와 벨라(R. N. Bellah)의 방법론적 주장들을 검토해 봄으로써 그 점을 더욱 음미하기로 하자.

3 버거의 종교사회학 방법론

버거의 종교사회학 방법론은 베버의 가치중립(value-neutral) 개념에서부터 시작한다고 할 수 있다.[11] 즉 버거는 종교를 다루는 데 있어서

---

10) B. Wilson, *op. cit.*, p. 22.

11) 베버는 본래 "가치로부터의 자유"(value-free, *Wertfreiheit*)를 주장하지만 이것은 단순한 몰가치(value-blind)가 아니라 가치문제에 대한 중립적 입장(value-

가치에 연관된 형이상학적 문제들을 접어두자는 입장이다. 따라서 자신의 방법론을 "방법론적 무신론"(methodological atheism)이라고 특징짓고 있다. 이것은 종교적 실재의 궁극적 위치에 대해서는 문제를 제기하지 않고 인간현상 속에 나타나는 것만을 연구하자는 말이다.[12] 따라서 모든 초인간적(metahuman) 현상에 대해서는 이른바 현상학적(phenomenological)으로 "판단정지"(*epoché*)를 단행하여 "괄호를 치자"(bracket)고 한다.[13] 즉 엄밀히 말하자면, 버거의 방법론적 무신론은 "방법론적 不可知論"(methodological agnosticism)에 가까운 셈이다.[14] 따지고 보면 신이 없다고 하는 것이 아니라, 신 문제 자체를 괄호 쳐두자는 것이기 때문이다. 물론 버거의 (종교)사회학 전통을 현상학적

---

neutral)을 뜻한다는 것을 주의해야 한다. M. Weber, *The Methodology of Social Science,* E.A. Shills, & H.A. Finch, trans. and eds., N.Y.: The Free Press, 1949, pp. 50-112. cf. P.L. Berger, *Invitation to Sociology: A Humanistic Perspective,* Garden City, N.Y.: Doubleday, 1963, pp. 15-16; *Sociology Reinterpreted: An Essay on Method and Vocation* (with H. Kellner), Garden City, N.Y.: Anchor Press, Doubleday, 1981, ch. 2.

12) 사회학적으로 이것은 다음과 같은 과정으로 주장되기도 한다. 즉 (1) 뒤르켐에 의하면 종교는 인간 역사의 특수한 하부구조(infrastructure)에 기초한 인간적 투사(human projection)이다. 그리고 (2) 베버는 사회과학의 가치중립을 강조하지만 종교 자체는 궁극적(ultimate)이라는 입장이다. 따라서 (3) 버거는 인간적 투사가 곧 궁극적일 수 있다고 한다(졸고, "Religious Pluralism and the Concept of Religious Revalorization," Unpublished Ph.D. Dissertation, The University of California, Santa Barbara, 1983, p. 54).

13) 이런 방법은 후설(E. Husserl) 등에 의해 시작된 철학의 현상학 전통으로부터 종교연구에 도입되어 소위 반 데어 레우(G. van der Leeuw) 등의 종교현상학(phenomenology of religion)에 적용되어 온 이른바 "현상학적 판단정지"(phenomenological *epoché*)의 개념을 종교사회학에 끌어들이고 있는 것으로도 볼 수 있다. P.L. Berger, *The Sacred Canopy: Elements of a Sociological Theory of Religion,* Garden City, N.Y.: Doubleday, 1967, Appendix II 참조.

14) W.R. Garrett, "Troublesome Transcendence: The Supernatural in the Scientific Study of Religion," *Sociological Analysis,* 35/3 (1974): 177-178; N. Smart, *Science of Religion & Sociology of Knowledge,* N.J.: Princeton University Press, 1973, ch. 4.

(종교)사회학이라고 하는 이유도 여기에 있다.

하지만 이러한 버거의 사회학적 방법론이 단순한 사회현상에 대한 경험적 분석만을 시도하는 것이 아니라, 잘못 객관화된 사회적 실재(social reality)를 가면벗김(debunking)으로써, 궁극적으로 일종의 사회적인 구원(salvation)을 목표로 하고 있음은 또한 중요한 일이다.[15] 물론 버거는 "구원"이라는 것을 전통적으로 종교에서 해온 것처럼 순수 초경험적 차원에서가 아니라 경험적으로 가능한 것으로 여긴다.[16] 그래서 버거의 사회학은 "숨은 구원론"(cripto-soteriology)이라고도 불린다. 전통적 종교 맥락에서의 구원이 아니라 인간의 실존적 맥락에 기초하여 사회학적 이론화 속에 숨겨진 구원을 제시하고 있기 때문이다.[17] 이처럼 버거는 앞서 콩트 등의 선구자들처럼 사회학을 하나의 새로운 신학(a new theology)으로 보여주고 있다. 사실상 사회과학적 분석의 가면벗김 효과는 전통적 기독교 신앙의 예언자적 역할(prophetic role)과 결코 동떨어져 있지 않은 것이다. 또 다른 입장에서 보면 사회학은 신학의 세속적 보조수단(the profane auxiliary of theology)으로도 볼 수가 있는 것이다. 이것이 바로 버거의 저술 속에

15) 버거는 기본적으로 사회를 하나의 소설(fiction)로도 보고 있다(P.L. Berger, *The Precarious Vision: A Sociologist looks at Social Fictions and Christian Faith*, Garden City, N.Y.: Doubleday, 1961, p. 20). 그리고 이런 관점은 사회학적 의식에 내재해 있는 가면벗김의 성향에 연관된다고 한다(P.L. Berger, *Invitation to Sociology, passim; Sociology Reinterpreted*, ch. 1). 한편 이러한 가면벗김의 비판적 성향은 앞서 이미 버블렌(T. Veblen)이나 밀스(C.W. Mills) 등의 사회학자들에 의해서도 강조되어 왔음을 버거는 지적하고 있다.

16) P.L. Berger, *A Rumor of Angels: Modern Society and the Rediscovery of the Supernatural*, Garden City, N.Y.: Doubleday, 1969, p. 36.

17) V.A. Harvey, "Some Problematical Aspects of Peter Berger's Theory of Religion," *Journal of the American Academy of Religion*, 41 (1973): 87-93; Idem, "Religious Faith and Sociology of Knowledge: The Unburdening of Peter Berger," *Religious Studies Review*, 5 (1979): 1-10.

는 "말해지지 않은 신학적 전제"(an unspoken theological premise)가 항상 있다고 지적되는 이유이다.[18]

버거의 사회학에 있어서 가면벗김의 성향은 이른바 사회심리학적 변증법(social-psychological dialectics) 논의에서 더욱 명확해진다.[19] 인간적 행위가 사회에 객관화되어 실재로서 정당화(legitimation)되는 과정에서 흔히 본래의 인간적 의지와는 무관해져 버리는 수가 생기는데 이렇게 잘못 정당화된 사회적 실재를 가면벗김으로써 다시 탈정당화(delegitimation)시키는 것이 사회학의 중요한 과제로 생각되기 때문이다. 이 과정을 좀더 자세히 검토해 보기로 하자.

우선 버거에 의하면, 인간과 사회 사이의 관계는 변증법적(dialectical)이다. 즉 인간은 우선 제1단계로 자신의 행위(action)를 사회를 향해 외면화(externalization, *Entäußerung*)하고, 그 인간 행위는 제2단계로서 사회 내에서 객관화(objectivation, *Versachlichung*)[20]되어 실재(reality)가 되는데, 그것은 결국에 다시 인간 속으로 내면화

18) P. Selznick, "Review of: *Invitation to Sociology*," *American Sociological Review*, 29(1964): 286. cf. 실제로 버거는 어떤 망치로든 우상을 부수는 것이 바로 예언자적 행위의 뿌리임을 강조한 바 있다(P.L. Berger, *The Precarious Vision*, p. 204). cf. 그럼에도 불구하고 버거 자신은 종종 정당화(legitimation)라는 점에 있어서 세속화된 구원론들의 무용성을 주장해 왔다(P.L. Berger, *The Sacred Canopy*, p. 125). 그리고 자신의 예언자적 역할은 부정한다(P.L. Berger, "Prophetic Mantle Disclaimed," *The Christian Century*, 1963, p. 649). 오히려 사회학의 비판적 측면만을 겉으로는 강조한다(P.L. Berger, "Sociology and Freedom," *The American Sociologist*, 6, 1971: 1-5).

19) P.L. Berger, *The Sacred Canopy*, chs. 1, 4.

20) 버거는 이러한 외면화와 객관화의 개념을 마르크스에게서 빌려왔다고 하고 있다. 종종 영어 번역판 마르크스의 저술들에서는 이들이 소외(대체로 alienation으로 번역됨)와 혼동된 경우도 있다. 독일어 원어에 주의해야 한다. (*Ibid.*, p.197) cf. 한편 헤겔(Hegel)에서는 대상화(objectification, *Vergegenständlichung*)라는 용어가 쓰이는데 버거는 이를 극단적인 객관화의 경우로 간주하고 있다. P.L. Berger, "Reification and the Sociological Critique of Consciousness," (with Stanley Pullberg) *History and Theory*, 4 (1965): 179.

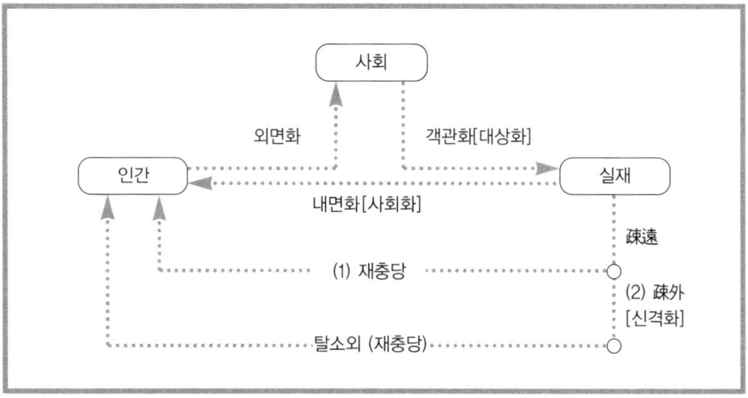

버거의 사회심리학적 변증법

(internalization)[21]되는 마지막 제3단계를 거치게 마련이다. 예컨대 인간사회가 분업화되면서 각자는 자신의 생산물만으로는 살 수 없고 서로서로 교환을 필요로 하게 된다. 이렇게 인간의 교환행위가 일단 사회로 외면화되면, 그것은 다시 객관화를 거쳐 교환의 매체인 돈으로 실재하게 되는 것이다. 하지만 돈은 인간에 의해 형성된 실재로서 그 자체만으로서는 본래 의미가 없고, 인간이 자기 스스로 교환을 위해 만들어낸 매체로서 인간 속으로 다시 내면화되어야 한다는 것이다. 이런 점에서 보았을 때 객관화라는 것은 실제적인 사회세계(social world)가 만들어지는 것을 뜻하고, (일반적으로 사회화socialization 또는 학습learning으로 쉽게 이해되는) 내면화라는 것은 이 동일한 사회세계가 개개인들의 의식 속에 실재의 지위를 다시 확고히 차지하게 되는 것을 의미한다고 볼 수 있다. 이러한 3단계의 과정이 기본적 변증법이다.

그러나 객관화된 실재의 인간 속으로의 내면화, 즉 사회화라는 것

21) 버거는 이 내면화의 개념을 미국의 사회심리학자 미드(G.H. Mead)로부터 빌려왔다고 쓰고 있다(P.L. Berger, *The Sacred Canopy*, p. 189).

은 늘 부분적(partial)일 뿐이다. 그리고 그것은 그의 사회화된 (socialized) 요소들과 비사회화된(non-socialized) 요소들이라는 점에 있어서 늘 의식의 이중화를 초래하게 된다. 인간과 사회 사이의 외적인 만남은 자아(self)의 사회화된 요소들과 비사회화된 요소들 사이의 내적인 만남의 형태에 의하여 인간의식 자체 안에서 다시 되풀이되는 것이다. 사회심리학적으로 말해서 인간은 그의 사회 안에서의 생활의 결과 "他者性"(otherness)을 만들어내게 되는 것이다. 이렇게 되면 사회세계는 개인에게 낯선(strange) 것으로 보인다. 그리고 개인은 그의 사회화된 자아(socialized self)라는 면에 있어서 심지어 스스로에게 낯선 존재로 된다. 결과적으로 비사회화된 자아와 사회화된 자아 사이의 관계는 疎遠(estrangement, *Entfernung*)[22]을 특징으로 한다고 할 수 있다.

그런데 버거에 의하면 이러한 疎遠은 계속하여 두 가지 길로 진행된다. 즉 疎外(alienation, *Entfremdung*)와 재충당(reappropriation, *Zurückholen*)이다.[23] 후자에 있어서는 세계와 자아 간의 낯섦이 그 세

---

22) 疎遠의 개념에 대하여, *Ibid.*, pp. 83-85 참조. 이러한 버거의 소원 개념은 마르크스의 경우에서처럼 의식의 후기 발달단계가 아님에 유의할 필요가 있다. (특히 소원되지 않은 상태에 뒤따르는 낙원적인 은총으로부터의 일종의 타락은 결코 아니다.) 즉 그것은 일종의 가치중립적 개념이다. cf. V.A. Harvey, "Some Problematical Aspects of Peter Berger's Theory of Religion," p. 80.

23) P.L. Berger, *The Sacred Canopy*, pp. 85-101. 여기서 버거는 재충당을 독일어 "*zurückholen*"을 번역했다고 하지만 이와 유사한 개념이 헤겔과 마르크스에서는 "*Wiederaneignung*"으로 나타난다.

한편 독일 관념론의 관점에서부터 보았을 때, 소외를 극복하려는 것은 계속적이고도 중요한 주제였다. 소외 개념은 본래 구약성서의 우상숭배 비판에서부터 유래하는 것이지만, 칸트(Kant)는 공간과 시간 등의 진정한 성격을 밝혀냄으로써 의식의 소외를 극복하고, 마이몬(Maimon)은 의식의 본래적 행위들이나 현상적 실재의 요소들을 파헤치는 끝없는 과업을 스스로 당면한 셈이었다고 한다. 이런 맥락에서 피히테와 헤겔의 철학들은 그의 대상들 속에서 의식이 스스로를 인정하지 못함으로써 잃어버렸던 것을 다시 찾으려는 시도들로 해석될 수도 있다. 그리고 마르크스는 헤겔이 정신의 자기충당(self-

계와 자아 모두가 결국 인간 자신의 행위의 산물임을 "회상"(recollection)시킴으로써 재충당될 수 있다는 말이다. 한편 전자, 즉 소외의 경우는 사회세계와 사회화된 자아가 자연과학의 사실성과 유사한 냉혹한 사실성들로서 개인을 만나게 되는 것이다. 결과적으로 소외된 개개인은 이 세계가 근본적으로 인간 자신의 산물이라는 것을 "망각한다"(forget). 따라서 소외는 개인과 그의 세계의 이른바 변증법적 관계가 "허위의식"(false consciousness) 가운데 상실되어 버리는 과정이다.[24] 즉 그것은 아노미(anomie)와는 다른 객관화 과정의 과대확장이다. 소외의 가장 극단적인 경우는 神格化(reification, *Verdinglichung*, 종종 物化 또는 絕對化로도 번역됨)[25]로서 세계는 이쯤 되면 신비화(mystified)[26]된다. 그러므로 "나쁜 신앙"(bad faith, *mauvaise foi*)[27]은 허

---

appropriation of the spirit)에 의해 어떠한 소외도 극복하려 함을 표현했던 『정신현상학』(*Phenomenology of Spirit*)의 결론 부분에 집중한다. 그러나 마르크스는 '모든 소외가 자아의식의 소외이다' 라는 헤겔의 주장을 비판하고, 의식의 소외는 오로지 노동의 실천적 소외를 반영하는 것에 불과하다고 생각한다. 즉 마르크스에게 있어서 소외는 실천적인 문제이고 결코 관념적인 것이 아니다. 그러므로 마르크스에 의하면 소외는 그 소외의 유일한 뿌리인 자본주의를 파괴해 버리고 보편적인 (또는 사회적인) 존재로서 인간을 다시 일으킴으로써 극복될 수 있다(P. Merlan, "Alienation in Marx's Political Economy and Philosophy," M. Natanson, ed., *Phenomenology and Social Reality*, The Hague: Nijhoff, 1970, pp. 195-212). 그러나 버거의 소외 개념은 마르크스에서처럼 노동에 의한 것만은 아니고, 관념적인 것까지도 포함되는 더욱 폭넓은 것이다. 좀더 창조적으로 평가한다면 헤겔의 관념론적 환원주의와 마르크스의 실천적(특히 경제적) 환원주의 양자 모두를 극복하려 한다고도 하겠다.

24) "허위의식"의 개념은 근본적으로 마르크스의 용어를 차용해 쓴 것이다(*Ibid.*, p. 197).

25) 즉 신격화는 소외의 극단적인 경우로 볼 수 있다. P.L. Berger, *The Social Construction of Reality* (with T. Luckmann), N.Y.: Doubleday, 1966, p. 89; *The Sacred Canopy*, p. 197; "Reification and Sociological Critique of Consciousness," pp. 196-211.

26) "신비화"의 개념은 물론 마르크스에서 유래한다(P.L. Berger, *The Sacred Canopy*, p. 198).

위의식의 한 형태이다. 즉 어떤 점에서 보면 나쁜 신앙은 선택할 수 있는 것을 마치 꼭 필요한 것이나 되는 것처럼 절대화시키는 것이다.

다시 앞서 제시된 돈의 예로 돌아가서 생각해보면, 교환의 매체로서 돈이 인간적 필요를 충족시키기 위한 것으로 이해되면 내면화되는 셈이지만, 힘들게 노동을 해서야 얻어낼 수 있는 낯선 실재로 이해된다면 그것은 인간에게 疎遠된 것으로 볼 수 있을 것이다. 일단 소원된 뒤라도 그 돈이 결국 인간 자신의 산물임을 회상해낸다면 재충당되는 셈이다. 하지만 계속해서 돈 때문에 인간이 어려움을 겪고 마침내 돈이 인간을 지배할 정도로 되어 급기야는 인간 자신의 산물임이 완전히 잊혀지게 된다면 그것은 바로 소외의 단계이다. 더욱이 황금만능주의가 만연되어 돈이 절대적인 듯 우상시된다면 신격화의 단계라고까지 할 수 있을 것이다.

그러나 대체로 인간이 스스로 만들어낸 작품으로서의 모든 세계는 외관상으로 보면 아주 영원한 것처럼 보이기도 하지만 결국에는 항상 불완전한 것이기 마련이다. 아무리 신격화된 사회적 실재조차도 늘 상대화되고(relativized)[28] 소외되지 않은 부분에 의해 다시 인간화되는 법이다. 이것이 바로 탈소외(de-alienation)이다.[29] 비록 돈 같은 것이 아무리 우상화된다 하여도 마침내는 인간 자신의 산물임이 재인식될 수밖에 없다는 낙관적 견해가 버거의 입장이다. 이러한 탈소외가 사회 저변에 깔려 있던 낡은 개연성 구조들(plausibility structures)의 해체

---

27) "나쁜 신앙"의 개념은 사르트르(J.P. Sartre)에게서 유래한다.

28) 앞서 지적되었듯이 가면벗김을 통한 상대화의 주제는 특히 버거에게 있어서 "사회학적인 과업의 근본적인 추진력"이다(P.L. Berger, *Invitation to Sociology*, p. 52).

29) 버거의 탈소외 개념에 관하여, P.L. Berger, *The Sacred Canopy*, pp. 96ff; "Reification and Sociological Critique of Consciousness," pp. 203-210 참조. cf. 버거의 탈신격화(de-reification) 개념에 대하여는 *The Social Construction of Reality*, pp. 90-91 참조.

와 더불어 나타나는 것은 흔히 있는 일이다. 즉 탈소외는 사회문화적 세계를 다시 인간 업적의 결과로 이해하려는 것이다. 그러므로 넓은 의미에서 보면 탈소외는 재충당의 또 다른 형식인 셈이다.

한편 재충당은 궁극적으로 인간 자신이 물려받은 유산에 대한 "양심의 평가"(*prise de conscience*)를 추구하는 것이라고 버거는 주장한다. 하지만 이것이 단순히 과거를 향한 소박한 재건적 전환을 뜻하는 것은 아니다. 오히려 현대사회에 있어서 우리 자신의 경험(experience)에 근거한 "양심의 재평가"(*reprise de conscience*)를 의미한다.[30] 아무튼 버거에게 경험 안에 있는 "양심"의 개념은 바로 그의 재충당의 개념이 도달하고자 하는 목표이다.[31]

이상의 사회심리학적 변증법 논의를 통해서 버거는 사회학이 사회현상의 단순한 분석보다는 사회화, 재충당, 탈소외 등 인간행위의 사회적 의미를 바르게 계도하는 역할을 한다는 것을 무엇보다도 강조하고 있음을 우리는 분명히 알 수 있다.

---

30) 재충당과 경험 안에 있는 양심 개념 사이의 관계에 대하여, P.L. Berger, *The Sacred Canopy*, p. 94; *A Rumor of Angels*, p. 95; *The Heretical Imperatives* (N.Y.: Anchor Press, 1980), p. 167 참조.

31) 버거는 양심이 "근본적으로 전에 외부로부터 왔던 도덕적 명령들(moral commands)과 금기들(prohibitions)을 내면화(internalization)시킨 것"이라고 생각한다. P.L. Berger, *The Percarious Vision*, p. 106; *Sociology* (with Brigitte Berger), N.Y.: Basic Books, 1972, p. 61. cf. 헤겔과 뒤르켐도 나름대로들 "양심"을 논의한 바 있지만, 버거는 이와 관련하여 후설(Husserl) 철학의 인간성(humanity)에 대한 양심의 평가로서의 관점을 강조한다(P.L. Berger, "Reification and Sociological Critique of Consciousness," p. 210). 한편 버거는 인간적 투사(human projection)가 매우 창조적으로 따져보면 신성한 실재들의 반영(reflection)이 될 수도 있다는 점에서 결국 양심이 성스러움과 연관되는 것을 암시하고 있다(P.L. Berger, *A Rumor of Angels*, pp. 46, 57, 64). 마찬가지로, 버거는 기독교 진리(Christian truth)와 인간적 성실성(human integrity)도 모순될 수가 없다고 한다(P.L. Berger, *The Noise of Solemn Assemblies*, N.Y.: Doubleday, 1961, p. 123).

4 벨라의 상징적 실재주의

한편 벨라의 종교사회학 방법론의 핵심은 이른바 "상징적 실재주의"(symbolic realism)에 의해 대표되어 왔다. 우선 종교는 자연과학적 지식의 대상이던 객관적 명제의 집합이라기보다는 인간에 의해 "체험된 전체(felt-whole), 즉 주관과 객관을 포함하며 인간 행동의 의미를 제공하는 맥락의 구실을 하는 어떤 전체를 묘사하고 상기시키는 상징체계(symbol system)"라고 정의된다.[32] 그러니까 사회는 실재이고 종교는 그 실재적 사회의 상징화(symbolization)에 불과하다고 했던 뒤르켐의 주장과는 달리, 종교는 (비록 상징적이기는 하지만) 실재 그 자체(reality *sui generis*)이기도 하다는 말이다.[33] 즉 종교는 주관과 객관 사이의 상호작용의 흐름을 조직하고 규제하거나 인간의 감정, 가치 및 주체적 희망 등을 표현하는 "비객관적 상징"(non-objective symbols)이면서 동시에 하나의 고유한 실재(a unique reality)이므로 단순히 "미숙한 과학," "허위의식," "유아적 신경증" 정도로 설명해버릴(explain away) 수는 없다는 말이다. 따라서 종교 상징을 순수 객관적으로 어떤 다른 절대적인 것에 종속시켜 보는 것 (즉, 환원reduction)을 "객관주의자의 오류"(the objectivist fallacy)라고 벨라는 지적한다.[34] 결국 종교를 기능론(functionalism)적으로 설명해온 것은 "결과적 환원"(consequential reduction)이고[35] 이외에도 여러 양태의 상징적 환원

---

32) R.N. Bellah, *Beyond Belief*, N.Y.: Harper & Row, 1970, pp. 237-259. 이런 상징에 대한 벨라의 관심은 주로 사회과학의 상징적 교호작용론(symbolic interactionist theory)과 파슨즈의 행위이론(action theory)의 영향으로 생각된다.

33) *Ibid.*, p. 253.

34) *Ibid.*, p. 220.

35) *Ibid.*, p. 247.

(symbolic reductionism)이 있어 왔음을 벨라는 비판하고 있다.[36] 예컨대 종교의 전통적 의미를 완전히 무시하고 세속적 사회에 환원시켰던 뒤르켐의 방법이 "실증주의적 환원"(positive reductionism)이었다면, 마르크스처럼 종교가 (경제적) 하부구조에 의해서만 전적으로 결정된다고 보았던 것은 "기계적 환원"(mechanical reductionism)이라고 한다. 한편 더 나아가 베버의 "가치중립"이나 이로부터 정교화된 버거의 "방법론적 무신론"도 비록 종교의 의미는 나름대로 인정하지만 방법론적으로 종교현상의 형이상학적 실재성을 판단 정지하므로 일종의 "형이상학적 환원"(metaphysical reductionism)이라고 비판한다.[37] 그러므로 이런 모든 형태의 환원주의들로부터 탈피하여 종교의 상징적 실재로서의 본질을 그 자체로 인정하고 가능한 형이상학적 기초를 탐구하는 방법으로서 벨라는 소위 상징적 실재주의를 제시하고 있는 셈이다.

그러나 이렇게 상징적 실재주의에 의해 전체 문화(total culture)의 가치정향성을 일관된 형식으로 배열시킬 수 있는 상징체계로서 종교를 제시함으로써 모든 종교들의 밑바닥을 흐르는 획일성(uniformity)을 주장하면서도, 또 한편으로는 벨라가 종교진화론(religious evolutionism) 등을 통하여 개개 종교변동의 불가피성을 동시에 강조하고 있는 점을 특히 주시할 필요가 있다. 벨라는 이런 점에서 결국 종교가 비인지적(non-cognitive) 영역의 심층구조(deep structure)이면서 또 동시에 인지적이고 과학적인(cognitive & scientific) 영역의 표층구조(surface structure)라는 애매모호한 입장을 견지한다고 일부 구조주의자들(structuralists)은 비판한다. 그러므로 종교연구의 상징적 실재주의는 심층구조와 표층구조를 구분하여 따지는 구조주의(structuralism)적 검토를 덧붙여야 할 것이라는 주장들도 나오고 있다.[38] 그러나 어

---

36) *Ibid.*, pp. 248ff.

37) cf. G. Baum, "Definition of Religion in Sociology," M. Eliade & D. Tracy, eds., *What is Religion?*, N.Y.: The Seabury Press, 1980, pp. 29-31.

쨌든 벨라의 상징적 실재주의로 대표되는 방법론 역시 종교사회학을 단순히 객관적 분석만을 목표로 하는 것으로 보지 않고 상징적 실재로서의 종교의 독특한 의미를 추구하는 것으로 여기고 있음은 주목되어야 할 것이다.

5 종교사회학의 반성

이상 우리가 검토해 온 경험적 객관성과 종교적 의미를 동시에 이해하는 방법으로서의 종교사회학 전통은 오늘날 실로 다양한 이론적 성찰을 가져온 셈이라고 하겠다. 끝으로 종교사회학 자체의 사회학을 시도하여 우리의 현실적 당면문제와 그 궁극적 의미를 반성해 보기로 하자.

우선 최근 종교사회학의 현실적 당면문제는 여러 측면에서 다양하게 논의되어 왔다.[39] 무엇보다도 학문적인 입지 자체가 기본적으로 약한 감이 있다. 이 방면의 학술잡지들이 몇몇 있기는 하지만 아직도 그다지 커다란 학술공동체를 형성하고 있지는 못하다는 지적이 있다. 또 그나마 구성된 학술공동체조차도 북미, 유럽, 아시아 등 각개 언어권에 따른 블럭화 현상이 생겨서 더 큰 국제적인 조직으로의 확장에 문제가 있다고 여겨진다. 그리고 비록 종교사회학적 연구 업적들이 꾸준히 나오고는 있지만 아직도 종교단체의 재정적 후원에 힘입고 있는 경우가 많으므로 학술적인 권위도 약하다고 생각된다.

또 반면에 종교사회학은 종교계에서도 그다지 탐탁하게 여겨지지

---

38) D. Anthony & T. Robbins, "From Symbolic Realism to Structuralism," *Journal for the Scientific Study of Religion*, 14/4 (1975): 403-413.

39) L. Laeyendecker, "The Sociology of Religion: Deficiences and Opportunities," *Social Compass*, xxxi/2-3 (1984): 157-168.

못해왔다. 현대 사회학의 결정론적인(deterministic) 인간관과 종교적(religious) 인간관 사이의 긴장(tension) 때문에 어려움이 있다고도 한다. 물론 벨라와 같은 종교사회학자가 종교연구에 있어서 차가운 계몽주의적 근본주의(Enlightenment fundamentalism)를 비판한 바는 있으나, 아직도 기능주의 등을 중심으로 전개되는 분석적(analytical) 종교사회학의 연구 결과들은 종교계에 그다지 매력적이고 의미심장한 읽을거리로 받아들여지지 못하고 있다는 것이다. 더구나 버거 등에서 명백해진 종교사회학의 가면벗김이나 상대화(relativization) 기능은 전체적 사회나 도그마를 특성으로 지닌 종교조직들에서는 환영받을 수 없다고도 진단된다. 즉 종교사회학은 학술적 영역과 종교계의 두 시장(market) 모두에서 별로 호소력이 없다는 말이다.

이러한 종교사회학의 현실적 당면문제는 오늘날 종교사회학자들의 주장이 실제로 힘을 잃고 있다는 것과도 직결된다. 흔히 종교사회학자는 설득력이 약화되어 온 학문인 사회학을 연구한다는 것 자체와 게다가 더욱이 종교라는 사라져가는(?) 현상을 연구한다는 데서 이중적 고난에 처해 있다고도 한다.[40] 사회과학 주류에서 보면 그다지 중심적이지 못한 현상을 특히 주변적인 (이탈되거나 낯선) 면에 집중하면서 너무 불필요하게 상세한 경험적 측정에 매달리고 있는 셈이다.

한편 이론적으로는 버거, 루크만 등의 종교사회학적 관심이 연구풍토를 주도하기 시작하면서, 주로 종교의 정적인(static) 측면이라고 할 수 있는 질서(order), 의미(meaning), 정체성(identity) 등의 문제에만 집착하다 보니 더욱 동적인(dynamic) 측면의 힘(power)을 간과하여 왔다는 주장도 있다.[41] 그래서 종교사회학은 사회 내에서 종교적인 힘

40) D.A. Martin, "The Sociology of Religion: A Case of Status Deprivation," *British Journal of Sociology*, 17 (1966): 353-359.

41) J.A. Beckford, "The Restoration of 'Power' to the Sociology of Religion," *Sociological Analysis*, 44/1 (1983): 12-18.

들을 재확인하는 연구들을 강화해야 한다고도 말해져 왔다. 아직도 실로 종교는 동서양 사회를 막론하고 소홀히 할 수 없는 힘의 원천이기 때문이다. 그러므로 이런 맥락에서 기독교 전통 안에서 새롭게 등장하는 기독교 신우파 운동(New Christian Right)이나 오순절파 가톨릭 운동(Pentecostal Catholic) 그리고 신종교(new religions) 운동들과 공민종교(civil religion)론 등이 재평가되어야 한다는 여러 가지 지적들이 있다.[42)]

물론 이러한 사회적 힘의 원천으로서의 종교연구는 경험적 객관성만을 대상으로 할 수는 없을 것이다. 종교적 의미의 진정한 이해가 병행되어야 한다. 따라서 이쯤에서 종교연구 전반에 있어서 현대 종교사회학의 위치를 다시 명백히 해둘 필요가 있다. 일반적으로 (비교)종교학자가 종교를 연구대상으로 한다면, 종교사회학자는 결국 사회학자로서 사회를 그 궁극적 연구대상이라고 생각해 왔다. 즉 종교사회학자가 종교공동체를 중심으로 한 그 사회적 양상을 분석해낸다면, 종교학자는 사회적 맥락을 주로 한 종교의 측면, 즉 사회적 종교(social religion)나 사회학적 종교(sociological religion)를 이해하려 한다고 할 수 있다. 따라서 종교를 사회현상의 일부로 환원하는 것은 사회학자로서는 당연한 '사회학을 함'으로 생각될지 모르나, 종교학자에게는 비판의 대상이 된다. 더욱이 과학적 사회학에 대한 성찰이 없는 맹목적 신앙이라고 할 수 있는 사회학주의(sociologism), 즉 사회학이면 사회현상의 일부인 종교까지도 충분히 이해하고 그 문제마저도 모두 해결할 수 있다는 맹신을 일부 다른 사회학자들은 잘못된 사회적 신앙의 비판수단으로 생각하기도 했지만, 종교학자들은 그 자체가 또한 잘못된 신앙이요 철저한 비판의 대상으로 본 것이다. 즉 종교학자들은 사회학자들이 제시하는 이론들이 사회학 공동체에서부터 생성되

42) *Ibid.*, pp. 18-28.

어 통용되는 신화(sociological myths)에 불과하다고 하며, 극단적으로 그것을 종교사회학이라기보다는 일종의 "사회학의 종교"(the religion of sociology)라고 여길 수도 있는 셈이다.

그럼에도 불구하고 현대에 종교사회의 연구를 주로 사회학자들이 주도해온 것만은 분명하다. 결국 종교사회의 이해는 점차 사회학화(sociologization)되어온 것이다. 그래서 아무리 순수 종교학자라 할지라도 종교의 사회적 측면을 파악하려면 사회학적 연구성과들을 결코 무시할 수는 없을 것이다. 다만 바하(J. Wach)처럼 종교학적 바탕 위에서 종교사회학을 시도한 사회학자도 있었음을 주목할 필요는 있다.[43] 또 윌슨(B. Wilson)이 인정했듯이 오히려 "종교는 사회학의 발전에 앞서 사회를 이해해온 인간의 방식"이라는 점은 종교사회학, 심지어는 사회학 전반의 연구를 시작하는 모두에게 존중되어야 할 하나의 중요한 입장일 것이다.[44]

---

43) J. Wach, *Sociology of Religion*, Chicago: The University of Chicago Press, 1944.

44) Araki Michio, *op. cit.*, p. 68에서 재인용.

제5장 종교조직의 유지

일단 형성된 종교조직들이 어떻게 유지(maintenance)될 수 있는가는 종교사회학에 있어서 오래전부터 내려오는 고전적인 관심이다. 즉 종교조직들은 만들어져서 그냥 있게 되는 게 아니라, 지속적으로 내적 신진대사 작용과 외부사회에 구조적으로 연관되는 상호작용이 일어나서 조직적 형식이 창출되는 것이다. 따라서 여기서는 교구사회학적 연구가 극복된 이후 이른바 엄밀한 종교사회학이 전개해온 현대 종교조직의 유지에 관한 대표적인 이론들을 개괄적으로 검토하고자 한다.

물론 상당히 오랫동안 종교조직의 유지를 이해하는 데 있어서 기능이론(functional theory)이 주도적 역할을 해온 것은 사실이다. 그러나 1970년대 중반 이후 기능이론에 대한 다양한 비판들이 전개되어 왔고, 한편 종교조직에 있어서 갈등적(conflicting) 양상에 관한 수많은 이론적 체계화가 이루어져 왔다. 특히 사회학 전반에 있어서 기능이론의 설득력이 약화되면서 아주 최근에는 여러 종교사회학 교과서에서 기능이론이 아예 빠져버리는 경향마저도 있다. 오히려 현상학적 사회학(phenomenological sociology)의 맥락에서 등장한 고전적 의미이론(meaning theory)의 재평가가 종래의 기능이론이 차지하였던 이해의 틀을 대신하는 경우가 종종 있다. 그러므로 여기서는 이러한 종교조직 유지에 연관된 이론적 변화 상황을 충분히 고려하고자 한다.

1 기능이론의 기초

쉽게 말해서 기능이라는 것은 '작용하는 바' 또는 '행하는 바' 라고 할 수 있다. 종교를 두고 이야기하자면 종교의 기능은 '종교가 행하는 바'(what religion does)인 것이다.

근대에 이르러 종교를 비롯한 문화에 대한 객관적인 연구가 성립되면서 초창기 많은 인류학적 연구자들은 진화론적 경향의 영향 아래 종교 등 문화의 기원을 밝혀내면 인간의 문화가 진정 무엇인지 알 수 있다고 생각했었다. 그러나 오늘날 인간이 아무리 역사를 거슬러 올라가고 각종 문화적 잔존물들(survivals)을 탐구해내도 태초의 기원까지를 추론해낸다는 것은 불가능함을 깨닫게 된다. 결국 인간문화의 기능에 대한 관심은 이런 진화론적 사고에 대한 비판에서 출발했던 것이다. 즉 어차피 도달할 수 없는 기원 문제보다는 차라리 현재 문화가 우리의 삶에 무엇을 행하느냐 하는 것이 더욱 중요하다는 데서 기능의 개념은 시작한다고 생각된다.

따라서 기능 개념의 배경에는 인간의 문화형식 자체가 화석화되어 고정되어 있는 것이 아니라 살아있는 유기체(organism)처럼 지속적으로 작용이 일어나고 있다는 생각과, 그 일어나고 있는 작용이 왜 생기는가 하는 원인보다는 성취되는 결과(consequences)가 가치 있다는 상당히 실용적인 철학(pragmatic philosophy)이 깔려 있다고 하겠다. 그리고 이런 맥락에서 콩트(A. Comte)가 일찍이 사회제도들의 생물적 구조와의 유사성을 지적했던 것이나, 프레이저(J.G. Frazer)가 미신도 사회제도의 유지에 공헌함을 중시했던 점을 상기할 수 있다.[1)]

그러나 일반적으로 기능이론의 선구로는 사건(social events)의 설명은 충분한 원인(cause)뿐 아니라 그것이 성취하는 기능까지를 알아야 가능함을 명확히 했던 뒤르켐(E. Durkheim)을 꼽는다.[2)] 결국 본격적인 기능이론을 성립시키는 영국 사회인류학의 대표자들인 래드클리프 브라운과 말리노브스키의 실용적 가치에 대한 관심이 뒤르켐으로부터 비롯되었기 때문이다.

래드클리프 브라운(A.R. Radcliffe-Brown, 1881~1955)은 뒤르켐의 맥락에서 사회체계(social system)들이 어떻게 그 구조를 유지하고 연대성(solidarity)을 방어해 나가는가에 관심을 가지는데, 그것은 곧 인간 행위가 규범에 표준화되는 방식에서 유래한다고 생각한다. 그리고 특히 사회의 통합된 전체성(an integral whole)을 강조하면서 사회는 하나의 유기체로서 내부의 것들은 상호작용을 하여 균형(equilibrium)을 이루게 된다는 것이다. 따라서 래드클리프 브라운의 기능 개념은 생물학적 맥락에서 빌려온 인간행위의 지속적 양태인 구조(structure)와 그로 인해 성립되는 과정(process) 사이를 연결시켜주는 관계이다. 쉽게 풀어보면 심장 등으로 구성된 우리의 신체장기가 구조라면 생명과 연결되는 과정에서 작용하는 박동현상이 바로 기능에 해당된다고 할 수

래드클리프 브라운의 기능 개념

1) J.J. Honigmann, *The Development of Anthropological Ideas*, Homewood, Illinois: The Dorsey Press, 1976, pp. 233-234.

2) *Ibid*., p. 233.

있을 것이다.

그러므로 종교도 사회적 기능을 가지는 한 사회구조에 연관되며, 이러한 종교의 사회적 기능은 그 진위와는 상관없이 사회적 질서의 형성과 유지에 있어서 중요하다고 한다.[3]

한편 말리노브스키(B. Malinowski, 1884~1942)도 기본적으로 문화를 사람들이 그것을 통해 심리적 복지를 달성하게 되는 욕구(needs)를 충족시키는 목적지향적 도구장치(a goal-oriented instrumental apparatus)로 본다. 따라서 인간문화 속에 있는 결혼, 가족, 종교 등의 제도는 인간의 보편적인 생물학적 조건들에서 유래하는 현상으로서, 모든 인간제도는 결국 수많은 기본적(유기체적, organic) 욕구와 이차적(파생적, derived) 욕구를 충족시키기 위해 기능함을 검토하였다. 그러므로 말리노브스키의 기능 개념은 목적(purpose)과 동일시된다.[4]

말리노브스키의 기능 개념

이렇게 래드클리프 브라운과 말리노브스키라는 양대 지주를 중심으로 정립된 기능이론은 그 후 리치(E. Leach), 글럭크만(M. Gluckmann), 스파이로(M. Spiro), 골드슈미트(W. Goldschmidt), 벨쇼(C.S. Belshaw) 등 수많은 인류학자들에 의해 실로 거대한 이론으로 정교화되었다. 그러나 종교조직의 유지이론과 관련하여서는 특히 그 사회학적 전개상황을 간략히 살펴보아야 할 것이다. 종교사회학에 도입되는 기능이론은 인류학적 기능이론 중의 기본원리를 그대로 수용했

3) *Ibid.*, pp. 234-235; A. De Waal Malefijt, *Religion and Culture*, N.Y.: Macmillan Company, 1968, pp. 82-84.

4) J.J. Honigmann, *op. cit.*, pp. 238-239; A. De Waal Malefijt, *op. cit.*, pp. 85-86.

지만 독특한 사회학적 이론화를 거쳤기 때문이다.

우선 앞서 지적된 선구자들에게서도 암시되어 왔듯이 기능이론의 두 가지 기본원리가 강조될 수 있다. 첫째는 하나의 사회(유기체) 속에 현존하는 모든 것은 기능을 지닌다는 보편기능론(universal functionalism)이다. 다시 말해서 모든 사회적 구조들은 행동자가 지향하고 인식한 명시적 기능(manifest function)이든 행동자가 지향하고 인식하지 못한 잠재적 기능(latent function)이든 기능이 없는 것은 소멸하기 마련이라는 것이다.[5] 그리고 둘째는 하나의 사회 속에 있는 것들의 기능은 서로 연관되며 균형을 추구한다는 것이다. 즉 균형이 깨지면 안정을 다시 가져오려는 경향이 생겨나기 마련이라는 이야기이다. 따라서 체제적응을 감소시키는 역기능(dysfunction)이라는 말도 있지만 기능이라 하면 보통 체제의 적응을 유지시키거나 증가시키는 호기능(eufunction)을 뜻하게 된다. 일찍이 파레토(V. Pareto)도 중요하게 다루었던 이 두 번째 균형의 원리는 사회학적 기능이론의 대표자인 파슨즈(T. Parsons)에게 강한 영향을 주었다고 생각된다.[6] 파슨즈의 그 유명한 "기능적 필수요구"(functional prerequisites 또는 functional imperatives)의 개념은 하나의 사회구조가 사회(유기체) 속에서 잔존하기 위해서 반드시 필요한 것을 뜻하며 결국 균형원리를 그 바탕으로 하고 있기 때문이다. 즉 균형을 이루기 위한 사회구조의 필수적 기능들이 탐구되는 셈이고 이것은 마침내 사회 내의 모든 조직이 구조적으로 살아남을 수 있는 조건들의 연구를 체계화했던 것이다. 그리고 심지어 한 걸음 더 나아가 이것은 기능적 필수조건을 대신할 수 있는

---

5) 명시적 기능과 잠재적 기능의 개념은 R.K. Merton, *On Theoretical Sociology*, N.Y.: The Free Press, 1967, pp. 114-136 참조.

6) P.E. Hammond & N.J. Demerath III, *Religion in Social Context*, N.Y.: Random House, 1969, p. 164; R.L. Johnstone, *Religion and Society in Interaction*, N.J.: Prentice-Hall, 1975, Part III.

것에 대한 머톤(R. Merton)의 기능적 대용물(functional alternatives)의 개념까지도 상정시킨다.

물론 이외에도 파슨즈를 중심으로 해서 발달된 사회학적 기능이론은 유형변수(pattern variables)[7] 이론 등 매우 복잡한 분석도구들을 제시하며 사회학 전반에 큰 조류를 형성한 바 있다. 따라서 기능이론은 학계 전반에 단순한 기능 중시 풍조가 아니라 점차 기능을 알면 사회문화현상 자체를 이해하게 되는 것으로까지 확대되어 이른바 기능주의(functionalism)라는 커다란 이념체계를 유행시키기도 했다. 이런 상황에서 문화는 곧 그 기능, 즉 문화가 행하는 바(Culture is what culture does)였다. 그리고 종교도 곧 종교가 행하는 바(Religion is what religion does)로 간주되었다.

이쯤 되니 기능주의에 대한 비판들도 다양한 시각에서 날카롭게 전개될 수밖에 없었다. 우선 일반적인 비판으로서 기능주의자는 통상 특수사회를 분석하지만 그 결과를 지나치게 부정 확대하여 각 사회의 역사적 특수성을 무시하고 문화적 상대성(cultural relativity)을 간과하는 과도한 일반화(generalization)를 한다는 것이 지적되었다. 또 (구조) 기능주의는 흔히 사회의 구조와 기능 연구에만 몰두하다 보니 그 속에서 개인의 역할을 과소평가한다는 주장도 있었다. 그리고 특히 인간의 사회와 문화구조가 행하는 바에만 집중하므로 그의 진정한 의미(meaning)에는 무관심하여 도덕적 상대주의(moral relativism)를 초래한다는 것이었다.[8]

---

7) 파슨즈의 유형변수이론은 그의 기능분석방법의 대표적인 것으로서 사회적 대상을 구분하는 양식(특수주의particularism와 보편주의universalism, 귀속성ascription과 업적성achievement)과 사회관계에서 발견되는 태도적 요소들(감정성affectivity과 감정중립성affective-neutrality, 특정성specificity과 확산성diffuseness, 집단지향성collectivity-orientation과 자기지향성self-orientation)을 체계화해 놓은 것이다(T. Parsons, *The Social System*, N.Y.: The Free Press, 1951, pp. 58ff).

그러나 기능주의에 대한 더욱 본격적인 비판은 과학철학자인 헴펠(C. Hempel)의 논리적인 비판에서 볼 수 있다. 우선 인과론적 설명형식이라는 점에서 기능주의는 원인(cause)을 설명해주는 것이 아니라 결과만 확인(affirming the consequent)할 뿐이라고 헴펠은 지적한다. 예컨대 종교는 사회를 통합하는가 하는 문제에 대해 기능주의는 종교가 왜 사회를 통합하는가는 설명하지 않고 단지 사회를 통합한다는 사실만을 확인한다는 것이다. 그리고 하나의 사회 속에 존재한다는 자체가 거기에 적응하여 기능이 있음을 뜻한다는 것은 그릇된 가정으로서 동어반복(tautology)만을 야기시킨다고 한다. 예컨대 우리는 통상 사회 속에서 종교(의 기능)는 무엇인가 하고 묻는데, 기능주의의 원리는 종교가 있음이 곧 사회에서 기능이 있음을 뜻한다고 가정하여 결국 종교는 그 기능이라는 결론을 도출할 뿐이라는 것이다.[9] 따라서 기능주의적 설명은 기껏해야 교훈적(heuristic) 가치 정도만을 가진다는 주장도 있다.[10]

한편 사회학적 맥락에서는 사회변동론자들의 비판이 주류를 이루어 왔다. 기능주의는 기본원리에서 지적되었듯이 사회 속에 있는 것

---

8) 이것은 특히 종교를 포함하는 모든 인간행위가 그 자체로 의미 있지 않고 외부의 것을 행하는 도구(instruement)에 불과하다고 함으로써 결국 환원주의(reductionism)를 가져오게 된다는 비판과도 연결된다. W.R. Comstock, *The Study of Religion and Primitive Religions*, N.Y.: Harper & Row, 1971, p. 49.

9) C. Hempel, "The Logic of Functional Analysis," L. Gross, ed., *Symposium on Sociological Theory* (Evanston, IL, 1959), reprinted in M. Brodbeck, ed., *Readings in the Philosophy of the Social Sciences*, N.Y.: Macmillan Publishing Co., 1968, pp. 179-210.

10) H. Penner, "The Proverty of Functionalism," *History of Religions*, 11/1 (1971): 91-97. 그러나 최근에는 다시 인과론적 설명을 구성할 수 있는 재료를 공급하는 등 단순한 교훈적 가치 이상의 유용성을 지닌다는 주장도 있다. R. McCauley, "Functionalism Reconsidered," *History of Religions*, 23/4 (1984): 372-381; H. Burhenn, "Functionalism & Explanation of Religion," *JSSR*, 19/4 (1980): 350-360.

들의 기능이 궁극적으로 균형을 추구한다고 하기 때문에 대체로 안정(stability)을 추구하는 폐쇄적인 보수이론이라는 것이다. 따라서 사회에서 흔히 발생할 수 있는 혁명이나 변동의지를 설명하기가 어렵다는 말이다. 이것은 특히 사회갈등론자들에 의해서도 강조되었는데, 사회에는 균형적 조화의 측면뿐만 아니라 갈등 그 자체가 일시적인 것으로 끝나버리지 않고 의미 있는 당연한 측면일 수가 있다고 주장하는 사회갈등론자들은, 기능이론이 사회적 요소들의 자율성을 과소평가하고 결정론적(deterministic) 경향으로 흘러가버리게 된다는 비판도 하였다.[11)]

그러나 이렇게 수많은 비판들에도 불구하고 기능주의 이론이 설득력을 완전히 잃었다고 하기는 어렵다. 그 타당성의 문제나 방법론적 진위의 문제를 넘어서 기능주의는 많은 사회과학적 연구들에 응용되어 왔던 것이 또한 우리 학문풍토의 실정이었다고 할 수 있기 때문이다. 특히 종교사회학에서 파슨즈의 기능이론이 적용된 범위는 실로 컸고, 1960년대와 1970년대의 종교조직 유지이론에서는 거의 지배적이었다고 해도 과언이 아닐 것이다.

2 종교조직과 기능이론

종교사회학에서 종교조직에 관한 연구가 시작되면서 먼저 다루어진 것은 외적인 면, 즉 역사적 · 유형적 측면들이었지만 점차 사회학적 일반이론이 도입되면서 다른 조직 연구에서처럼 내적인 면의 연구가 발돋움하게 된다. 따라서 당시 사회학계에 풍미하던 파슨즈의 조직 내적인 기능분석 연구가 도입된 것은 당연한 일이었다. 특히 앞서

11) 오경환, 『종교사회학』, 서울: 서광사, 1979, pp. 220-227.

지적된 파슨즈의 기능적 필수요구의 개념은 매우 독특한 의미에서 이해의 틀을 제공하게 된다. 사회학자들에게 있어서는 종교도 일종의 사회조직이므로 일반적인 사회조직의 기능분석에 중요한 기능적 필수요구의 개념이 그대로 연장될 수 있다고 생각했기 때문이다.

그러면 하나의 사회구조가 사회(유기체) 속에서 잔존하기 위해서 반드시 필요한 것이라는 파슨즈의 이른바 이 사회행위체계의 기능적 필수요구는 구체적으로 무엇을 뜻하는가? 인공두뇌학(cybernetics) 이론이라고도 알려진 이것에 파슨즈는 4가지 필수요구 사항들의 모델을 제시하고 있다. 첫째, 모든 사회조직은 그것이 독특하게 목표로 하는 바를 달성해내려면 적절한 수단의 동원이 필요하다. 인적 · 물적 그리고 기술적 지원이 주변 환경으로부터 지속적으로 보충되어 그 조직구조에 적절히 쓰일 수 있어야 하는 것이다. 이것을 파슨즈는 적응(adaptation)이라고 표현한다. 둘째, 역시 모든 사회조직은 무언가 추구하는 바의 목표와 그에 이르려는 지속적 자원의 동원이 있어야 한다. 아무 이유나 목적 없는 행위의 결과는 생각할 수가 없기 때문이다. 따라서 목표달성(goal attainment)은 모든 조직의 필수적 사항이라고 한다. 셋째, 어떤 사회조직이든지 계속 유지되려면 그 조직을 구성하고 있는 성원들의 협동과 유대감이 내적으로 부단히 형성되어 통일된 틀을 깨뜨리지 말아야 한다. 즉 체제단위 사이의 가변적 상호관계를 조정 · 유지하는 통합(integration)의 기능이 있어야 한다는 말이다. 끝으로 넷째, 모든 사회조직은 아무리 적응과 통합 및 목표달성을 이루어도 본래 그것을 다른 조직들과는 무언가 색다르게(bizarre) 구별하는 사회화될 가치체계(values)와 세계관(world view)이 있어서, 계속적인 활동을 위한 긴장관리(tension management)와 동기화(motivation)의 에너지가 있어야 한다고 한다. 파슨즈는 이것을 잠재력(latency)이라 불렀다.

결국 정리해 본다면 모든 사회조직은 우선 내적으로 유형 유지를 위한 적응과 전체 조직의 유지를 위한 목표달성의 기능이 필수적으로 요구된다. 그리고 그 상호관계는 잠재력에서 시작하여 목표달성을 향해 나가며 외부로부터 적응이 되고 내부에서는 통합이 이루어져야 한다는 것이다.[12] 흔히 사회 내에서 적응은 경제, 목표달성은 정치, 통합은 법적 체계 등 그리고 잠재력은 종교나 문화를 의미한다고 생각된다. 따라서 종교나 문화는 가장 근본적인 (정보통제)체계로서 여겨지는 것이다.

이러한 파슨즈의 기능적 필수요구의 개념은 종교조직의 유지에 있어서 실제적으로 매우 복잡한 의미를 제공하게 된다. 우선 적응은 종교조직에 있어서는 주로 신도 모집(recruitment)으로 이해되어 왔다. 비신자들에게 의미 있는 삶을 제시하여 개종(conversion)하여 종교조직에 참여하도록 하는 일이 필요하다. 특히 현대에는 세속주의가 확산됨에 따라 종교조직에서도 세속적인 문제의 해결에 도움이 될 수 있는 점들을 개발해내려 한다. 예컨대 각종 친목단체로서의 역할이 강조되는 것을 생각해볼 수 있다. 반면에 다른 종교조직의 신도들이

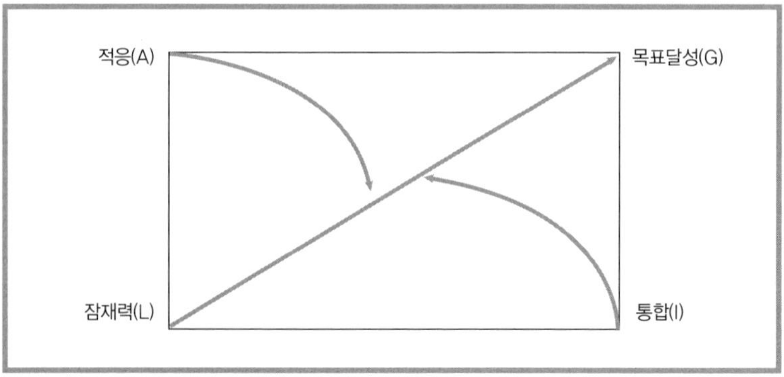

파슨즈의 조직 유지의 기능적 필수요구, AGIL[13]

12) P.E. Hammond & N.J. Demerath III, *op. cit.*, pp. 165-168.

13) *Ibid.*, p. 166.

전환(switching)되어 오는 경우도 많다. 이러한 신도 이동(mobility)의 요인은 다양하다. 특히 최근에는 교회일치운동(ecumenism)이 생겨남으로 해서 종교조직 간의 상호 경쟁과 협조관계가 더욱 복잡해진 점도 중요하다. 어떠한 경로로 신도 유치가 일어나든 종교조직이 지속적으로 유지되려면 신도 모집의 요구는 필수적이 되는 것이다. 따라서 많은 교단들은 이러한 모집체계를 합리화하여 관료제도(bureaucracy)의 형식을 띠게 하는 경우도 많다.[14)]

다음으로 목표달성은 종교조직에서 흔히 신도 훈련(training)의 과정으로 이루어진다고 본다. 종교조직이 형성되어 오래되다 보면 종종 분화가 일어나서 본래의 단순하던 목표에 다른 목표들이 더 첨가되거나 본래의 목표가 세분되기도 한다. 그리고 심지어 본래 목표와는 아주 달라져 버리는 목표전치(goal-displacement) 현상이 생기거나 목표상실이 일어날 수도 있다. 예컨대 하나님이나 부처님에 관한 독실한 신앙을 얻고 보람된 삶을 살고자 모였지만 실제로는 세속적인 문제에 휩쓸리게 되는 경우를 상상해 볼 수 있다. 이렇게 되면 종교조직의 유지에는 많은 어려움이 생길 수밖에 없는 것이다. 따라서 종교조직들은 부단히 신도들에게 목적의식을 주입하고, 심지어 상황에 따라서는 애국운동 등 본래의 목표에서는 이탈하지만 조직 유지를 위한 대체양식을 개발하고 훈련 및 교육시켜야 하는 것이다.[15)]

세 번째, 통합의 요구는 종교조직에서 적절한 입장 표명(articulation)으로 나타난다. 즉 종교조직은 여러 구성원으로 이루어지므로 각 구성원 간에 갈등이 없이 일사불란하게 유지되려면 각자의 역할(roles)이 명확해져야 하고, 그 역할들이 일정한 형식으로 정립될 필요가 있는 것이다. 이러한 입장 표명은 여러 측면의 상징화

---

14) *Ibid.*, pp. 180-187.

15) *Ibid.*, pp. 173-180.

(symbolization), 즉 경전편집, 교의화(doctrination) 및 교리화(dogmatization)도 포함하며 또 제의화(ritualization)를 통해서도 이루어진다. 그리고 내적인 권위체계의 제도화(systematization)도 수반한다.16)

끝으로 잠재력의 요구는 종교조직에서 동기화(motivation)로 흔히 이해된다. 종교조직은 무엇보다도 창시자와 그의 신도의 일상생활과는 구분되는 아주 근본적인 종교경험(religious experience)을 바탕으로 해서 성립된다. 그리고 그러한 색다른 종교경험이 새롭게 해석되거나 삶의 중심에서 다시 체험될 수 있는 기회가 지속적으로 요청되는 것이다. 특히 현대사회는 전반적으로 세속화가 문제되므로 신도들이 이러한 일상적 세속생활과 성스러운 종교생활을 적절히 조화시켜 나가면서 살아가게 하는 다양한 형식들이 제기될 수 있다. 또 일상생활을 과감히 무시하고 영적생활과 명상 등을 강조하는 수도 있고, 세속적인 일상생활 자체를 성스러움의 표현으로 재해석하는 경우도 있을 수 있다. 요컨대 종교조직 안에 있음 자체를 가능하게 하는 동기부여는 필수적인 요구인 것이다.17)

결론적으로 모든 종교조직은 내적으로 동기화와 입장 표명의 기능이 있어야 하며, 또 외적으로는 신도 모집과 그의 훈련 기능이 필수적으로 요구된다는 것이다. 이들의 상호관계는 결국 동기화가 일어나서 목표를 위해 훈련과정이 진행되면서 외부로부터는 새로운 신도가 모집되고 또 내부에서는 적절한 입장 표명이 있어야 한다는 것으로 정리된다.18)

---

16) *Ibid.*, pp. 188-195.

17) *Ibid.*, pp. 168-173.

18) 존스톤은 훈련을 목표유지(maintaining purpose)와 학습(socialization)으로 설명하고, 동기화를 생산(producing) 그리고 입장 표명을 질서유지(preserving order)라고 보기도 한다. R.L. Johnstone, *op. cit.*, Part III.

3 갈등이론

기능이론의 사회 일반조직 및 종교조직의 유지에 있어서의 폭넓은 적용에도 불구하고 또한 그에 대한 비판이 만만치 않음은 앞에서도 지적한 바 있다. 보편기능론이 사회 안에 존재하는 모든 구조를 기능적인 것으로 보아 그 구조가 없으면 필수적 요구가 충족되지 않고, 균형이 깨지면 거의 자동적으로 회복되는 기능적 경향을 강조하여 결과적으로 기능주의에서는 변화를 설명할 수 있는 가능성이 약화된다는 비판은 다시 상기될 수가 있을 것이다.

특히 사회갈등이론적 입장에서 보면 사회생활의 기본조건이 반드시 합의라고만 볼 수는 없는 것이다. 오히려 대개의 사회는 다양한 형태의 갈등을 체험한다. 한편 기능주의는 강자의 강압에 의한 사회적 합의를 인정하지 않으므로 일종의 유토피아(utopia)적 사상이라는 비판도 있다. 그리고 갈등을 단지 역기능적 결과, 즉 해체적인 결과라고 생각하여 병적 현상이나 일탈로만 보는 것은 현상 자체를 있는 그대로 다루지 못하는 셈이다.[19] 더욱이 대표적 갈등론자인 다렌도르프(Dahrendorf)처럼 종종 갈등은 후에 더욱 높은 차원의 집단통합을 가져오는 계기로서 순기능할 수 있다는 주장도 있다. 즉 '비 온 뒤에 땅이 다져진다'는 식의 논리이다. 비록 계급 개념은 배척하지만 사회갈등과 변동의 요인으로서 권력의 불평등 등을 중시하면서 갈등이론은 사회변동을 더욱 있는 그대로 보고 그 속에서 해석의 틀을 찾아보려는 것이라고 하겠다.[20]

---

19) 심지어 갈등과 통합을 같은 동전의 앞뒷면이라고 보는 견해가 있다. 초기 종교사회학의 거장이었던 짐멜(Simmel)도 "갈등은 사회화의 한 형식"이라고 하였던 것이다. G. Simmel, *Conflict: The Web of Group Affiliations*, Glencoe, IL: The Free Press, 1955, p. 18.

한편 또 하나의 갈등이론의 경향은 마르크스적 관점에서 볼 수 있다. 마르크스적 갈등이론에 있어서는 종교갈등이 무엇보다도 근본적인 경제적 갈등관계의 표현으로 이해되고 있다는 점이 중요하다. 상부구조로서의 종교의 갈등문제는 결국 경제적 하부구조의 관계형식이 반영된 것에 불과한 것이다. 특히 마르크스는 점차 현대세계에서는 계급갈등이 심화될 것이라고 예견한 바 있으나, 실제로 많은 현대인들은 사회계급적 이해관계 이외에도 다른 다양한 교차적 핍박(cross pressures)의 상황을 만나게 되므로 계급적 갈등은 그다지 증가하지 않는다는 주장도 있다. 이런 상황 속에서 종교는 심각한 갈등의 원천은 아닌 셈이다. 다만 겉으로만 드러나는 피상적 갈등의 양태일 뿐이다.[21] 하지만 아주 최근에는 이런 마르크스적 갈등이론에서도 자율적인 영역으로서의 종교의 위치와 사회갈등에서 능동적인 요인으로서의 종교의 재평가가 이루어지고 있음은 주목할 필요가 있다고 하겠다.[22]

그러면 이상의 일반적인 사회갈등이론에 기초하여 우리의 관심사인 종교조직이 유지되는 문제를 구체적으로 검토해 보기로 하자. 흔히 종교적 갈등의 양상은 세 종류의 형식으로 구분되어 설명된다. 첫째는 종교집단 간(between religious groups)의 갈등으로서 불교집단과

20) 다렌도르프를 중심으로 한 사회갈등론자의 입장에 대한 간결한 설명은 오경환, 앞의 책, pp. 220-226, 그리고 M.E. Marty, "Epilogue: The Nature and Consequences of Social Conflict for Religious Groups," R. Lee and M.E. Marty, eds., *Religion and Social Conflict*, N.Y.: Oxford University Press, 1964, pp. 173-193 참조. 또 이런 경향의 갈등이론을 근대 한국종교사적 맥락에서 적용하고 있는 것으로 김병서, 「한국사회변동과 기독교 백년」, 이원규 편, 『한국 교회와 사회』, 서울: 나단출판사, 1989, pp. 325-346 참조.

21) M.B. McGuire, *Religion: the Social Context*, Belmont, CA: Wadsworth Publishing Company, 1981, pp. 161-162. 또 라틴아메리카 상황에서의 마르크스적 갈등이론의 적용으로는 O. Maduro, *Religion and Social Conflicts*, Maryknoll, N.Y.: Orbis Books, 1982(강인철 역, 『사회적 갈등과 종교』, 서울: 한국신학연구소, 1988, 제2부 「사회갈등의 산물로서의 종교」) 참조.

22) *Ibid.*, 제3부와 제4부 참조.

기독교집단 간의 갈등 등을 생각할 수 있으며 사회 내 종교적 갈등의 가장 대표적인 형식이라 하겠다. 이것은 특히 현대 종교다원화 사회에서 더욱 심각하게 받아들여진다. 둘째는 하나의 종교집단 내(within a religious group)에서의 갈등이며, 예컨대 성직자집단과 평신도집단 간의 갈등 등을 상정해 볼 수 있을 것이다. 그리고 셋째는 종교집단과 외부사회 간(between a religious group & the larger society)의 갈등으로서 종교집단과 국가 간의, 예컨대 면세제도의 적용문제 등을 들 수 있을 것이다.[23] 이러한 다양한 갈등양상에 있어서 물론 종교조직의 유지 문제는 특히 두 번째, 즉 하나의 종교집단 내의 갈등과 관계가 깊다고 하겠다.

한편 대체로 종교적 갈등의 요인은 두 가지 차원으로 나누어 생각된다. 하나는 종교 외적 요인으로서 사회구조적 분열에서 유래하는 것이며 계층적 또 경제적 분열이 종교조직에 그대로 반영되는 경우이다.[24] 다른 하나는 종교 내적 요인인데 이것은 다시 종교조직이 외부와 접촉하면서 생기게 되는 갈등요인과 순수하게 내부로부터 유래하게 되는 경우로 분류될 수 있다. 전자는 종교집단이 다른 집단들처럼 외부자(outsiders)에 대하여 경계(boundary)를 보호하며 내적으로 부단히 순화(purification)를 시도하기 때문에 생긴다는 주장이 있다. 예컨대 "거듭남"(born-again)의 종교 경험은 많은 기독교인들에게 비기독교인들과의 구분을 가져오는 근거가 된다. 또 이런 외부자들과의 구분근거는 종종 종교조직 내에서 학습에 의해 전수되고 심지어 외부자들과의 갈등의 요인이 되기도 하는 것이다.[25] 따라서 오직 자신의 종교집단만이 철저히 정당하다는 종교적 배타주의(religious

23) M.B. McGuire, *op. cit.*, p.159.

24) *Ibid.*, pp. 159-160.

25) *Ibid.*, pp. 162-163; J.S. Coleman, "Social Cleavage and Religious Conflict," *The Journal of Social Issues*, 12 (1956): 54-55.

particularism)를 초래하기도 한다.[26] 자기네만의 독특한 세계관(world-view)을 강요하여 종교적 우월주의로도 확장되는 것이다. 예컨대 이런 경우는 개화기에 들어왔던 대개의 선교사들의 태도에서 많이 보인다.

한편 순수한 종교집단 내부의 갈등요인은 넓게 보면 이탈(deviance)로부터 온다. 즉 종교집단에서 이탈은 그 종교집단의 행동규범이나 기대와는 상반되는 행위이다. 예컨대 특정 종교조직에서 육식금지는 중요한 금기(taboo) 사항인데 이를 어기는 경우 등을 생각할 수 있다. 이러한 경우 각 종교조직은 적절한 통제(control)방식을 마련해 놓기도 한다. 하지만 아주 최근에는 어느 정도의 이탈이 있음으로 인해서 내부자들에게 경각심을 불러일으켜 종교조직 자체가 더욱 강화된다는 다렌도르프식의 갈등이론적 주장도 나오고 있다.[27] 특히 종교집단 내부의 갈등은 기존의 권위(authority)로부터의 이탈이 핵심적인 사항이다. 이것은 이른바 정통(orthodox)으로부터 이단(heterodox 또는 heresy)이 생기는 이유인 것이다. 그러나 최근 이론들은 이단에 대한 갈등도 하나의 종교조직이 동기화되는 역동적 과정으로 보기도 한다. 즉 너무 지나친 이단화는 종교조직 자체의 파멸을 가져올 수도 있으나, 반면에 어느 정도의 이단문제나 그로 인한 조직분열은 전반적인 교세 확장에 도움이 된다는 것이다. 개신교의 교파분열의 예가 이에 해당될 것이다.[28]

이상 우리는 갈등이론적 관점에서 종교조직의 유지문제를 생각해 보았다. 특히 갈등 자체의 창조적 의미가 최근 강조되어 온 것은 주목할 필요가 있다. 그럼에도 불구하고 갈등이론은 기능이론에 대한 비판 내지는 심지어 그에 기생하는 이론이며, 종교조직의 유지를 전체적이고도 체계적으로 설명하는 데는 한계가 있음이 종종 지적되어 왔

---

26) M.B. McGuire, *op. cit.*, p. 163.

27) *Ibid.*, pp. 164-165.

28) *Ibid.*, pp. 164-166.

다. 이런 의미에서 잉거(Yinger)가 기능이론과 갈등이론의 종합의 필요성을 역설한 것은 그 하나의 대안으로서 일정한 가치를 지닌다고 생각된다.[29)]

4 의미이론

현대 종교사회학에 있어서 종교조직의 유지양태를 설명하는 또 하나의 중요한 이론적인 틀은 의미이론(meaning theory)이라 할 수 있다. 그러나 1970년대 중반 이후로 버거(Berger) 등에 의해 본격적인 일반화를 거치게 되는 이른바 이 의미이론의 배경은 베버와 뒤르켐의 고전적 사회학 이론에까지 거슬러 올라간다. 따라서 이들로부터 시작하여 버거의 종합화 과정을 검토해 보는 것이 마땅한 순서일 것이다.

먼저 베버에 의하면, 근본적으로 사회학이라는 것은 "사회행위의 해석적 이해 및 그 과정과 결과의 인과론적 설명(causal explanation)에 연관된 학문"이다.[30)] 그리고 여기서 사회행위(social action, *soziales Handeln*)는 개인의 의미가 타인들을 향해 방향지어지는 것을 뜻한다.[31)] 결국 베버는 그의 사회학적 연구를 간단히 말해서 상황과 사건(situations and events)에 대한 해석이라고 할 수 있는 의미의 개념에서 출발하고 있는 것이다. 그리고 사회학적 연구는 사회의 피상적 사실분석을 넘어서 하나의 포괄적인 의미체계로 정의되는 세계관(world-view, *Weltanschaung*)의 이해까지를 궁극적으로 목표하게 된다는 것

---

29) J.M. Yinger, *The Scientific Study of Religion*, N.Y.: Macmillan Publishing Co., 1970, pp. 90ff.

30) M. Weber, *Economy and Society*, vol. 1, G. Roth and C. Wittich, eds., N.Y.: Bedminster, 1968, p. 4.

31) 베버의 "사회행위"의 개념에 대하여, A. Giddens, *Capitalism and Modern Social Theory*, London: Cambridge University Press, 1971, pp. 145-154 참조.

이다.

그런데 베버에 의하면 이 의미체계에 의해 사회적으로 건설된 세계는 근본적으로 늘 불완전한 인간행위에 의해 뒷받침되므로 지속적으로 인간적 자기이해와 무지에 의해 위협을 받고 결과적으로는 불확실(precarious)해질 수밖에 없다. 따라서 사회적 관계의 안정된 형식을 유지하기 위해서는 세계를 떠받치고 있는 인간적 행위에 의한 권위가 단순한 사실일 뿐만 아니라 도덕적 내용(즉 의미)이 덧붙여진 사실이라고 하는 신념, 즉 (그 권위에 대한) 정당성(legitimacy)이 요구된다. 그리고 개인들의 주관적 태도들은 이러한 정당성을 향해 방향지어져야 한다는 것이다. 베버는 이러한 정당성이 얻어지게 되는 과정을 이른바 정당화(legitimation)라고 했다.[32)]

그러나 대부분의 사회에 있어서의 사회적 세계에 대한 지속적인 정당화에도 불구하고, 종종 의미를 위협하는 어떤 경험들은 기존의 의미체계 안에서 쉽게 해석될 수가 없다. 예컨대 숙명적으로 닥쳐오는 고통, 악 그리고 죽음 등의 인간적 현상들은 개인들이 피할 수 없이 살아내고 또 설명해야 하는 것이다. 따라서 이러한 현상들에 대한 정당화는 독특한 형식으로 따로 이루어지게 마련인데, 이들은 대체로 종교적 맥락이라고 할 수 있다. 베버는 이러한 종교적 정당화(religious legitimation)를 전통적인 신학적 개념에서 빌려다 변용한 神正論(theodicy)이라는 용어로 표현하고 있다.[33)] 그리고 이 신정론은 차안적(this-worldly), 피안적(other-worldly), 이중적(dualistic), 업보적(karmic) 형식의 네 가지로 구분될 수 있음을 제시하기도 한다. 또 이 모든 신

32) 베버의 "정당성"의 개념에 관하여, *Ibid.*, pp. 154-163; T. Parsons, *The Structure of Social Action*, IL: The Free Press, 1949, pp. 658-672 참조.

33) 따라서 베버는 전통적 신학의 "神의 正義"(the justice of God)라는 의미의 신정론보다 더 폭넓은 개념으로서 제시하고 있는 셈이다. 베버의 "신정론"의 개념에 대해서는 M. Weber, *The Sociology of Religion*, trans. E. Fischoff, Boston: Beacon Press, 1963, ch. 9 참조.

정론의 형식은 대체로 구원(salvation)과 연관될 수 있지만 모든 합리적 종교윤리가 반드시 구원적 윤리일 필요는 없음을 덧붙이고 있다.[34)]

한편 뒤르켐은 그의 초기 저술인 『사회 속에서의 분업』(*The Division of Labor in Society*)을 통하여 하나의 사회를 지속적으로 유지시키게 되는 사회질서(social order)는 과연 어떻게 가능한가 하는 관심에서부터 연구를 출발하고 있다.[35)] 대체로 현대사회는 분업으로 인해 사회 자체가 복잡해지므로 그 속에서 다양한 사회적 역할(social roles)들이 기능적으로 전문화하고 사회제도(social system)도 전반적인 구조적 분화를 겪게 된다고 한다. 그런데 중요한 것은 이렇게 끊임없는 분화에도 불구하고 사회 자체가 결코 해체되지는 않는다는 사실이다. 뒤르켐에 의하면 오히려 기능적으로 분화된 사회 내의 역할들은 모두 다른 역할들에 의존하게 됨으로써 역할들 간의 상호의존(interdependence of roles)이 발생하여 사회 내의 새로운 연대성을 가져와 다시 사회질서 자체를 확인하게 된다는 것이다. 이것은 개인주의가 유지되는 가운데 필요에 따라 생기는 연대성으로서 뒤르켐은 이를 소위 "조직적 연대성"(organic solidarity)이라고 불렀다. 결국 현대사회에서는 분업이 새로운 형태의 연대의식을 창출시켜 사회 자체가 해체됨을 막고 유지되어 나가도록 한다는 말이다.[36)]

그런데 이러한 사회 내의 조직적 연대성은 본래 사회 속에 있는 개인들을 그 동일성(identity)을 통해 연합하여 원초적으로 사회질서를 유지시켜 오던 연대성인 이른바 "기계적 연대성"(mechanical solidarity)으로부터 유래한다고 한다. 즉 모든 현대사회는 일정한 계약적 관계

34) *Ibid.*, p. 147.

35) 뒤르켐의 (사회)질서 개념에 관하여, E. Durkheim, *The Division of Labor in Society*, trans. G. Simpson, N.Y.: The Free Press, 1963, Book One 참조.

36) T. Parsons, *op. cit.*, p. 321; S. Seidman, "Modernity and the Problem of Meaning: The Durkheim Tradition," *Sociological Analysis*, 46/2 (1985): 114-115.

(contractual relations)를 통해서 성립되는 것인데, 이러한 계약적 관계는 그에 앞서 기본적이며 필수적인 어떤 요소(non-contractual elements)라고 할 수 있는 일종의 규범(norms)을 전제로 하여 발달된다고 주장하는 것이다. 따라서 기계적 연대성이 혈연이나 지연 등을 바탕으로 해서 형성된 집단의 공통된 신앙과 감정(beliefs and sentiments)을 수용하는 데서 온다면, 이익집단 등을 통해서 흔히 구성되는 조직적 연대성은 사회 내의 근본이던 기계적 연대성이 분업으로 인해 파괴되고 그 대신 역할들 간의 기능적 상호연관이 생겨남으로써 출현하게 된다고 한다. 즉 기계적 연대성이 사회적 통합의 기초를 이루는 곳에서는 "집단양심"(collective conscience)[37]이 개인의식을 완전히 뒤덮어 봉쇄해 버리는 반면에 조직적 연대성이 강해지면 개인의식은 증가되는 가운데 통합이 추구된다고 생각될 수 있다.[38]

그러나 이러한 조직적 연대성에 의해 지배되는 현대사회는 통합의 축이 약한 셈이어서 개인적 의미의 맥락에 있어서 깨지기가 쉽다. 이렇게 사회 내에 집단적 연대성이 파괴되어 타인들과의 안정되고 의미있는 관계가 박탈된 상태를 뒤르켐은 아노미(anomie)라고 불렀다.[39] 즉 분업이 되고도 조직적 연대성이 생기지 못하여 통합을 이룰 수 없는 경우에는 사회적 규범 자체가 상실된다고 보았던 것이다.

그럼에도 불구하고 이러한 아노미 상태가 영속적일 수는 없다. 뒤

37) 뒤르켐의 "conscience collective"를 "집단의식"(collective consciousness)으로 흔히 번역하지만 여기서는 그의 도덕적 관심을 중시하여 버거에서처럼 "집단양심"으로 옮긴다(P.L. Berger, *The Precarious Vision*, Garden City, N.Y.: Doubleday, 1961, p. 234 참조).

38) A. Giddens, *op. cit.*, p. 77. 뒤르켐은 이러한 "개인적 제의"(cult of the individual)의 발달이 사회생활의 대부분 영역에 있어서 세속화가 발생했기 때문이라고 하기도 하였다(E. Durkheim, *op. cit.*, p. 172).

39) 뒤르켐의 "아노미" 개념에 관하여, E. Durkheim, *Suicide*, trans. J.A. Spaulding and G. Simpson, Glencoe: The Free Press, 1951, pp. 246-257 참조.

르켐은 사회가 존재하는 한 통합으로의 관성은 필수적이고 이를 뒷받침해 줄 집단구성원들을 포괄하는 연대성은 반드시 요청된다는 입장을 견지한다. 다시 말해서 모든 사회적 행위의 준거 틀은 개인과 온 사회가 그들의 삶을 의미 있게 할 수 있는 인간경험의 포괄적 설명에 의해 유지된다는 것이다. 뒤르켐은 이러한 사회 내의 실재에 대한 총체적 견해(overaching view of reality)를 바로 종교라고 생각했던 것이다.[40)]

이상 우리는 현대 종교조직 유지를 설명하기 위해서 최근 제기되어 온 의미이론의 고전 사회학적 배경들을 검토하여 왔다. 물론 현대 의미이론의 대표적 인물인 버거 등이 고전 사회학적 성과들을 완전히 그대로 답습하고 있는 것은 아니다. 베버가 사회행위의 기초를 의미체계에 두듯이 버거는 모든 인간이 선천적으로 사회적 실재에 의미를 부과한다는 가정을 이론적 출발점으로 잡고 있다. 그런데 버거는 정당성의 개념을 도입했지만 사회적 권위의 도덕적 의미라기보다는 사회질서를 설명해 주는 사회적인 객관화된 지식(objectivated knowledge)으로 훨씬 폭넓게 정의하고 있다. 따라서 정당화의 근본적인 목표는 실재유지(reality-maintenance)라고 한다. 즉 정당화는 여러 차원에서 가능하고 반드시 이론적일 필요는 없다고 하는 것이다.[41)] 하지만 인류사를 통해서 사회유지를 위한 주요 정당화는 주로 종교가 제공했다고 하는 데서, 버거가 신정론을 대표적인 정당화의 본보기로 생각하고 있음을 알 수 있다. 그리고 신정론의 개념에 있어서도 베버

---

40) P.L. Berger, *The Sacred Canopy*, Garden City, N.Y.: Doubleday, 1967, *passim.*; S. Seidman, *op. cit.*, p. 128.

41) 버거의 "정당화" 개념에 대하여, P.L. Berger & T. Luckmann, *The Social Construction of Reality*, Garden City, N.Y.: Doubleday, 1966, pp. 92-128; P.L. Berger, *The Sacred Canopy*, ch. 2; M.B. McGuire, *op. cit.*, pp. 23-24 참조.

의 사회학적 맥락의 정의를 그대로 수용하고 또 그 네 가지 유형도 답습하고 있으나 이 유형들을 이성과 비이성의 직선을 그어 놓고 그 위에서 고려하고 있다.[42]

한편 버거의 질서잡힌 세계(nomos)의 개념은 뒤르켐의 의미 있는 질서로서의 규범 개념에서 나오는 것이고, 또 뒤르켐의 실재에 대한 총체적 견해는 버거에게 아노미의 위협에 대한 인간의 궁극적인 방패(man's ultimate shield)를 제공해 주는 것으로 이해되어 이른바 "성스러운 덮개"(sacred canopy)라고 표현된다.[43]

결과적으로 버거는 뒤르켐의 사회질서 이론을 베버의 의미이론에 연결하여 종합시켜서 현대 종교조직의 유지를 설명하기 위한 새로운 의미이론을 재구성해 내고 있다고 하겠다. 즉 뒤르켐의 사회질서의 개념과 베버의 의미 개념에서부터 버거는 질서잡힌 세계를 상정하고 여기에 베버의 정당화에서 유래하는 과정(process)의 개념을 덧붙여 질서잡힌 세계로 됨, 즉 규범화(nomization)라는 새로운 사고의 형식을 제시한다.[44] 다시 말해서 인간이 하나의 사회 속에 살게 된다면 사회적 세계의 의미체계와 동떨어져 아노미 상태로 사는 것이 어렵다는 것이다. 아노미는 극복되어 질서잡힌 세계로 규범화가 이루어져야 하는 것이다. 이러한 규범화의 과정은 종교학자 엘리아데가 주장하듯이 인간은 혼돈의 우주(chaos)에서는 살 수 없어서 주변에 의미를 부여하여 우주를 살만한 공간, 즉 질서잡힌 우주(cosmos)로 만들어가는 과정(cosmization)이 있어야 한다는 사실과 병행하는 것으로 설명된다.[45]

---

42) 버거의 "신정론" 논의에 대하여, P.L. Berger, *The Precarious Vision*, pp. 109-111; *The Sacred Canopy*, ch. 3; *Sociology* (with P.B. Berger), N.Y.: Basic Books, 1972, pp. 383-384 참조.

43) 졸고, "Religious Pluralism and the Concept of Religious Revalorization," Unpublished Ph.D. Dissertation, University of California, Santa Barbara, 1983, p. 35.

44) P.L. Berger, *The Sacred Canopy*, pp. 22-28.

규범화

아노미 ··► 질서잡힌 세계(nomos)

혼 돈 ··► 질서잡힌 우주(cosmos)

버거의 규범화(nomization)

이런 맥락에서 보았을 때 버거는 종교라는 것이 결국 그 질서잡힌 우주 속에 있는 성스러운 양식(sacred mode in cosmos)으로 이해될 수 있다고 하는 것이다. 따라서 종교는 인간적 삶의 궁극적 방패막이 역할을 하는 셈이고, 사회생활 속에서는 이와 병행하여 규범화의 과정이 성립되게 하여 결과적으로 사회가 안정적으로 유지되게 하는 원천이라고 여겨진다. 물론 종교는 소외(alienation)적 성향도 있다. 그러므로 종교는 종종 인간세계를 흔들어 놓는 힘이 되기도 하는 것이다. 그러나 이러한 소외도 버거는 일종의 규범화라고 생각한다. 다만 인간의 본래적 의도와 동떨어져 인간에게 도움을 주기보다는 오히려 군림하여 인간을 위압하는 규범화의 형식일 뿐이다. 따라서 규범은 공백 상태인 아노미와는 근본적으로 다른 것이다.[46]

이상의 버거가 체계화한 현대 의미이론을 우리의 관심사인 종교조직의 유지와 연관시켜 요약해 본다면, 결과적으로 종교라는 것은 본래 인간적 삶에 우주론적 전거를 제공하여 주는 원천으로서 나아가서는 이에 병행적으로 연관되어 사회가 규범 자체를 형성하고 유지되도

45) *Ibid.*, p. 25. 엘리아데의 질서잡힌 우주화(cosmicization)의 개념에 대하여는 M. Eliade, *Cosmos and History: The Myth of the Eternal Return*, N.Y.: Harper & Row, Torchbooks, 1955, pp. 10-11; *The Sacred and the Profane*, N.Y.: Harcourt, Brace and Company, 1959, ch. 1; "Structures and Changes in the History of Religion," C. Kraeling, ed., *City Invincible*, Chicago: The University of Chicago Press, 1960, pp. 361-366 등 참조.

46) 졸고, "Religious Pluralism and the Concept of Religious Revalorization," p. 91.

록 해주는 궁극적인 뿌리라고 할 수 있다. 따라서 버거의 의미이론에 있어서는 종교조직이 내적 기능들의 유기적 관계에 의해 유지된다기보다는 외적, 다시 말해서 사회 전체의 의미 건설과 지탱을 위해서 유지된다고 볼 수 있을 것이다.

1970년대 중반 이후 버거의 현대 의미이론이 일반화되면서 수많은 새로운 종교사회학 문헌들 속에서 종교조직의 유지를 설명하는 틀로 각광받으면서 점증적으로 채택되어 온 것은 주목할 만한 사실이다. 그러면 과연 앞서 종교조직의 유지를 설명해 오던 파슨즈계의 기능이론에 비해서 이 버거의 의미이론이 지니는 강점은 무엇일까? 물론 파슨즈도 고전사회학의 베버와 뒤르켐을 종합하려는 시도를 해온 것은 사실이지만, 주로 사회학적 전통 자체보다는 인류학, 심리학 및 인공두뇌학적 전통의 이론 등을 수용하여 미시적 설명체계를 구축하였음을 지적할 수 있을 것이다. 이에 비해 버거의 의미이론은 파슨즈의 영향도 일부 받았으나 고전 사회학적 전통에서 유래한 개념들을 더욱 충실하게 소화하고 확장시켜 베버와 뒤르켐을 거시적 관점에서 훨씬 더 폭넓게 종합하고 있다고 평가된다.[47] 요약건대 종교조직의 이해에 있어서 파슨즈적 기능이론이 종교조직의 유지를 따로 떼어 너무 좁은 기계론적 사고로써 설명하려는 데 비해서, 버거의 의미이론은 주변 사회조직과의 관련 속에서 전체 질서의 정당화라는 더 넓은 차원으로 포괄적이고도 이론적인 체계화를 의도하고 있음이 장점이라고 할 수

---

47) 버거의 파슨즈에 대한 일반적 평가는 P.L. Berger, *Invitation to Sociology: A Humanistic Perspective*, Garden City, N.Y.: Doubleday, 1963, p. 210 참조. 버거는 파슨즈의 "문화체계"(cultural system)의 개념을 너무 좁은 안목이라고 비판한다(Idem, *The Sacred Canopy*, p. 188). 한편 파슨즈도 버거가 뒤르켐을 그대로 답습하여 성과 속(the sacred and the profane)의 너무 분명한 구분에 의해 종교적 논의를 전개함을 비판한 바 있다(T. Parsons, "Durkheim on Religion Revisited," P.E. Hammond and C. Glock, eds., *Beyond the Classics?* N.Y.: Harper and Row, 1973, p. 177).

있을 것이다.

버거의 의미이론에 대한 비판적 평가는 아직 그다지 확실히 시도된 바가 없다고 본다. 다만 일부 학자에 의해 버거가 사회과학적 문제를 너무 형이상학적으로 이해하려는 경향이 지적되기도 한다.[48] 이외에 종교조직의 유지와 연관지어 생각해 보면, 버거 이론은 무엇보다도 너무 거시적 이론화를 목표로 하여 종교조직 자체의 구체적이고도 경험적인 연구의 가능성을 배제하고 있음이 비판되어야 할 것이다. 이것은 버거의 이론이 파슨즈의 기능이론처럼 실제적 맥락에서 더욱 축적된 파생 연구들을 창출시키지 못하고 있는 이유이기도 하다.

48) V.A. Harvey, "Some Problematical Aspects of Peter Berger's Theory of Religion," *Journal of the American Academy of Religion*, 41 (1973): 87-93; Idem, "Religious Faith and Sociology of Knowledge: The Unburdening of Peter Berger," *Religious Studies Review*, 5 (1979): 1-10.

제6장 종교조직의 유형

고전적 종교사회학에 있어서의 종교조직(religious organization)에 관한 이론은 주로 종교조직의 내적인 면보다는 외적인 면, 즉 역사적인 유형적 측면에 관심이 집중되어 왔다. 그리고 이러한 종교조직의 유형적 연구의 가장 전형적인 것은 이른바 베버(M. Weber)로부터 시작되어 트뢸치(E. Tröltsch)와 니버(H.R. Niebuhr)를 거쳐서, 수많은 종교사회학자들에 의해 전개 · 검토되어 온 교회-교파 이론(Church-sect theory)이라고 할 수 있다. 따라서 본 장은 고전적 교회-교파 이론을 먼저 역사적으로 정리하고, 그로부터 확대된 교파 개념에 관한 논쟁들을 분석적으로 검토한 뒤, 이어서 교파의 형성과 발전에 연관된 각종 이론들의 의미를 간단히 살펴보고, 끝으로 기존에 나와 있는 교회-교파 이론에 대한 비판들을 형태별로 음미하는 동시에 창조적인 평가를 시도하고자 한다.

1 고전적 교회-교파 이론

종교조직의 유형을 교회와 교파로 구분하여 다루기 시작한 것은 서양 전통에서부터이다. 최초로 교회와 교파의 개념이 언급되는 것은 베버의 『프로테스탄트 윤리와 자본주의 정신』(*Die protestantische Ethik und der Geist des Kapitalismus*, 1904~1905)인데, 이후 베버의 다른 여러 저술들에 수정되어 실리기도 하였다.[1] 특히 베버의 이 교회와 교파의 개념이 『사회과학 방법론』(*The Methodology of the Social Sciences*, 1949)에서도 취급되고 있다는 것은 중요하다. 다시 말해서 베버는 본래 교회와 교파라는 개념을 종교조직의 유형만을 논하기 위해서가 아니라, 사회과학의 방법을 이야기하면서 사회변동에 있어서 합리화(*Rationalität*)를 논의할 때 이념형(ideal type)의 한 예로서 제시하고 있는 것이다.[2] 즉 베버의 사회학은 이른바 '이해사회학'(*verstehende Soziologie*)으로서 실재에 대한 '상식적 의미'의 설명을 추구한다. 따라서 가능한 많은 사례를 비교연구하여 주관적 결론을 내린다고 비판되기도 하였다. 그러므로 이런 비판들을 극복하려고 방법론적 가치중립(value-free)을 추구하기 위해 이른바 "이념형"의 방식을 도입하는 것이다. 결국 베버에게 이념형은 "관련된 경험적 성분들에 기초하고, 정확

---

1) *Die protestantische Ethik und der Geist des Kapitalismus*는 *Archiv für Sozialwissenschaft und Sozialpolitik* 제20권과 21권에 실렸다가 1906년 4월 *Frankfurter Zeitung*에 *Kirchen und Sekten*이란 제목으로 다시 실리고 또 6월에 *Christlichen Welt*에 제목이 *Kirchen und Sekten in Nordamerika, Eine Kirchen und sozial-politsche Skizze*로 바뀌어 게재되었는데, 그 후 14년 뒤 다시 수정 확대되어 『종교사회학논집』 제1권에 삽입되었다. 영어권에서는 1920년 Gerth & Mills의 편역판에 포함되었다. W. Swatos, Jr., "Weber or Troeltsch?: Methodology, Syndrome, and the Development of Church-Sect Theory," *JSSR*, 15/2 (1976): 129; 권규식, 『종교와 사회변동』, 서울: 형성출판사, 1983, p. 25.

2) W. Swatos, *op. cit.*, pp.129-133.

한 비교를 쉽게 하기 위하여 연구자에 의해 형성된 가정적이고 구체적인 실재"[3]로서 "객관적 가능성"(objective possibility)을 목표로 하는 일종의 정신적 구조물이다.[4]

그런데 교회와 교파는 종교조직에 있어서 구성원의 양식을 구분하는 이러한 이념형으로서 단순히 일반화된 추상적 개념이나 가치 평가적 전형 또는 양적 평균 등이 아닌 철저히 객관적인 사회학적 용어로 쓰이고 있는 것이다. 그래서 베버는 구체적으로는 각종 클럽이나 우애조합과 같은 민간단체들에서 교파의 원형을 찾고 있는데, 역사적으로는 취리히의 재침례파의 신자의 교회(believer's church)에서 유래하여 미국의 뉴잉글랜드 지방에서 발달된 것으로 보고 있다.[5] 그리고 교파의 특징으로는 자발적인 합의를 바탕으로 하고 귀족주의적이며 작은 성찬공동체로서 만인사제주의 원칙에 기초한 규율이 엄격한 단체임이 지적되어 왔다.

특히 베버의 교회와 교파 개념은 그 양자가 대조적으로 설명된다. 즉 교회는 규모가 큰 데 비해 교파는 작고, 교회가 권위를 중심으로 하는 강제단체인 데 비해 교파는 신앙이 중심이 되는 자발단체이다. 교회의 예배의식은 형식적이고 지적 · 합리적인 데 비해 교파는 자발적이고 정서적이며, 교회가 보편적 · 대중적 구원단체라면 교파는 독점적 · 귀족적이다. 또 교파는 순수한 카리스마가 지배하는 데 비해 교회는 제도적으로 변질된 관직의 카리스마(Charisma of office)가 지배하며, 교파가 만인사제주의에 입각해 있는 반면 교회는 전문적 성직자를 갖추고 있어서 결국 교파는 혁신적 성격이 강한 데 비해 교회는

---

3) M. Weber, *The Methodology of the Social Sciences*, Glencoe, IL: The Free Press, 1949, pp. 89-112.

4) 이런 맥락에서 이념형은 순수한 개념보다는 좀더 실제적이고 그러나 경험적 실재보다는 좀 못한 것으로 이해되기도 한다(R.L. Johnstone, *Religion and Society in Interaction*, N.J.: Prentice-Hall, 1975, Part III).

5) 권규식, 앞의 책, pp. 28-29.

전통적 성격이 강하다고 한다.[6] 한마디로 말하면, 베버에 있어서 교회는 독점적 권위를 중심으로 한 보편적 조직이고, 교파는 자발적 성원이 모인 제한적 특수조직이라고 할 수 있는 것이다.[7]

그러나 이런 교회와 교파의 매우 사회학적이고도 객관적인 개념이 트뢸치에 이르러서는 신학적 가치 관념이 도입되면서 변형된다. 즉 신학자였던 트뢸치는 그의 책 『기독교회의 사회적 가르침』(*Social Teachings of the Christian Churches*, 1931)에서 사회학적 연구를 위한 표준보다는 종교경험의 유형들을 다양한 사회적 가르침들에 연관시키면서 당면한 경험세계의 자료이해를 위한 분석적 도구로서 교회와 교파 개념을 제시함으로써, 방법론적으로는 베버에 기초하고 있으나 내용이나 목표에 있어서는 베버를 크게 이탈하고 있는 것이다. 특히 종교조직보다는 행위의 유형을 강조하고 또 구성원의 양식보다는 적응(accommodation)이나 타협(compromise)의 개념을 도입하여 교파는 교회에 의한 타협을 거부하는 것으로 특징짓고 있다.[8]

그러므로 트뢸치는 종교행위를 (1) 교회적, (2) 교파적, (3) 신비적(mystical)인 세 유형으로 구분하고 있는데, 교회적 행위는 사회질서에 대하여 근본적으로 보수적이고 세속세계에 적응하는 유형으로서 대중을 포함하며 지배계급이 중심이 된다. 그리고 교파적 행위는 개인적 완성과 직접적인 유대관계를 추구하며 세속사회에 배타적이고 자발적인 종속계급이 주체이다. 한편 신비적 행위는 세속에서 동떨어진 유형이다. 그런데 현대사회는 점차 "이상적 신비주의"나 "영적 종교"에 기초한 급진적인 종교 개인주의가 확대될 것이라고 하여 베버적 사회학자들이 사실상 간과해 온 신비적 행위 유형을 강조하고 있다.[9]

---

6) 위의 책, pp. 30-36.

7) M. McGuire, *Religion: the Social Context*, Belmont, California: Wadsworth Publishing Company, 1981, p. 107.

8) W. Swatos, *op. cit.*, pp. 133-134.

따라서 종래의 종교조직 유형론자들이 트뢸치가 베버 이론을 단순히 확장한 것으로 보았던 것은 사실상 잘못이고, 트뢸치가 베버의 사회학적 시도와는 아주 다른 신학적 문제에 대한 "사회학적 정리"를 목표로 하고 있음은 주의할 필요가 있다.

한편 베버와 트뢸치의 교회-교파 논의는 미국으로 넘어와 또 다른 신학자 니버에 의해 다시 새로운 소박한 진화론적 안목으로 전환점을 맞이하게 된다. 『종파주의의 사회적 원천』(*The Social Sources of Denominationalism*, 1929)에서 전개되는 니버의 종교조직의 유형론은 특히 미국의 기독교 사회학자들에 의해 중시되어 왔는데 무엇보다도 종교조직의 역동적 과정을 분석하려 한 것이 중요 공헌으로 평가되고 있다. 즉 베버나 트뢸치에 비해서 교회나 교파 개념을 분류의 범주로 서보다는 그 양자를 연속선(continuum)상의 양극으로 놓고서 도식을 제시하고 있다.[10] 그리고 이 연속선상에 종파(denomination)라는 새로운 조직 유형을 등장시키고 있는데, 이 종파는 세속사회에 적응하면서도 그 사회를 지배할 능력이나 의도는 없는, 교회와 교파의 중간적 위치에 있는 것으로서 특징지어진다.[11] 따라서 종파주의는 기독교와 주변세계와의 타협이고 인간 사회체계에 대한 기독교적 적응이라고 생각된다. 즉, 종파는 순수한 정통성을 지닌 교파가 변질되어 버린 그 결과이며, 당시 벌써 다원화되어 교회가 사라진 미국의 주도적인 종

---

9) M. McGuire, *op. cit.*, pp. 108-109. 그러나 대체로 교회-교파 이론에서는 이러한 신비적 종교행위가 사실상 중요하게 취급되지 못해 왔다. 이런 점에서 스와토스가 최근 신종교의 유형을 중심으로 이런 점을 강조한 것은 주목할 필요가 있다. W. Swatos, "Church-Sect and Cult: Bringing Mysticism Back In," *Sociological Analysis*, 42/1 (1981): 17-26.

10) W. Swatos, "Weber or Troeltsch?," pp. 134-135; R. Robertson, *The Sociological Interpretation of Religion* (N.Y.: Schoken Books, 1970), 이원규 역, 『종교의 사회학적 이해』, 서울: 대한기독교출판사, 1984, p. 117.

11) M. McGuire, *op. cit.*, p. 109.

교집단들의 성격으로 규정짓고 있다.[12)]

결국 종교조직의 사회학적 객관화보다는 신학적 관념들이 종교조직화의 과정에 영향을 미치는데 이것이 어떻게 사회구조의 성격에 의해 매개되고 있는가를 설명하는 데 니버는 관심을 가졌다.[13)] 따라서 니버의 종파주의가 중심이 된 종교조직 유형론은 유형들과 가상적 연속선을 지나치게 절대화해, 결과적으로 교회-교파 이론을 역시 유사-평가적(quasi-evaluative) 맥락으로 몰아붙였다는 비판을 받기도 한다.[14)] 또 종교조직의 내면적인 역동성에 무관심을 초래하였다는 주장이 나오기도 한다.[15)]

이렇게 베버에서 시작해서 트뢸치와 니버를 거치면서 전개된 교회-교파 이론은 그후 종교조직의 유형과 변동을 다루려는 학자들의 고전적 틀을 형성하게 되는데, 여기서 주목할 수 있는 것은 점차로 정교화되는 교회-교파 이론이 그 후로는 베버의 본래적 사회학적 객관화의 의도와는 상관없이 트뢸치와 니버의 노선을 따라서 다양한 기준을 지닌 연속선을 중심으로 논의되는 점이라 하겠다.

특히 니버 이후에는 사회적 연구들의 중심이 미국으로 주로 이동해오면서 베커(H. Becker)와 잉거(M. Yinger) 같은 대표적인 종교유형론자들의 공헌이 눈에 띈다. 베커는 미국의 사회학자로는 교회-교파 이론을 최초로 본격적으로 다루었다. 그는 의무적 성격이 강한 교회(ecclesia), 교파가 진보된 형태인 종파(denomination), 선택적 원리가 지배하는 교파(sect) 및 신비적이고 사적 조직인 신종교(cult)의 네 가지 모델을 설정하고 있다. 무엇보다도 사적이며 절충적인 종교성과

---

12) H.R. Niebuhr, *The Social Sources of Denominationalism*, N.Y.: Holt, Reinhart & Winston, 1929, pp. 6, 19, 21-33.

13) R. Robertson, *op. cit.*, p. 117.

14) W. Swatos, "Weber or Troeltsch?," p. 135.

15) R. Robertson, *op. cit.*, p. 118.

더불어 사람들을 느슨하게 연결시키는 종교조직인 신종교(cult)의 개념을 종교조직 유형론에 도입한 것이 베커의 독특한 공헌으로 알려져 있다.[16] 방법론적으로도 베커의 종교조직 유형론은 참신한 면이 있다. 즉 베커는 의도적으로 베버의 이념형 추구의 방법을 수정하여 "구성화된 유형론"(constructed typology)의 방법을 창안하고 있다. 다시 말해서 이념형들 대신에, 이념적 구조물이라기보다는 이념적 실재라고 할 수 있는 "추상적 집합"(abstract collectivities)에 집중을 하는 셈인데, 결국 베버의 유형들이 이념적이라면 베커의 유형은 "발췌된"(extracted) 바이고, 전자가 사례의 관념적 한계로부터의 비교라면 후자는 중심적 경향으로부터의 비교이다.[17]

한편 잉거의 종교조직 유형론은 트뢸치-니버 노선의 더욱 직접적인 영향하에서 성립되었다고 하겠다. 『종교와 권력투쟁』(*Religion and the Struggle for Power*, 1964)에서 잉거는 니버의 연속선상에서 종교조직의 유형을 13세기 가톨릭을 전형으로 한 보편교회(universal Church), 베커가 설정했던 강력한 교회(ecclesia), 종파(denomination), 성립교파(established sect), 교파(sect) 및 신종교(cult)의 여섯 갈래로 나누어 설명하고 있다.[18] 잉거의 분류에서 새로운 것은 이른바 성립교파의 개념을 도입한 점일 것이다. 이것은 미국에서 몰몬교파 등처럼 보통의 교파적 이탈 개념을 지니면서도 상대적으로 조직화가 잘 이루어지고 1세대를 넘어서 지속하고 있는 종교조직을 지시하는 유형이다.[19] 여기서 대체로 잉거가 이상의 여섯 가지 종교조직의 유형을 정립시키는 두 가지 기준이 있음을 알게 되는데, 그것은 첫째, 조직의 포용성과 배타성의 정도와 둘째, (개인적 요구의 기능과 대조하여) 해당 종교조

16) M. McGuire, *op. cit.*, p. 109.
17) W. Swatos, "Weber or Troeltsch?," p. 135.
18) R. Robertson, *op. cit.*, pp. 119-120.
19) M. McGuire, *op. cit.*, p. 109.

직의 사회적 통합기능에 대한 관심 정도라 할 수 있다.[20]

또 한 가지 잉거가 트뢸치-니버의 노선을 답습하면서 제시하는 중요한 것은 사회적 질서에 대한 관계라는 점에서 교파를 용인적(accepting) · 도피적(avoiding) · 공격적(aggressive)의 세 부류로 다시 세분유형화(subtyping)하고 있는 점이다.[21] 여기서 용인적 유형은 참여지향적인 것으로 신비적 경향이 이에 속하고, 도피적 유형은 가치지향적인 것으로서 절제적 경향으로 대표되며, 공격적 유형은 권력지향적인 것으로서 예언자적 경향이 중심이 된다고 한다.[22] 이러한 세분유형화는 특히 교회-교파 이론에 있어서 그 이후로 교파의 세분된 유형에 관한 관심이 강화되는 중요한 계기를 가져왔다고 할 수 있기 때문에 주목된다. 물론 이후의 교파 개념 논쟁도 아마도 이러한 세분유형화의 결과일 것이다.

2 교파 개념 논쟁

교파 개념 논쟁의 경향은 교파를 어떻게 정의하느냐 하는 기준변수를 설정하는 데 초점이 맞추어져 왔다고 할 수 있다. 대체로 다양한 기준변수를 상정하는 경우와 단일 기준변수로 단순화하는 경우로 나누어진다.

다양한 기준변수를 상정하는 경우는 물론 교파 개념의 세분유형화를 시도한 잉거로 우선 대표된다. 즉 잉거는 교파들의 유형을 구분하면서 세 가지 기준변수를 도입하고 있다. 첫째로 종교적 조직의 포용성(inclusiveness) 정도가 언급된다. 교리나 의례 등이 배타적인가 아닌

20) R. Robertson, *op. cit.*, p. 119.

21) W. Swatos, "Weber or Troeltsch?," pp. 135-136.

22) M. Yinger, *The Scientific Study of Religion*, N.Y.: Macmillan, 1970, p. 275.

가를 본다는 것이다. 둘째로는 (세속적) 사회가치로부터 소외(alienation)되는 정도를 따진다. 종교 내적 포용성보다 종교조직의 외적 주변공동체와의 상관관계를 변수로 생각하는 것이다. 셋째로는 종교적 조직화, 복잡화 및 종교적 조직의 분명성(distinctiveness)의 정도를 고려한다. 특히 관료화의 정도 등이 중요하다.[23] 이러한 잉거의 기준변수 다양화는 교파라고 정의되는 것이 모두 동일한 것이 아니고 여러 형태로 세분유형화가 가능하다는 점을 제기한 데서 주목되어야 한다. 따라서 이후로는 잉거의 용인적 · 도피적 · 공격적 교파 유형에 덧붙여 더욱 다양한 교파 유형이 특성별로 구분되어 왔다.[24]

그러나 잉거는 교파의 세분유형화를 위한 기준변수를 다양화하는 한편 교파의 개념을 너무 다양하게 정의하게 하여 결국 교파의 개념 자체를 애매모호하게 하고 모순적이게 한다는 비판들도 있었다. 우선 잉거의 세분유형론 중에는 일반적으로 교파 정의의 기초요소인 사회질서에 비용인적인(non-acceptance) 성격이 충분히 반영되지 않았다는 것이다. 따라서 교파의 용인적 유형은 교파의 본래적 성격규정과 모순된다는 지적이 있다. 또 잉거가 세 가지 기준변수에 의해 도식화한 여러 교파의 가능한 유형 가운데는 실제로 나타나지 않는 것들도 많다는 것을 잉거 자신도 인정하고 있다. 그리고 미국의 종파들에 비해 대체로 교파들은 덜 조직화된 것으로 암시하고 있는데 실제 조사한 연구자료의 결과들은 상반된 보고를 하고 있다. 특히 잉거는 종교조직의 포용성 정도(이것은 조직의 크기에 연관)는 세속사회를 향한 태도와 정반대의 상관관계를 가진다고 주장하는데, 이것은 결국 성공회가 가톨릭보다 미국문화를 덜 받아들이고, 오순절파가 개혁 유대교파보다 더 잘 받아들인다는 잘못된 주장을 하는 셈이라는 비판이 있

23) *Ibid.*, p. 257.

24) Berger, Wilson, O'Dea, Redekop 등의 업적들을 생각해 볼 수 있다.

다.[25)]

따라서 잉거의 기준변수 다양화에 정반대되는 입장이 나오게 되는데, 그 대표적인 것이 바로 존슨(B. Johnson)의 교파 개념에 대한 단일변수 이론이다. 즉 뒤르켐-파슨즈의 통일성 원리에 기초하여 존슨은 그로부터 다양한 유형론들이 형성될 수 있는 보편적 특성의 발견을 위해 노력해야 한다는 것이다. 따라서 교파의 개념은, 복잡하게 변수를 설정하여 정의하기보다는 사회적 환경에 대한 종교조직의 용인 정도만을 보자는 주장을 하고 있다. 결국 지나치게 애매모호하도록 오염된 교회-교파 이론을 탈피하여 존슨은 교회가 사회적 환경에 적응하는 데 비해 교파는 사회를 거부하는 대표적 종교집단으로 간결하게 정의했다.[26)]

그러나 존슨의 단일변수 이론에 대해서도 비판이 없었던 것은 아니다. 단순성과 경험적인 거짓임의 증명가능성(falsifiability)이 분명한 장점이나 교파들의 역사적 다양성을 다루는 데 있어서의 어려움이 지적되어 왔고, 니버적 안목에서 보았을 때 존슨의 이론은 교회와 종파 사이의 차이점을 설명할 수 없다는 비판들이 나왔다. 따라서 그후 존슨 자신은 자발적 단체들의 증가와 더불어 종파적 종교조직의 특성을 구분하기도 한 바 있다.

아무튼 존슨의 교파 개념 정의를 위한 단일변수 이론은 지나치게 복잡화되어 애매해진 교파의 특성을 살려냈다는 데 의의가 있으므로, 뒤따른 유사한 보충적 연구업적들을 가져왔다. 영국의 종교사회학자 마르틴(D. Martin)은 비슷한 맥락에서 교파를 정의하면서, 종파가 단순한 역사적 특수성이나 니버처럼 교회-교파의 연속선상의 한 단계로 환원될 것이 아니라, 종교조직의 독특한 유형임을 재확인하였다.[27)]

---

25) W. Swatos, "Weber or Troeltsch?," p. 138.

26) B. Johnson, "On Church and Sect," *American Sociological Review*, 28 (1963): 539-549.

또 윌슨(B. Wilson)도 마르틴이나 존슨과 유사하게 교파 분류의 원칙론적 기준을 "세계에 대한 반응"(response to the world)이라는 하나의 변수에 집중하고 있다.[28] 본래 윌슨은 교파를 특성에 따라 네 가지 유형으로 구분해 볼 수도 있음을 제시했었다. 첫째는 강림형(adventist)으로서 여호와 증인파처럼 천년왕국을 중심 교리화하는 유형이고, 둘째는 내향형(introversionist)으로서 퀘이커파와 같이 개인구원에 집중하는 유형이요, 셋째는 회심형(controversionist)으로서 구세군이나 오순절파와 같은 성령중심주의 유형이고, 넷째는 영지형(gnostic)으로서 크리스천 사이언스처럼 세속과학 대신 우주적 신비한 가르침에 의해 인간의 행복, 건강, 안정을 강조하는 유형이 있다는 것이었다.[29] 그러나 점차 윌슨은 교파를 세계의 반응에 초점 맞추면서 자발적인 단체로서 개인적인 공헌에 대한 어떤 주장을 입증하여 구성원이 되고 엘리트 의식이 팽배한 적극적 참여가 이루어지는 종교조직으로 정의하고 있다. 다만 마르틴과의 차이는 종파보다는 교파에 관심을 더욱 치중하면서 단순한 이념형 중심의 분류보다는 철저한 이념 유형화의 변동과정을 강조한다는 것이다. 그럼에도 불구하고 윌슨이 너무 트뢸치적 관점에 가깝다는 비판도 있다.

교파 개념에 대한 잉거의 다양한 기준변수 이론과 존슨 등의 단일기준변수 이론이 양극화하여 전개됨에 따라서, 그 이후로의 기준변수 이론에 대한 정교화는 사실상 이 두 이론을 절충하는 면에서 이루어

27) W. Swatos, "Weber or Troeltsch?," p. 139.

28) B. Wilson, *Magic and the Millennium*, N.Y.: Harper & Row, 1973, p. 19.

29) B. Wilson, "An Analysis of Sect Development," *American Sociological Review*, 24/4 (1959): 3-15. 이후에 윌슨의 교파유형들은 7가지로 더 세분되기도 한다("A Typology of Sects," R. Robertson, ed., *Sociology of Religion*, Baltimore: Penguin, pp. 361-383). 또 이들에 대한 경험적 분석평가연구로 M.R. Welch, "Analyzing Religious Sects: an Empirical Examination of Wilson's Sect Typology," *JSSR*, 16/2 (1977): 125-141이 있다.

져 왔다고 할 수 있다. 따라서 대체로 2차원적인 기준변수의 상정이 주류를 형성하게 된다. 신학적 배경에서 출발한 구스타프슨(P. Gustafson)은 트뢸치의 교회-교파 이론을 기초로 교파 개념을 설정하고 있는데, 그 두 중심적 차원으로서 첫째로 보편주의와 특수주의 그리고 둘째로는 은총에의 객관적 수단과 주관적 수단을 지적하고 있다. 좀더 종교사회학의 전통을 따라서 등장한 로버트슨(R. Robertson)에서는 정당성(legitimacy)과 구성원의 원리(membership principle)라는 두 차원이 기준이 되어 사회적 맥락에 종교조직을 연결시키려는 경향이 나타난다. 이것은 잉거와 존슨의 기준변수에 있어서의 양극단적 이론을 주변 환경과 종교조직 자체의 두 측면의 관계를 체계화하면서 극복해 보려는 시도였다고 생각된다.[30)]

그러나 구스타프슨과 로버트슨의 교파 개념에 관한 공헌은 트뢸치적 성향에 너무 빠져들었다는 비판도 받고 있다. 즉 유대-기독교 전통에만 집착했고, 종교조직과 사회-문화적 체계와의 상호작용에 주의를 기울이지 않고, 종교조직 자체의 정의로부터만 문제를 이해했으며, 사회적 맥락보다 너무 종교 중심적이었다는 것이다. 하지만 니버적인 연속선상의 가정을 탈피하면서 종교조직의 변동을 다룰 수 있게 한 점이나 2차원을 제시하여 교파 개념에 다양성과 통일성의 양면적 장점을 잘 살려 나간 것은 중요하게 평가된다.

교파 개념 논쟁에서 2차원적 기준변수를 설정한 예는 월리스(R. Wallis)의 경우도 있다. 월리스는 신종교(cult) 개념을 정립하려는 것에 관심을 가졌지만, 이념적 집단(ideological collectivities), 즉 종교조직과 거대 사회제도 사이의 상호작용을 고려하는 데 꼭 필요한 두 차원을 제시하고 있다. 하나는 정당성이어서 로버트슨과 같고 또 하나는 종교집단에 대한 사회의 견해가 긍정적인가 부정적인가를 기준변수로

30) W. Swatos, “Weber or Troeltsch?,” pp. 140-141.

삼고 있다.[31)]

하지만 현대 교회-교파 이론에 있어서 교파 개념 논쟁에 가장 두드러진 공헌을 하였다고 생각되는 것은 미국의 종교사회학자 스와토스(W. Swatos)일 것이다. 1970년대 중반 이후 펴낸 수많은 논문들을 중심으로 스와토스의 종교조직 유형론을 살펴보면 역시 교파 개념의 기준변수라는 점에 있어서 잉거와 존슨의 양극단 차원 논쟁을 절충적으로 극복하고 있음을 알 수 있다. 즉 기준변수로서 2차원적 접근을 시도하고 있는데 그 하나는 사회적 환경에 대한 적응과 거부이고 또 다른 하나는 세계유지를 위한 사회적 조직(social organization for universe-maintenance)을 지시하는데 구체적으로는 사회형태적인 면에서 보았을 때 질서유지를 위한 사회적 조직들이 일원적(monopolistic)인가 다원적(pluralistic)인가 하는 것이다. 여기서 전자는 존슨이 앞서 기준변수로 잡았던 것과 같은 것으로 일반적인 교회-교파 이론의 관점이다. 그리고 후자는 로버트슨의 정당성의 변수에 영향 받은 점도 있지만, 더욱 중요한 것은 버거와 루크만에 의해서 종교조직 변동에 적용된 종교다원주의 이론이 강하게 영향을 주고 있음을 알 수 있다.[32)] 이 두 차원의 변수들과 실제 종교조직 유형의 상호간의 관계를 스와토스가 도식화한 것을 직접 보면 더욱 이해가 쉬워진다.

결국 사회적 환경에 적응하면서 일원적 · 독점적 사회조직으로서 존재하는 종교조직이 교회이고, 적응은 마찬가지지만 다원적 사회조직으로서 있는 종교조직이 종파이다. 또 사회적 환경을 거부하면서 일원적 · 독점적 사회조직이 존재하는 사회에 있는 종교조직은 폐쇄적 교파(entrenched sect)가 되고, 거부하는 것은 마찬가지지만 다원적 사회조직들이 있는 사회에 놓이게 되는 종교조직은 역동적 교파

31) Roy Wallis, "Scientology: Therapeutic Cult to Religious Sect," *Sociology*, 9 (1975): 98.

32) W. Swatos, "Weber or Troeltsch?," p. 142.

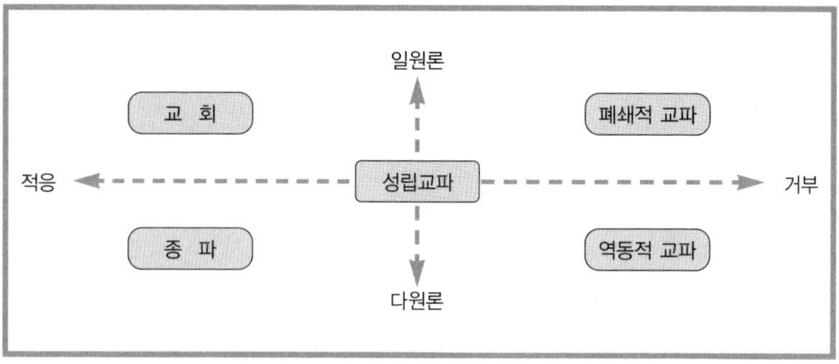

스와토스의 종교조직 유형도[33)]

(dynamic sect)를 형성하게 된다. 그리고 이러한 네 가지 종교 유형 간의 상호변동이 이루어지는 경우 그 과도기적 종교조직의 유형으로서 생각될 수 있는 것이 바로 성립교파(established sect)라는 입장이다. 전통적인 교회-교파 이론의 맥락을 거슬러 올라가 비교해 보면 스와토스의 종교조직 유형론은 트뢸치-니버의 가치론적 연속선의 가정들을 깨뜨리고 다시 베버의 본래적 이념형의 모델을 추구하는 경향이 짙다.[34)]

이상의 종교조직의 유형에 있어서 교파 개념 논쟁을 정리해 보면, 결국 교파의 개념 설정에 있어서는 단일변수 이론이나 다원적 변수 이론의 양극단이 각기 장점들은 가지지만 또한 절충되어 극복되는 것을 알 수 있었다. 이것은 종교성 측정에 관련된 차원 논쟁과도 연관하여 생각해 볼 수 있는데 명목척도(구조적 척도도 포함)와 같은 일차원적 척도와 다차원적 척도가 모두 의미가 있으나 실제 측정에서는 양자를 절충적으로 사용할 수 있음과 유사하다. 그러므로 최근의 종교조직 유형론은 대개 2차원적 정의를 시도하고 있다. 1980년대에 나온 맥과이

33) Idem, "Monopolism, Pluralism, Acceptance, and Rejection: An Integrated Model for Church-Sect Theory," *Review of Religious Research*, 16/3 (1975): 177.

34) 여기서 우리가 베버적인 사회학의 객관적 일변도의 종교유형론에 왜 반드시 충실해야 하는가는 문제로 제기될 수가 있을 것이다.

		종교조직과 세속사회의 긴장관계	
		긍정적	부정적
스스로 인식된 정당성	통일적	교회	교파
	다원적	종파	신종교

맥과이어의 종교조직 유형도[35)]

어(M. McGuire)의 유형론은 표준적인 분류라고 생각된다.

맥과이어도 종교조직의 유형화를 위한 기준변수로서 첫째, 세속화와의 긴장관계와 둘째, 그 사회 속에 있는 기성 종교집단들에 대한 자체의 정당성(또는 합법성) 의식을 꼽고 있는 셈이다. 이것은 앞서 지적한 로버트슨의 구성원의 원리와 정당성 기준변수와 거의 일치한다. 물론 맥과이어는 종교조직 유형화를 위한 기준변수들이 더욱 다양한 가능성들을 통해 정돈될 수 있음도 지적하고 있다. 즉, 종교집단에서의 엘리트 의식의 자각 정도, 포용성과 배타성의 정도, 그리고 순수 조직적 측면에서 성직자와 평신도의 구분, 조직화 방식(polity)의 형태, 중앙 집중화의 정도, 권위의 양태, 권위에 대한 태도, 구성원의 사회경제적 지위, 정치적 불만족도 및 구성원을 통합시키는 정도 등이 언급된다.[36)] 그럼에도 불구하고, 교파주의는 세계로부터 물러나서 신도들끼리의 직접적 관계와 집단에 대한 강한 헌신이 요구되는 분명한 세계관을 유지하려는 경향으로 정의되고 있다.[37)] 결국 세속사회(대사회적 긴장관계)와 기성 종교조직에의 저항(정당성)이라는 두 가지 차원이 중시되고 있는 셈이다.

35) M. McGuire, *op. cit.*, p. 111.

36) *Ibid.*, pp. 114-115.

37) *Ibid.*, p. 31.

이런 점에서 교파는 지배적인 사회와는 다른 세계관을 가진 이른바 인식적 소수(cognitive minority)이고, 버거가 지적한 것처럼 영적인 것이며 즉각적으로 현존하는 신앙에 근거한 종교조직이다.[38] 또 파슨즈가 주장하듯이 종파가 다른 역할(가족이나 경제 등)에서 분화되는 데 비해서 교파에서는 역할 분화가 없다.[39] 따라서 전체주의적 속성이 강하다. 그러므로 교파에는 전문적인 성직자가 적고, 세습으로 인한 구성도 적으며, 입교를 위해서는 개종 경험이 강조되고, 신학적 성향은 근본주의적이 되며 비타협적이라는 것이다.[40] 그러므로 맥과이어는 각개 종교조직의 유형에 있어서의 개인적 종교성향의 양식을 다음과 같이 정리하고 있다. 즉 종교적인 면에서 교회나 종파는 대중적 종교성향(mass religiosity)을 지니는 데 반해 교파나 신종교는 타고난 종교성향(virtuoso religiosity)을 보여준다. 또 조직 내에서의 종교적 역할의 면에서 생각하면 교회나 교파는 미분화된(diffused) 셈이고 종파나 신종교는 분화된(segmented) 경향이 강하다는 것이다.[41]

3 교파 형성발전 이론

교회-교파 이론의 초점이 교파 개념 논쟁으로 전개된 것과 더불어, 교파의 형성과 유지 및 발전에 관심이 모아졌던 것 또한 중요하다. 교파가 무엇인가 또는 어떤 유형으로 구분될 수 있는가보다 어떻게 발생되고 그것이 어떻게 지속적으로 발달할 수 있는가 하는 것은 좀더

38) R. Robertson, *The Sociological Interpretation of Religion*, p. 128.

39) *Ibid.*, p. 130.

40) C. Glock, "The Role of Deprivation in the Origin and Evolution of Religious Groups," R. Lee & M. Marty, eds., *Religion and Social Conflict*, N.Y.: Oxford University Press, 1964, p. 25.

41) M. McGuire, *op. cit.*, pp. 115-116.

역동적인 다른 실제적 의미를 가지기 때문이다.

교파의 형성 유지에 관해서는 실로 수많은 이론적인 연구들이 시도되어 왔다. 우선 그 기본 개념에서 알 수 있듯이 교파는 기존의 교회나 종파 등과는 다른 신앙체계가 요구됨으로써 발생한다. 즉 교파는 기존 신앙질서로부터의 이탈(deviance)의 결과이다.[42] 더 작은 종교집단들로 분파가 일어나거나 새롭게 해석된 교리나 의례체계 주변에 신도들이 모여서 형성된다. 따라서 새 교파 형성은 크게 두 가지 종류의 이론적 설명을 통해 이루어진다고 생각된다. 하나는 기존 종교조직들이 비종교적으로 세속화(secularization)되어서이고, 또 하나는 새로운 종교적 혁신(religious innovation) 그 자체 때문이라는 것이다. 전자는 기존의 종교조직들이 점차 확대되면서 권력투쟁 등 비종교적 성격이 강해지므로 이렇게 세속화된 종교조직에서는 종교적 순수성을 유지할 수 없어서 분파 등을 통해 새로운 조직적 운동을 벌이게 되는 경우이다. 이와는 약간 다르지만 비종교적 이유로는 이민 등으로 인해 문화적 충격(culture shock)을 받게 되어 다른 신앙관습을 추구하려고 생기는 특수한 경우도 있다.[43] 후자의 종교적 혁신의 경우는 종교 자체적 이유에서 유래한다고 할 수 있는데 새로운 종교적 지도자 등이 독특한 종교경험의 결과 새로운 교파를 열게 되는 경우를 뜻한다 하겠다.

그러나 교파 형성에 있어서 종교 측정론의 맥락에서 기존의 교회-교파 이론과는 별도로 전개되어 많은 종교사회학자들에게 설득력 있는 이론으로 받아들여져 온 것으로 이른바 박탈이론(deprivation theory)이 있다. 전통적인 교회-교파 이론에서는 새 종교운동은 반드시 교파에서 시작하여 교회와는 단절되고, 경제적 박탈이 중심이고 교파는 점차 교회 지향하게 된다는 주장이 지배적이었던 데 비해, 박

42) R.L. Johnstone, *op. cit.*, Part III.

43) M. McGuire, *op. cit.*, pp. 122-123.

탈이론에서는 새 종교운동이 반드시 하류계층의 경제적 이유만이 아니라 다양한 이유에서 나오고 꼭 교회지향적일 필요는 없다고 한다. 즉 새로운 종교조직의 형성은 다양한 박탈감에서 발생하여 여러 가지 변화양상을 지닌다는 것이다.[44]

박탈이론의 대표자 중 하나인 글록(C. Glock)은 다섯 가지 종류의 박탈을 구분하여 제시하고 있다. 가장 기본적인 것은 역시 경제적(economic) 박탈로서 이것은 어차피 완전극복이 어려우므로 상징적으로만 해결이 되는 경향이 있다. 둘째는 지위, 권력, 참여기회가 박탈된 것으로서 사회적(social) 박탈인데, 이 경우는 사회에의 적응을 통해 해결하려 하므로 교회적 형식을 띠게 된다고 한다. 셋째는 정신적 육체적 건강이 파괴된 데서 유래하는 것으로서 신체적(organismic) 박탈이고 주로 치병의례를 중심으로 한 신종교를 형성하게 된다. 넷째는 사회의 지배적 가치에서 이탈된 실존주의자나 급진주의자들에서 나타나는 것으로서 윤리적(ethical) 박탈이며 대체로 교회적 형식으로 생겨난다고 한다. 끝으로 다섯째는 심리적(psychic) 박탈로서 神智會등을 일으킨 영적 차원의 박탈이며 신종교를 형성시킨다고 한다. 따라서 박탈을 극복하려는 노력이 반드시 종교적이지는 않다. 그리고 세속적 해결은 원인을 제거하지만 종교적 해결은 주로 박탈감만을 보상하는(compensate) 셈이다.[45] 또 박탈감에서 유래하는 종교조직의 발달은 세 가지 유형으로 전개된다고 한다. 즉 첫째는 갑자기 커졌다가 사라지는 것이고, 둘째는 본래 형태대로 눈에 안 띄게 잔존하는 경우이며, 셋째는 본래 형태와는 아주 다르게 잔존하게 되는 경우이다.[46]

한편, 겉으로 보기에는 경제적으로 충분히 부유해 보이는 사람인데도 다른 조건들이 자신과 비슷한 사람들에 비해 상대적으로 잘 대접

44) C. Glock, *op. cit.*, pp. 25-26.

45) *Ibid.*, p. 33.

46) *Ibid.*, p. 33.

받고 있지 못하다는 생각을 하는 사람이 있을 수 있다. 그러므로 이런 절대적인 박탈이 아니라 남과 비교해서 상대적으로 느껴지는 박탈을 상대적 박탈(relative deprivation)이라고 하기도 한다.[47] 상대적 박탈 개념의 중요성은 일반적으로 종교는 여러 면에서 억압받는 자들에 의해서만 생긴다는 통념을 깨뜨리고 사실상 박탈감은 상대적으로 누구에게나 생길 수 있으므로 모든 사람에게 적용가능하다는 것을 뜻하고, 박탈이론을 무한히 확대하는 효과가 있다고 하겠다. 그러나 박탈이론들은 결국 너무 비종교적인 이유에서 종교가 발생함을 주장하고 있다는 점에서 사회학적 환원(sociological reduction)이라는 비판들이 있어온 것도 주목할 필요가 있다. 따라서 종교조직 형성에 있어서 박탈은 필요하나 충분조건은 아니라는 주장도 있다.[48]

교파 형성과는 달리, 교파를 중심으로 한 종교조직의 실제적 유지 이유로도 여러 가지 이론이 개발되어 왔다. 가장 흥미로운 것은 사회심리학적 맥락에서 제기된 이른바 인지부조화(cognitive dissonance) 이론이다. 이 이론의 대표자인 페스팅어(L. Festinger) 등은 하나의 종교조직에서 예언이 있은 다음 실패로 끝났을 때 상황이 어떻게 변화하는가 하는 관심에서 시작했다. 그런데 실제 조사의 결과 예언이 실패하면 구성원들이 일반적으로 조직을 이탈하여 떠나게 될 것이라는 예상과는 정반대로 일부 이탈자들도 생기지만 대체로 많은 사람들이 남아서 더욱 강렬한 신앙을 형성하게 됨을 보고하고 있다. 그런데 이것은 조직의 구성원들이 밖에 있는 사람들에 대하여 가지게 되는 인지부조화를 줄이기 위하여 신앙의 열정을 증가시키고 전도하게 되기 때문이라는 주장이다.[49]

---

47) C. Glock, ed., *Religion in Sociological Perspective*, Belmont, CA: Wadsworth, 1973, p. 210.

48) R.L. Johnstone, *op. cit.*, Part III.

49) 인지부조화 이론에 대한 가장 대표적인 책으로는 L. Festinger, H. Ricken & S.

하지만 이 인지부조화 이론에 대한 그후의 계속적인 경험적 연구들은 약간 다른 결론들을 도출해 내기도 하였다. 즉 어떤 종교조직의 경우는 예언이 실패했을 때 신앙의 열정은 증가하지만 전도하려고는 하지 않는다는 주장을 한다. 인지부조화 이론은 두 가지 변수, 즉 집단 내에서 이용 가능한 사회적 후원(social support)의 정도와 집단이 받는 조롱(ridicule)의 양을 위주로 생각할 수 있는데, 이 경우는 개인이 신앙을 유지하기 위해서 필요한 최소한도 이상의 사회적 후원을 받았으므로 더 이상 전도의 필요를 느끼지 않게 되었고, 반면에 집단이 외부자들로부터 조롱을 덜 받게 되어 인지부조화를 줄이지 않아도 되었기 때문에 신앙의 열정은 강해졌다는 것이다.[50] 하지만 일본에서 행해진 한 연구에서는 예언이 실패했을 때는 신도의 열정이나 전도의 증가 어느 쪽도 변화가 없었다는 보고도 있다. 이것은 앞서 언급된 사회적 후원은 커서 본래 인지부조화가 작았으나 외부의 조롱이 커서 다시 인지부조화가 커지므로 결국 두 측면이 상쇄되어 같은 상태로 유지되었다는 주장이다.[51] 아무튼 이런 조사와 해석들을 통해서, 종교조직의 실제적 유지에는 교리나 제의 등의 종교적 성격뿐만 아니라 외부와의 인식적인 차이가 중요함만은 명심해둘 필요가 있다.

한편 종교조직으로서의 교파의 형성 및 실제적 유지에 역할이론(role theory)을 적용시키는 경우도 있다. 사회 안에서 내가 어떤 구실을 하는가 하는 객관적 표상(objective representation)이 역할이라고 생각된다면, 이러한 역할들의 집합이 바로 조직(organization)이라 하겠다. 박탈이론에서와 비슷하게 교파와 같은 작은 종교조직에서는 가정

Schachter, *When Prophecy Fails* (N.Y.: Harper & Row, 1955)를 들 수 있다.

50) J. Hardyck & M. Braden, "Prophecy Fails Again: A Report of a Failure to Replicate," *Journal of Abnormal and Social Psychology*, 65/2 (1962): 136-141.

51) S. Takaaki, "After Prophecy Fails: A Reappraisal of a Japanese Case," *Japanese Journal of Religious Studies*, 6/1-2 (1979): 217-237.

이나 사회에서 충분히 역할이 기대될 수 없는 사람들이 독실한 신자로서 대우받는 역할을 맡게 된다는 것이다. 또 심지어는 종교조직이라도 교회나 종파 같은 큰 조직에서는 제한된 사람만이 지도적 역할이 가능하므로 교파에 열심히 참여함으로써 역할이 증대되어 상대적인 무의미함을 보상받을 수 있다는 주장도 있다.[52] 이것은 바꾸어 말하면 교파와 같은 작은 종교조직에서 각종 감투를 의도적으로 신도들에게 남발하는 이유를 설명하기도 한다.

교파를 중심으로 한 종교조직의 형성 및 유지이론뿐만 아니라, 종교조직 유형들의 발전이론 분야에도 아직 관심을 가질 수 있다. 본래 종교조직의 유형들 간의 연속선을 설정하고 발전단계를 살펴보는 것은 니버적인 유산이고 베버가 객관적 사회학의 일부로서 제시한 종교유형론의 입장과는 동떨어져 전개되어 왔다는 비판을 앞서 소개한 바 있다. 그럼에도 불구하고 발전론적 안목을 탈피한 종교조직 유형들의 진화의 맥락에 대한 거시적 관점은 최근에도 종종 논의되어 오고 있다.

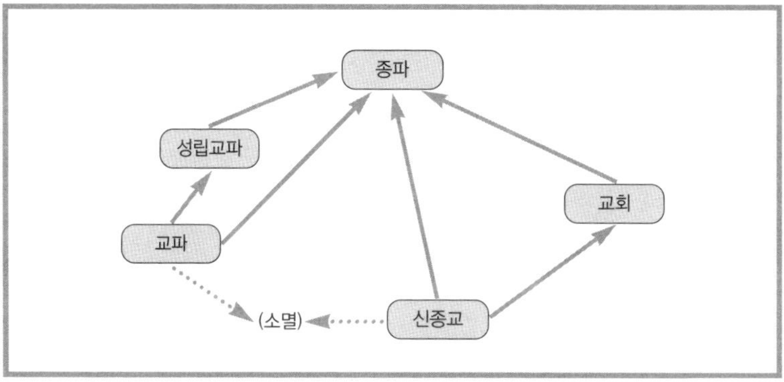

존스톤의 종교조직 유형들의 진화도[53]

52) R.L. Johnstone, *op. cit.*, Part III; R. Robertson, *op. cit.*, p. 138.

53) R.L. Johnstone, *op. cit.*, Part III.

대체로 현대 종교조직은 종파를 지향하고 있다고들 한다. 오늘날에는 종교다원주의가 팽배하여 사회에서 독점적인 지위를 차지하는 교회는 점차 약화되고 심지어 종파화(?)된다는 것이다. 그리고 교파는 본래 반제도적 성격 때문에 일어나지만 결국에는 제도화를 거치게 되므로 종파적으로 확대 용인되거나 제도화된 (하지만 아직도 그다지 크지 못한) 성립교파로 남게 되는 것을 생각해 볼 수 있다. 한편 신종교(cult)는 교파가 본래부터 종교적 주류(mainstream)를 지향하는 데 비해서 매우 이질적인(alien) 성격을 가지는 것으로 여겨져 왔다. 그런데 여기서 주의할 점은 신종교의 이질성에는 상대적인 측면이 있다는 것이다. 예컨대 일본에서의 천리교는 神道系의 한 교파라고 할 수 있을 것이나, 우리나라에 들어와서는 신종교적 성격이 강하게 부각된다. 그러나 이러한 신종교도 그 사회의 종교적 주류와 처음에는 매우 색다르게 보이지만 결국에는 점차 종파적인 경향을 추구하게 될 것이라고 생각된다.[54)]

4 교회-교파 이론의 반성적 평가

이상 검토한 바와 같이 교회-교파 이론은 오랜 전통을 거쳐서 정교화되다 보니 이제는 하나의 단일 이론이라기보다는 훨씬 복잡한 이론들의 집합이라고 할 수 있는 것 같다. 따라서 이들에 대한 비판들과 평가들도 다양한 차원에서 여러 양태로 전개되어 왔다.

54) 그러나 최근 미국에서는 이런 일반적인 종파화의 경향이 깨지고 있음도 지적된다. 오히려 종파적 종교집단들보다도 많은 지방주의(localism)가 나타나고 있으며, 새로 나타나는 비종파적 종교집단들이 전통적인 종파들을 기능적·유형적으로 대체하는 효과가 있다는 주장도 있다. W. Swatos, "Beyond Denominationalism?: Community and Culture in American Religion," *JSSR*, 20/3 (1981): 217-227.

우선 개념상 교회-교파 이론은 애매모호하다는 비판이 있다. 타당도나 신뢰도라는 측면에 있어서 기준잡기가 불가능하고, 도출되는 결과는 단순 묘사적 성격이 강할 뿐이며, 그다지 많은 정보를 주지 못한다는 것이다. 특히 다른 사회학적 이론들과 관련이 적고 검증이 어려워 사회학적 개념으로서의 의미가 약하다는 이야기이다. 그러나 이런 비판들에 대해서 일부에서는 교회-교파 이론 자체의 결함보다는 본래 이론이 왜곡되어 온 탓이라는 주장들도 있다. 또 교회-교파 이론은 주로 19세기 이전의 유럽이나 오직 유대-기독교적 종교조직만을 중심으로 형성되었으므로 다른 종교전통의 종교조직들에는 적용이 어렵다는 비판이 있다. 이것은 특히 동양종교에는 적용 가능성이 아주 약하다는 것을 종종 뜻하기도 하였다. 그러나 이런 비판은 교회-교파 이론에 본래 베버가 의도했던 바와는 다른 어떤 초경험적 실재를 가정하는 셈이고, 베버는 처음부터 영원불멸의 진실을 그려내기 위해서가 아니라, 자신의 특수한 연구계획만을 더 적절히 수행하기 위해 필요한 하나의 변화될 수 있는 도구로서 종교유형론을 제시하였음을 상기해야 한다는 주장도 있다.[55] 즉 교회-교파 이론은 그 자체가 목표가 아니라 수단이라는 것이다.[56] 또 문화적으로 확대되면 동양종교인 유교에 교회 개념의 적용이 가능하다는 주장도 있다.[57]

그러나 교회-교파 이론에 대한 가장 근본적인 비판은 역시 방법론적인 측면에서 전개되어 왔었다고 할 수 있을 것이다. 이것은 본래 교회-교파 이론 자체가 방법론적 맥락에서 출발한 것과도 통한다. 여기서의 방법론적 측면이란 무엇보다도 이념형에 관한 것인데, 하나는 이념형의 본래적 의미를 왜곡하여 생기는 것이고 또 다른 하나는 이념형적 접근 자체의 문제점에 대한 지적들이라고 할 수 있다. 전자는

---

55) R. Robertson, *The Sociological Interpretation of Religion*, p. 121.

56) M. Weber, *The Methodology of Social Sciences*, p. 92.

57) R. Robertson, *The Sociological Interpretation of Religion*, p. 122.

앞서 지적되었듯이 트뢸치-니버 노선을 따라서 교회-교파 이론이 왜곡 전개된 것에 대한 비판이다. 즉 교회-교파 이론은 결국 비교사회과학적 태도가 아니라 베버의 가치중립이라는 비교방법론의 본질을 침해하면서 가치의 표준으로서 유형들을 다루어 결국 종교집단들을 등급 매기는 결과를 초래하게 되었다는 것이다. 특히 연속선의 가정은 발전이나 퇴보의 개념을 가져와서 교회-교파의 유형화를 교파로부터 교회로 향하는 가정으로 혼동하게 하였다는 비판이다.[58] 한편 후자의 이념형적 접근 자체의 문제점에 대한 비판들도 또한 중요하다. 이것은 교회-교파 이론이 경험세계에 대한 체계적 연구에 부적합하고 무의미하다는 것이다. 이런 논지는 수많은 종교사회학자들에 의해 지적되어 왔는데, 이념형적 유형에 얽매여 자료 자체의 독특성을 무시한 채 그들을 미리 생각한 틀 속에 억지로 집어넣으려 한다는 것이다. 그런데 경험적 연구의 생명은 귀납적인 데 있으며, "자료가 틀에 강요되는 것"이 아니라 "자료가 유형들에 연결되어 세계 속에서 우리가 살아가는 방법을 얼마나 알 수 있게 하는가"가 더욱 중요한 것이다.[59] 예컨대 바하(Wach)가 지적하듯이 교회-교파 이론의 이념적 유형에 쉽게 흡수하기 어려운 교회 안의 작은 교회들(ecclesiolae in ecclesia)이나 교회 안의 교파적인 집단들(*Collegium Pietatis, Fraternitas,* The Order)과 같은 종교조직들이 있음을 우리는 상기할 필요가 있다.[60]

이런 비판의 맥락들에 연관되어 최근의 교회-교파 이론에 대한 새로운 연구들은 대체로 더욱 경험적 방법을 보강하는 차원에서 여러 가지 시도들이 이루어지고 있음을 알게 된다. 다양한 연구들에도 불구하고, 다음과 같은 중요한 성과들을 살펴볼 수 있다. 첫째, 교파가 사회 내의 종교적 주류를 지향하고 신종교가 이질적인 면이 강하다

---

58) W. Swatos, "Weber or Troeltsch?," pp. 136-137.

59) *Ibid.*, 137.

60) M. McGuire, *op. cit.*, pp. 119-121.

면, 교파운동은 종교전통을 강화하고 신종교운동은 전통적 신앙이 약할 때 증대되어 결국 교파와 신종교의 성장은 반비례하는 경향이 있다는 것이다. 이것은 세속화와 더불어 모든 종교집단이 붕괴한다는 종래의 이론들과는 달리, 경험적 연구들에 있어서 교파와 신종교가 각기 강해짐은 상관관계가 부정적으로 나타난다는 것을 뜻한다. 즉 교파와 신종교 운동들은 종교적 맥락 자체가 중요하다. 둘째는 첫째 성과와 부분적으로 관계가 있다고 생각되는 것인데, 전통적인 기성종교들이 약해지는 곳에서 신종교가 발생하기 쉽다는 주장이다. 이런 주장들에 대한 경험적 연구들은 아주 많다. 셋째로 최근의 조사연구들의 결과들에서 보면 종전의 연구들에서 비종교적인 사람들로 분류되었던 많은 사람들이 사실은 신종교에 관련되어 있음이 종종 드러나고 있다.[61] 이것은 매우 중요한 성과로서 기존의 조사 및 측정이론들이 너무 기성종교적인 조직들에만 기초하여 방법들을 구성해 왔기 때문이라는 점을 보여주는 셈이다. 장래에는 조사 및 측정이론들이 비제도권 종교성향을 포괄하는 방향으로 수정되어야 함을 암시해 주는 것이라고도 생각된다.

이제까지의 반성적 검토를 거치면서 교회-교파 이론은 종교조직을 유형화하는 데 있어서 아직도 신중히 고려할만한 전통이고 수정 · 개선되면 의미 있는 이론이 될 수 있다는 점도 충분히 알았지만, 그럼에도 불구하고 수많은 비판에 열려 있음 또한 사실로 확인되었다. 특히 경험적 연구에 확실한 도움이 될 수 있는가는 지속적인 의문의 여지를 남기는 셈이다. 그래도 이 글을 마치면서 필자는 현대 종교연구에서 교회-교파 이론을 긍정적인 차원에서 적극적인 의미로 더욱 추구할 필요가 있다고 믿고 싶다. 예컨대 한국의 경우 종종 통일교가 기독

---

61) R. Stark, "Church and Sect," P.E. Hammond, ed., *The Sacred in a Secular Age*, Berkeley: University of California Press, 1985, pp. 139-149.

교의 한 교파인가 또는 하나의 신종교인가는 오래 전부터 수많은 논쟁을 불러왔다. 심지어는 통일교 자체의 입장도 최근에는 종래의 단순한 기독교의 한 교파라는 주장과는 상당히 다르게 변화된 해석이 부분적으로 나오고 있는 것으로 알고 있다. 물론 필자가 여기서 하고 싶은 말은 통일교가 하나의 기독교 교파인가 아닌가 하는 주제넘은 이야기는 아니다. 중요한 것은 통일교가 기독교의 주류적 종파냐, 이탈적 교파냐 또는 신종교냐 하는 섣부른 분류적 판단이 아니다. 진정 중요한 것은 통일교의 한국 종교사회적 맥락에서의 위상에 관한 논의가 분명히 교회-교파 이론의 주변을 맴돌고 있다는 사실 자체이다. 교회-교파 이론은 역사적 또는 방법론적 차원에서뿐만 아니라 한국 사회 내의 학문공동체 내지 신앙공동체들에게 종교적 차원에 있어서도 의미심장하다고 할 수 있는 것이다.

과연 교회-교파 이론에 대한 관심은 베버적 이념형에 관한 새로운 신앙으로의 입교를 뜻하는가? 종교조직 유형론은 종교의 영역 속에 또 하나의 사회학적 신화의 세계를 여는 셈인가? 한 가지 분명한 것은 이 신화는 이직도 설득력을 지니고 있다는 점이다.

제7장 종교의 세속화

1 세속화 이론의 두 고전적 모델

현대사회에 있어서 종교가 만나는 가장 중요한 상황은 무엇보다도 전에 종교적으로 이해되었던 인간생활의 많은 부분들이 비종교적으로 설명되기 시작했다는 사실들에서 유래한다. 이것은 물론 세속화의 개념이 오늘날 우리 시대의 새로운 발명품이라고 주장하는 것은 아니다. 서양의 종교 전통을 훑어보았을 때, 프로테스탄트의 탄생 계기를 이룬 마르틴 루터(Martin Luther)의 종교개혁의 모티브만을 살펴보아도 세속화의 문제는 단순히 오늘날 유행하는 물결의 일부로만 생각될 수는 없다.

하지만 현대사회에 있어서는 적어도 세속화의 문제가 전과 달리 새로운 양상을 띠고 우리에게 제기되었다고 말할 수 있다. 특히 1960년대에 들어서면서 이른바 종교사회학이 국제규모에서 하나의 학문적 공동체를 형성함에 따라 보수신학이나 자유신학의 어느 한 신학적 결심에 근거하여 세속화를 보던 종래의 관점들과는 달리 세속화를 하나의 객관적 현상으로 보고 학문적으로 이론화하려는 경향이 일반적으로 대두하였다. 우리의 종교적 신조들을 세속화에 관련지어 현대적으로 해석할 것인가, 또는 높아져가는 세속화의 소리를 못 들은 채 무시해 버리고 더 이상 세속화될 위험으로부터 피할 것인가 하는 결심의 문제들이 완전히 해결되었거나 덜 중요해졌다는 것은 아니다. 다만 현대 종교사회학의 관심은 그러한 결심들과는 상관없이 문제가 된 세속화의 현상 자체가 실제로 일어나는가 아닌가 하는 데에 있다는 말이다.

현대 종교사회학 전통 안에서의 세속화에 관한 이론적 관심들은 양대 이론적 지주들로 군림해 온 막스 베버(Max Weber)와 에밀 뒤르켐(Emile Durkheim)의 종교변동론에서 유래한다고 정리할 수 있다. 분명히 베버는 세계가 점차 완전히 마법(종교)에서 해방(disenchanted)될 것이라는 확신에 기초했던 반면에, 뒤르켐은 계속되는 사회 변동에도 불구하고 사회가 하나의 사회로서 남아 있게 되는 것은 그를 총체적으로 덮고 있는 것, 즉 종교 때문이라고 주장했다.

이러한 종교 변동에 관한 베버와 뒤르켐의 이론적 차이는 더 거슬러 올라가 보면 종교와 사회에 대한 기본적 관점의 차이와 밀접하게 관련되어 있다고 볼 수 있다. 사회의 근본 양태에 대하여 베버는 소위 '인간주의적' (humanistic) 접근을 시도한 반면에, 뒤르켐은 이른바 '구조결정론적' (structural-deterministic) 주장을 해왔다. 뒤르켐에 의하면 개인들은 사회생활의 결과요 표현인데, 베버는 아무리 철저한 관료체계도 개인들 간의 틀 잡힌 상호작용들의 결과로 환원될 수 있다고 본다. 따라서 베버에게는 '사회행위'(social action)[1]를 중심으로 그 '합법화'(legitimation)[2]를 목표로 하는 의미이론(meaning theory)이 중요하

1) 베버의 사회행위의 개념에 관하여 A. Giddens, *Capitalism and Modern Social Theory: An Analysis of the Writings of Marx, Durkheim and Max Weber*, London: Cambridge University Press, 1971, pp. 145-154를 참조할 것.

다. 베버의 종교사회학에서 강조되는 '신정론'(theodicy)은 결국 종교적 합법화를 일컫는 것이다.[3] 그러나 이러한 인간주의적 사회학으로 인해 베버가 사회과학의 '객관성'을 희생시켰다는 것은 아니다. 오히려 그의 '가치중립'(value-free)[4]과 '이상형'(ideal types)[5] 등의 개념들은 방법론적으로 가치와 주관성의 문제들로부터 해방되려는 노력에서 나온다. 그래서 개인적으로 베버는 종교에 "소양이 없다"(unmusical)고 말했었다. 한편 뒤르켐의 방법론의 핵심은 사회가 실재 그 자체(reality *sui generis*)라는 데에 있다. "사회적 사실들(social facts)은 대상적인 것들(things)이다."[6] 그리고 여러 가지 사회적 요소들에 의해 연합된 사람들은 모여서 그들의 도덕적 통일성을 의식하게 되는데 이러한 통일성의 '집단적 표상'(collective representations)은 '집단적 양심'(conscience collective)을 구성하고 그로 인해 종교가 된다.[7] 따라서 종교는 사회를 통합시키는 원인이라기보다는 오히려 통합된 사회의 표현이고,[8] 사회 그 자체이다. 이러한 의미에서 사회(즉 종교)는 사회 안에 있는 다른 요소들(속된 것들)과 구별되므로 성스럽다(sacred).[9]

---

2) 베버의 합법화의 개념에 관하여는 T. Parsons, *The Structure of Social Action.* IL: The Free Press, 1949, pp. 658-672를 참조할 것.

3) 베버의 신정론의 개념이 신학적인 '신의 정의'의 뜻을 넘어서 일반적인 의미를 지님은 유의해야 할 사항이다(M. Weber, *The Socialogy of Religion*, trans. E. Fischoff, Boston: Beacon Press, 1963, ch. 9).

4) 베버의 가치중립의 개념은 *The Methodology of the Social Sciences*, E.A. Shills and H.A. Finch, trans. and eds., N.Y.: The Free Press, 1949, pp. 50-112를 참고할 것.

5) 베버의 이상형의 개념은 *Ibid.*, pp. 90-105에 잘 요약되어 있다.

6) 뒤르켐의 방법론은 무엇보다도 E. Durkheim, *The Rules of Sociological Method*, trans. S.A. Solovay and J.H. Mueller, N.Y.: The Free Press, 1938에 잘 드러난다.

7) E. Durkheim, *The Elementary Forms of the Religious Life*, trans. J.W. Swain, N.Y.: The Free Press, 1915, p. 432.

8) 종교가 사회의 통합 기능을 가진다고만 뒤르켐 이론을 설명해 온 것은 분명히 잘못이다(P.E. Hammond and R.N. Bellah, *Varieties of Civil Religion*, San Francisco: Harper and Row, 1980, p. 139).

같은 맥락에서 종교제의에 참여하는 것은 사회 자체의 초월적 힘을 경험하는 셈이라고 뒤르켐은 주장한다.[10] 결과적으로 종교가 베버에게 사회과학의 객관성에 노출됨으로써 인간이 그로부터 해방되어야 할 환상의 뿌리라면, 뒤르켐에게는 인간이 사회를 구성하게 되면 반드시 표현되는 당연한 현상이다.

이러한 종교관과 사회관의 차이점을 바탕으로 다시 우리의 근본적 관심사인 종교와 사회에 관한 변동이론으로 돌아온다면, 베버의 사회변동론은 카리스마(charisma) 개념에서 시작한다. 간단히 "보통이 아닌 능력"으로 정의될 수 있는 이 카리스마는 사회적 실재에 대한 일종의 합법화로 볼 수 있다. 그리고 무엇보다도 중요한 것은 카리스마는 영속할 수 없으며 반드시 '일상화' (routinization)된다는 것이다.[11] 베버의 유명한 '합리화' (rationalization)의 개념은 결국 이 카리스마가 일상화되는 한 측면으로 이해될 수 있다. 즉 사회생활의 각 부분들이 점차로 카리스마에서 풀려나 이성적으로 고안된 절차들에 의해 수단과 목적들이 서로 연결된다는 것이다.[12] 이러한 의미에서 관료체계

---

9) 여기서 뒤르켐의 유명한 성과 속(the sacred and the profane)의 이론적 독특성을 주의해야 한다. 그 당시 가톨릭교회에 반감을 가졌던 뒤르켐은 기독교의 신(God) 개념에 대한 사회학적 상당어로서 '성스러움' 이라는 단어를 사용하고 있다. 따라서 뒤르켐이 "사회가 성스럽다"라고 말했을 때, 이것은 전통적(즉 주로 가톨릭 전통적)인 의미에서 사회가 종교적(religious)이라고 주장하는 것이 아니다. 뒤르켐의 성스러움(the sacred)은 속됨(the profane)에 짝을 이루며, 세속적임(the secular)의 반대어가 아니다(H. Becker and A. Boskoff, eds. *Modern Sociological Theory in Continuity and Change*, N.Y.: The Dryden Press, 1957, pp. 133-185; R. Nisbet, *The Sociological Tradition*, London: Heinemann, 1966, ch. 6).

10) E. Durkheim, *The Elementary Forms of the Religious Life*, p. 257.

11) 카리스마의 일상화에 대하여 M. Weber, *Economy and Society*, Vol. 1, G. Roth, and C. Wittich, eds., N.Y.: Bedminster, 1968, pp. 241-248; Idem, *From Max Weber: Essays in Sociology*, H.H. Gerth, and C.W. Mills, trans. and eds., N.Y.: Oxford University Press, 1946, pp. 245-252를 참고할 것.

12) 베버의 합리화의 개념에 대하여 *Ibid.*, pp. 196-244를 참고할 것.

(bureaucracy)는 합리화된 사회의 한 제도적 표현으로 생각된다.[13] 종교라는 점에서 볼 때, 합리화는 '세계의 마법으로부터의 해방' (disenchantment of the world) 정도에 의해 결정된다. 즉 종교의 합리화는 각개 종교 상징들이 명확해지고 일관된 모습으로 다른 상징들에 연관되어, 세계 전체의 질서를 뒤덮게 되는 원칙들이 늘어나는 것이다. 또 이러한 종교적 합리화의 한 제도적 표현으로서의 종교적 관료화는 종교집단을 '교회' (church)와 '교파' (sect) 형으로 분류해서 생각할 수 있도록 한다. 아무튼 합리화가 지속적이고도 피할 수 없는 현상으로 나타나는 한, 베버에게 있어서 종교는 점차로 사라져 버려야 할 사회의 낡은 잔재로 나타나는 것이다.[14]

반면에 뒤르켐의 사회변동론은 질서의 개념(the concept of order)[15]에 대한 관심에서 유래한다고 볼 수가 있다. 사회가 점차 복잡해짐에 따라 사회적 역할들의 기능적 전문화와 사회제도들의 구조적 분화가 일어나지만, 그렇다고 결코 사회가 해체되는 것이라고는 말할 수 없다고 뒤르켐은 주장한다. 각개 역할들이 분화됨에 따라 그들은 오히려 다른 역할들의 기대를 만나게 된다. 뒤르켐은 이러한 각개 역할들의 상호의존성을 '조직적 연대성'(organic solidarity)이라고 부르고, 사회적 질서에 대한 재확인으로 생각했다. 이러한 조직적 연대성이 발생하는 것은 동일성을 통해 개인들을 연합하고 사회질서를 유지해 나가게 하는 '기계적 연대성' (mechanical solidarity)이라 부를 수 있는 사

---

13) 베버의 관료제도 이론은 *Ibid.*, pp. 196ff에 잘 요약된다.

14) 물론 베버는 비이성적인 것(irrationality)에 대한 여지를 두고, 또 종교와 사회간의 선택적 친화력(elective affinity)을 가정함으로써 결정론적 설명을 피하려 하지만, 이런 것들이 베버의 근본적 종교와 사회의 변동에 관한 이론 자체, 즉 합리화의 필연성을 위협하지는 않는다. 합리화의 원칙 자체는 일상화될 수 없다. 합리화는 영속적 현상이다.

15) 뒤르켐의 질서의 개념에 관해서는 E. Durkheim, *The Division of Labor in Society*, trans. G. Simpson, N.Y.: The Free Press, 1933, Book One을 참조할 것.

회의 근본적인 관계들 때문이다. 그리고 이 기계적 연대성이 사회구조적 통합을 가져오게 되는 곳에서는 집단적 양심이 개인의 의식을 완전히 사로잡게 된다고 뒤르켐은 주장한다. 이러한 사회질서의 이론을 바탕으로 뒤르켐의 사회변동론의 핵심은 현대사회에 있어서는 위에서 언급된 기계적인 연대성이 조직적 연대성에 의해 점차 대체되고 있다는 것이다. 즉 차차 사회는 집단적 양심들로부터 개인들을 해방시키고 있다. 따라서 조직적 연대성에 의해 지배되는 현대사회는 깨지기 쉬우며, 지속적이고 의미심장한 생활의 규범체계를 유지하기 어렵게 된다. 뒤르켐은 이러한 상황의 극단적인 경우를 '아노미'(anomie)라는 말로 표현한다.[16] 그러나 아무리 아노미의 위험성이 현대사회에 있어서 중요하다 하더라도 사회 안에 있는 각 개인들이 진정한 사회적인 삶을 살기 위해서는 적어도 모든 개인의 사회적 행위들이 그 안에서 의미 있게 설명될 수 있는 최소한의 질서의 틀이 필요하다. 즉 사회는 어떠한 경우에도 제대로 존재하려면 그 사회의 실재들에 대한 총체적 관점(overarching view of realities)을 상기해야 한다. 뒤르켐은 그러한 실재에 대한 총체적 관점을 바로 '종교'로서 생각한다. 따라서 계속되는 사회 변동과는 상관없이 사회 자체, 즉 종교는 불변이고, 성스러움은 영속적이게 된다.

조금 위험을 무릅쓰고라도 이상의 베버와 뒤르켐의 종교와 사회의 변동에 관한 이론들을 그냥 단순화해 버린다면, 베버의 카리스마는 점차 일상화되는 반면, 뒤르켐의 성스러움의 개념은 영속적으로 유지되는 것이 강조되어야 할 것이다. 이것은 최근의 많은 종교사회학자들의 세속화에 관한 관심들이 종교가 세속화되느냐 또는 종교의 성스러움이 영속적이냐 하는 문제에 초점이 맞추어지는 이유가 될지 모른

---

16) 아노미의 개념에 대해서 E. Durkheim, *Suicide*, trans. J.A. Spaulding, and G. Simpson, Glencoe: The Free Press, 1951, pp. 246-257을 참고할 것.

다. 즉 뒤르켐형 모델을 따르는 이론가들의 주요 관심은 불변적 · 추상적 · 비제도적 개념으로서의 일반종교(the religion)인 반면에, 베버형 모델을 따르는 이론가들의 주요 관심은 변화하는 구체적 · 제도적 현상으로서의 각개 종교들(religions)이라고 볼 수 있다. 그래서 어떤 학자는 세속화에 관한 베버형 모델을 '이론적'(logical)이라고 생각하고, 뒤르켐형 모델을 '신화적'(mythic)이라고 여긴다.[17)]

2 두 고전적 모델의 한계

어떤 모델을 따르느냐는 입장은 세속화에 관한 매우 다른 이론적 전개를 가져오게 된다. 예를 들면 뒤르켐형 이론가인 에드워드 쉴즈(Edward Shils)는 집중되어 있던 성스러움이 주변적 영역에까지 펼쳐져 있으므로 현대사회는 실제로 보이는 것보다 덜 세속적인 셈이라고 한다. 하지만 베버형 이론가로 분류될 수 있는 다니엘 벨(Daniel Bell)은 후기 산업사회들에서는 종교적 가치들이 중립화되어 있어서 사실상 현대사회는 나타나는 것들보다 더 세속적이라고 주장한다.[18)] 과연 세속화에 관한 베버형 모델과 뒤르켐형 모델 가운데 어느 것이 더욱 타당한가? 어느 모델이 더 설득력 있는 이해를 현대사회에 줄 것인가? 아마도 이러한 질문들은 세속화 이론들을 고찰하는 데 있어서 고전적인 질문들로 종교사회학 전통에서 생각되어 온 것이다. 하나의 모델을 선택하는 것은 세속화 이론을 전개하는 데 아주 결정적인 요

---

17) R. Fenn, *Toward a Theory of Secularization*, Society for the Scientific Study of Religion, 1978, p. xiii.

18) *Ibid.*, pp. 10-16. 하지만 다니엘 벨은 종교의 미래를 점치면서 성스러움의 복귀라는 가정에 긍정적이기도 하다. D. Bell, "The Return of the Sacred: The Argument on the Future of Religion," *British Journal of Sociology*, 28/4(1977): 419-449.

인들로 믿어져 왔기 때문이다.

그러나 최근 실제로 전개되어 온 세속화에 관한 종교사회학적 연구들을 검토해 보았을 때, 우리는 한 가지 흥미있는 사실을 발견하게 된다. 대부분의 중요 이론가들이 그들의 이론구성에 있어서 베버형 모델과 뒤르켐형 모델 양자를 종합하려 하고 있다는 것이다. 어떻게 보면 오늘날에는 순수한 의미에서의 베버나 뒤르켐은 더 이상 없는 것 같다. 달리 말하자면 세속화 이론에 관한 이 두 모델들은 그들 자체의 제한된 영역에서는 각기 기능적인 타당성을 지니고 있다고 할 수 있을지도 모른다. 하지만 이제는 그 타당성이라는 점에서 하나의 이론적 모델을 우리가 선택하도록 강요되지는 않는다. 과연 그렇다면 우리는 어떤 관점에서 세속화라는 문제를 다루어야 하겠는가?

역사적으로 인간의 지식은 결국 인간 자신의 질문의 산물이라는 말을 여기서 다시 의미 있는 발언으로 생각해야 할지 모른다. 세속화의 이론사에 대한 주의 깊은 재검토는 우리에게 더 이상 옛 질문에 대한 틀에 박힌 해답이 아니라 새로운 질문의 필요성을 말해주고 있다. 널리 인정되는 세속화를 전통적인 신앙들을 해석하기 위해 받아들일 것인가 아닌가 하는 수용의 문제, 즉 결심의 문제가 세속화에 대한 신학적 질문들을 요약해 왔다면, 그들은 분명히 종교사회학자들의 새로운 더 근본적인 질문들에 의해 치환되고, 심지어 흐려져 왔다고 할 수가 있다. 그러나 세속화 자체가 정말 일어나는가 아닌가 하는 타당성의 문제가 세속화에 관한 종교사회학적 질문들을 수렴해 왔다면, 오늘날 이들은 다시 전환점에 있다고 말해야 할 것이다. 적어도 하나의 동일한 사회가 왜 세속적으로도, 그렇지 않은 것으로도 믿어지는가 하는 것이 새로 질문되어야 할 것으로 보인다. 하나의 사회가 어떻게 해서 종교적이고 또 동시에 세속적으로 설명되는가? 이쯤 되면 종교사회학에서의 세속화 이론들은 최근 한 학자가 지적했듯이[19] 사회적 신화(social myth)들로 볼 수 있을 것이다. 그런데 신화가 요구하는 것은 결심이나 타당성의 증명이 아니다. 신화로서의 세속화 이론들은 무엇보다도 그 설득력을 중심으로 하는 의미 해석이 중요해진다. 그리고 의미 해석의 문제로서의 세속화 이론들은 분명히 현대 종교학이 추구하는 범주에서 논의되어야 할 대상인 것이다.

물론 이상 논의된 계속되는 새로운 질문들이 앞의 질문들을 완전히 해결하고 극복하여 왔음을 의미하는 것은 아니다. 신학적 질문들도 종교사회학적 질문들도 계속 답해져야 한다. 새 질문들은 앞선 질문들에 대답하는 것이 결코 아니라 다만 성숙시켜 나가고 있다고 할 수 있을 것이다. 그렇다고 본 장에서 충분히 성숙한 질문들을 새로 제시할 수 있다는 것은 아니다. 우리는 좀더 소박한 것을 목표로 한다. 즉 우선 현대 종교사회학적 연구들이 베버형 모델과 뒤르켐형 모델 양자를 중심으로 타당성의 문제로서의 세속화를 어떻게 이해하려 하는가를 검토하겠다. 동일한 사회현상이 세속적으로도 종교적으로도 동시에 보이고 있는 사실 자체를 이야기하려는 것이다. 달리 말하면 이것은 두 모델에 속한 현대 이론가들이 각기 어떻게 그 한계성을 지적하고 있고, 또 어떻게 다른 모델과 조화를 이루려고 노력하는가를 보는 일일 것이다. 즉 세속화 이론에 있어서 새로운 질문의 전환점은 위에서 지적되었듯이 분명히 현대 종교학적 새 검토를 요구한다고 생각되지만, 그것은 또 하나의 연구주제가 될 커다란 이야기일 것이다. 따라서 본 장의 범위는 현대 종교사회학에 있어서의 세속화 이론에만 국한된다. 오직 관심의 대상이 되어 온 현대의 중요한 종교사회학자들의 이론 전개와 새로 제시되는 종교사회학적 세속화 이론의 모델을 설정함으로써 장래의 더욱 근본적이고도 급진적인 종교학적 검토의 기반을 닦으려 하는 것이다.

---

19) P. Glasner, *The Sociology of Secularization*, London: Routledge and Kegan Paul, 1977, p. 5.

3 현대의 세속화 이론

현대에 제시된 세속화 이론들을 검토할 때, 첫째로 브라이언 윌슨(Bryan Wilson)의 세속화 이론은 베버형 모델의 극단적인 측면을 대표할는지 모른다. 그에 의하면 세속화는 "종교적 사고, 행위 및 제도가 사회적 의의(social significance)를 잃어가는 과정"으로 보인다.[20] 따라서 윌슨의 세속화 현상의 분석은 주로 종교조직(특히 교회조직)을 중심으로 한 형식적 측면들, 즉 종교행위, 종파주의(denominationalism), 교회일치주의(ecumenism)와 의식주의운동(the liturgical movement) 등에 초점이 맞추어져 있다.[21] 이러한 세속화의 형식적 측면에 대한 분석을 바탕으로 보았을 때 현대사회에 있어서 가장 두드러진 경향은 개개인들의 종교적 참여(religious participation)가 대단히 감소되었다는 것이다. 반면에 종교적 부흥운동(religious revival)은 극히 부분적인 현상으로만 나타난다고 한다. 또 범세계적으로 전개되는 교회통합운동은 종교 조직체들이 상대적으로 약할 때 서로 합치려 하기 때문이라고 주장한다. 연합한다는 것은 결국 타협하는 것을 의미하고, 절대적 헌신에서부터 어느 정도 물러서는 것이라고 윌슨은 생각하고 있는 것이다. 특히 퇴니스(F. Tönnies)의 공동사회(*Gemeinschaft*)와 이익사회(*Gesellschaft*)의 분류에 기초하여 윌슨은 종교는 오직 공동사회들에서만 기능한다는 것을 주장한다. 다시 말해서 뒤르켐이 종교의 기능들을 검토했던 이른바 '사회'는 퇴니스식 분류에 의하면 공동사회에 해당된다. 그러나 오늘날 공동사회는 세계적으로 사양되어 가는 형편에

20) 윌슨의 세속화 정의는 여러 곳에서 찾을 수 있지만 그의 책 *Religion in Secular Society: Sociological Comment*, London: Watts, 1966, p. XIV에서 명백하다.

21) 앤드류 그릴리(A. Greeley) 등은 윌슨의 경험적 자료 분석을 세속화 가설에 대한 너무도 유치한 접근이라고 혹평하기도 한다.

있다. 그리고 그와 더불어 종교도 세속화된다는 것이다. 따라서 윌슨은 세속화를 사회형태화(societalization)의 한 부수현상으로 본다.[22] 더욱이 위에서 언급된 세속화의 형식적 분석들을 토대로 윌슨은 현대사회에서는 종교의 내용적 측면들(여기서 우리는 베버의 카리스마와 뒤르켐의 성스러움의 개념들을 다시 염두에 둘지 모른다.)까지도 그 범위가 제한되고 있다고 한다.[23] 바꾸어 말하면 윌슨의 세속화론은 외적 세속화(secularization)뿐만 아니라, 종교의 질적 속됨(profanation)을 포함하고 있는 것이다.[24] 결과적으로 윌슨의 세속화론은 종교의 모든 것, 즉 형식적인 면과 내용적인 면 둘 다의 감소를 의미한다. 이것이 윌슨이 베버형 모델의 전형적 형태로 분류될 수 있는 근거이다.

그러나 본 장의 관심에 비추어 다시 윌슨의 세속화 이론이 중요해지는 이유는 그가 세속화 이론의 뒤르켐형 모델을 완전히 무시하지는 않고 있다는 것이다. 즉 그의 세속화론에 있어서의 이른바 '세속화의 비정상성' (the anomaly of secularization)의 지적은 분명히 뒤르켐적 종교론을 위한 여지를 남기려는 의도를 보여준다고 생각된다. 적어도 인간은 '비이성적' (nonrational) 존재이기를 완전히 그만둘 수는 없다. 바꾸어 말하면 완전히 비종교화될 수는 없다. 합리화의 한 과정으로서 사회 형태화 자체가 어떤 점에서 보면 사회의 '감성적 관심' (affective concern)을 다시 불러들인다는 것이다.

---

22) B. Wilson, "Aspects of Secularization in the West," *Japanese Journal of Religious Studies*, 3/4(1976): 262-266. 물론 이 주장은 세속화 현상에 대한 사회학적 환원(sociological reduction)으로 비판의 여지가 있다고 본다.

23) Richard Fenn, *op. cit.*, p. 19.

24) 여기서 '세속적'(secular)의 반대말로서 '성스러운'(sacred)이 종종 잘못 사용된 것에 대하여 주의를 할 필요가 있다. 뒤르켐에서처럼 엄밀히 말해서, 세속적인 것이 아닌 것은 '종교적인 것'(the religious)이고, 성스럽지 않은 것은 '속된 것'(the profane)이다. 따라서 일반적으로 세속화는 종교적인 것이 비종교적인 것으로 바뀌는 것이고, 성스러운 것이 비성스러운 것(속된 것)으로 되는 것은 세속화와 구별되어야 할 것이다.

또 하나의 중요한 영국의 종교사회학자 데이비드 마르틴(David Martin)도 기본적으로 세속화 이론의 베버형 모델을 따르고 있다. 대체로 경험적 자료들, 즉 산업화, 무산자 운동(proletarian movement), 도시화, 근대화, 지리적 · 사회적 이동성(mobility), 종교제도의 분화 및 전문화(specification), 개인의 종교 역할의 구획화(compartmentalization) 등에 기초하여 마르틴은 현대사회에 있어서의 세속화의 많은 요인들을 지적한다.[25] 결국 마르틴의 근본적 가설도 세속화는 피할 수 없는 일반적 현상이라는 것이다.

하지만 마르틴 역시 순수한 베버형 모델을 그의 세속화론에서 주장하고 있다고는 할 수 없다. 무엇보다도 그는 '종교적인 것'이 끝나고 '세속적인 것' 이 시작되는 정확한 경계선을 그을 수 없다고 한다.[26] 더구나 현대사회에 있어서는 종교적인 것에 역으로 반응해서 발생하는 이른바 세속화가 모두 동일한 형태의 단일과정(unitary process)으로는 존재하지 않는다고 주장한다. 즉 오늘날 여러 종교제도들 속엔 결코 세속화라고 규정지을 만한 두드러진 공통적 특성들은 없다. 여러 종교제도들이 세속적인 양상을 띠게 되는 형태는 각각 다르다. 따라서 그는 세속화의 개념 자체가 재고되어야 할 것을 말한다.[27] 적어도 이것은 순수한 베버식 사고방식은 아닐 것이다. 오히려 전통적인 세속화 개념에 대한 일종의 유보를 의미하므로 뒤르켐식 종교 이해와 가깝게 연관지어 생각되어야 할 것이다.

하지만 베버형 모델의 가장 널리 알려진 이론가는 역시 피터 버거(Peter Berger)이다. 현대 세속화 이론에 대한 버거의 공헌은 그의 고전사회학 중심성과 미국 종교사회학계에서의 영향을 고려할 때 더욱 두

---

25) D. Martin, *A General Theory of Secularization*, Oxford: Basil Blackwell, 1978, p. 3.

26) *Ibid.*, p. 12.

27) D. Martin, *The Religious and the Secular: Studies in Secularization*, London: Routledge & Kegan Paul, 1969, p. 16.

드러진다. 따라서 그의 세속화론은 좀 자세히 검토할 필요가 있다. 먼저 버거에 의하면 세속화는 "사회와 문화의 여러 영역들이 종교제도와 상징의 지배로부터 해방되는 과정"이다.[28] 즉 그의 세속화 개념도 종교의 형식적 측면, 특히 제도적 권위에 주로 초점이 맞추어져 있는 셈이다.[29] 이렇게 버거의 세속화론에서는 제도적 변동이 중요하므로 그는 사회의 하부구조(infrastructures)의 분석부터 시작한다. 현대화되면서 사회의 특징은 제도의 다원화와 다원화된 제도들의 사적 영역에로의 양극화(polarization)로 나타나게 된다.[30] 특히 종교에 있어서 양극화가 영향을 미치게 되었을 때, 전통사회에서 중심권을 점령했던 종교는 작은 독립된 부분으로 전락해 버리게 된다. 더 이상 뒤르켐이 생각했던 '사회 자체가 종교다'라는 주장은 성립될 수가 없다.

점차로 종교는 종래의 독점적 지위를 잃고 그 존재를 가능하게 했던 그 사회적 개연성 구조(plausibility structures)가 해체됨에 따라 개인화(individualization)되어 하나의 의견(opinion)에 불과한 것으로 이해되거나 선택의 문제로 여겨진다. 한편 공적 영역에서는 여러 종교들이 법 앞에 같은 권리를 주장하게 되고 어떤 종교도 자유로이 행사될 수 있게 된다.

결국 전통사회의 종교 문제가 하나의 종교를 어떻게 믿을 것인가였다면, 현대사회에서는 우선 어느 종교를 믿을 것인가 하는 문제가 나타난다. 그리고 이 문제의 해답을 구하려는 모든 노력들에는 종교다원주의 사회가 가지는 근본적인 불확실성(precariousness)이 깔려 있다.

---

28) P.L. Berger, *The Sacred Canopy*, N.Y.: Anchor Books, 1967, p. 113.

29) 하지만 버거가 그의 세속화 개념 속에서 종교의 내용적인 면을 완전히 배제하고 있는 것은 아니다. 그는 때로 인간의 초월적 관심의 내재적 관심에로의 전향, 종교의 객관적 이해의 주관적 이해로의 움직임 등을 또한 거론한다. P.L. Berger, "A Sociological View of the Secularization of Theology," *Journal for the Scientific Study of Religion of Religion*, 6(1967): 4.

30) Idem, *The Sacred Canopy*, pp. 129-135.

이러한 종교다원주의 사회의 불확실성을 해결하기 위해 대두되는 가장 기본적 방안은 베버식의 합리화(rationalization)일 것이라고 버거는 주장한다. 즉 합리화는 기술적 발전과 관료화를 중심 내용으로 하는 현대화까지를 다 합쳐 말하는 것으로서, 결국 이것은 현대 종교들의 근본적인 불확실성을 타개하기 위한 것이다. 그리고 바로 이러한 합리화가 본 장에서 논의하고 있는 세속화의 원천이다.

한편 종교 내적 관점에서 보면 현대의 종교다원적 상황은 종교기관들이 경쟁적 관계에 놓이게 되는 이른바 '시장화'(marketization)를 가져온다. 각개 종교전통들은 더 이상 강요되지 못하고 소비자 선호이론에 따라서 팔리도록 노력해야만 한다. 즉 시장경제의 제 원칙이 종교의 장을 완전히 지배한다.[31] 그러나 종교기관들 간의 무차별 경쟁이 너무 많은 값을 치러야 함은 뻔한 일이다. 따라서 경쟁을 줄이기 위한 합리화가 전개된다. 즉 라이벌 종교기관들의 숫자를 줄이기 위한 종교연합(religious cartelization)이 생긴다는 것이다. 버거는 이런 종교기관 간의 연합을 이른바 교회일치운동(ecumenical movement)에 연관시킨다. 교회일치주의는 무엇보다도 각 종교기관들의 내용적인 측면들까지도 표준화(standardization)하는 경향이 있다는 것이 중요하다. 물론 교회일치운동으로 인한 표준화가 참여한 각개 종교기관들을 내용 면에서 완전히 하나로 일치시킴을 의미하는 것은 아니다. 표준화는 상대적으로 각 종교기관의 개성(identity)을 적어도 전제로 해야 한다. 즉 비록 주변적 분화(marginal differentiation)의 형태로서지만 각개 종파주의(denominationalism)는 교회 간 통합에 있어서 나름대로 중시된다. 또 이러한 종교연합의 경향은 버거에 있어서 종교 간의 대화(interreligious dialogue)의 모티브에도 연결된다.

---

31) 베버에서 유래하는 버거의 종교에 대한 시장경제의 비유는 그의 박사논문 이후 계속 중요시되어 왔다(*Ibid.*, p.138).

아무튼 합리화 작용으로 인한 각 종교기관들의 세속화는 오늘날 세계적인 현상이고 다시 거슬러 오를 수 없는 강한 물결이다.[32] 오직 세속화로 인해 불확실해진 우리의 삶의 세계를 합법화(legitimation)하는 것만이 문제이다. 이에 대하여 버거는 세 가지 신학적 가능성을 제시한다. 그 방법들은 연역(deduction), 환원(reduction)과 귀납(induction)[33]으로 요약되는 것들이다. 연역적 가능성이 자신의 본래 종교전통에로의 복귀를 의미한다면, 환원적 가능성은 그 종교전통을 현대적 관심에서 재해석하는 것이다. 그러나 버거는 무엇보다도 전통의 권위들을 접어 두고 종교경험(religious experience)을 다시 현대인에게 재충당(reappropriation)시킬 것을 모토로 하는 귀납적 가능성을 강조한다. 우리의 본래 경험, 즉 신앙 안에서 다시 '초월의 신호들'(signals of transcendence)을 찾아보자는 것이다.[34]

세속화에 대한 이러한 신학적 합법화들을 앞에서 제기한 두 가지 모델에 다시 연결하여 생각한다면, 버거는 어쩔 수 없는 세속화 경향에도 불구하고 뒤르켐형 모델을 위한 여지를 그래도 남기고 있는 셈이다. 즉 완전한 세속화는 생각할 수 없다. 아무리 세속화되더라도 세계질서(cosmos)를 지탱해 주고 있는 성스러운 덮개(sacred canopy)는 반드시 필요하다.[35] 달리 말해서 최소한의 성스러움은 항존해야 한다. 세속화만 선행된다면 세속화 개념 자체가 사회에서 세속화되어 실감이 나지 않고 결국 무의미해진다.

초창기에 버거와 같이 저술을 하고, 계속 버거 이론과 상당히 많은

---

32) Idem, "A Sociological View of the Secularization of Theology," p. 15.

33) 세 가지 가능성에 대해서도 여러 곳에서 버거는 그의 입장을 설명하지만 그의 이론이 확고해진 것은 최근이다(Idem, *The Heretical Imperative*, N.Y.: Anchor Press, 1980, chs. 3, 4, 5).

34) Idem, *A Rumor of Angels*, N.Y.: Doubleday, 1969, pp. 52-53.

35) 이 '성스러운 덮개' 로서의 종교 개념은 뒤르켐의 종교론의 직접적인 영향으로 말해져 왔다(Idem, *The Sacred Canopy, passim*).

공통적 이론들을 전개하고 있는 토마스 루크만(Thomas Luckmann)은 역시 중요한 베버형 이론가일 것이다. 버거처럼 루크만은 현대 서양 사회에 있어서 인간이 종교적이게 되는 것은 사회화(socialization)와 밀접하게 연관된다고 말한다. 개인의 궁극적 · 종교적 문제들이 실로 종교적인 것으로 생각될 수 있는 것은 구체적으로 어떤 종교기관(religious institution),[36] 즉 종교의 '공식적 모델' (official model)의 일부에 연결될 때만이라는 것이다. 바꾸어 말하면 사람이 종교적이게 되는 것은 어느 한 종교의 공식적 모델이 개개인에게 그럴듯하게(plausible) 보일 때만 가능하다는 것이 루크만의 생각이다. 그러나 루크만에 의하면 현대사회에 있어서는 종교체계(religious system)의 관료화(bureaucratization)와 경쟁으로 종교의 공식적 모델이 오염되고 각 종교기관들은 결국 '얼어붙은' (frozen) 상황에 있다. 이러한 종교기관들의 불리한 처지는 개개인의 입장에서 보면 점차로 더 믿기 어려운 상징체계를 만나게 되는 것을 의미한다. 더구나 실재에 대한 폭넓은 다른 설명들이 기존의 종교체계를 고수하기 어렵게 만든다. 결국 이렇게 되면 전통적인 교회지향적 종교들(church-oriented religions)은 더 이상 절대적이지 못하고 선택 대상으로만 남아 있게 된다는 것이 루크만의 주장이다.[37] 즉 현대사회에 있어서 개인은 전통 종교들의 구속으로부터 벗어나게 되고 어쩔 수 없이 세속화될 수밖에 없다는 것이다.

그러나 루크만의 이론이 이런 세속화의 일방적 승리만을 주장함으로써 끝나지 않는다는 것은 매우 중요하다. 사람들이 아노미(anomie) 상태 속으로 빠져들고 사회 규범들에 무관심해지며 더욱이 자신들이 그의 일부인 사회에 대한 책임의식을 상실하게 됨에 따라서 종교와 사회의 변동이 완전히 세속화되어 끝나 버리는 것이 아니라, 이른바

---

36) T. Luckmann, *The Invisible Religion: The Problem of Religion and Modern Society*, N.Y.: Macmillan, 1967, p. 73.

37) *Ibid.*, pp. 116-117.

'보이지 않는 종교' (an invisible religion)가 생겨나게 된다는 것이 루크만의 세속화론에 있어서 특징적인 것이다. 사회변동의 결과로서 시작되는 종교의 세속화는 마침내는 '보이지 않는 종교'를 다시 가져와 종교체계의 새로운 하나의 형태적 변동을 초래한다는 것이다. 즉 세속화가 단순히 전통적으로 성스러운 가치들이 사라져 버리는 과정으로만 생각되지는 않고 있다. 적어도 그의 세속화의 개념은 기존 종교의 제도적 이념들(institutional ideologies)이 그들 자체의 영역에서 '하나의 총체적이면서 초월적인 규범들의 세계' (an overarching and transcendent universe of norms)를 재구성하게 되는 과정을 의미한다.[38] 비록 현대인은 예전처럼 종교적이지 못하지만 전통적 교회지향적 종교 대신에 '보이지 않는 종교'를 믿을 수 있다는 점에서는 종교적이다. 이러한 점에서 볼 때는 루크만은 결코 뒤르켐형 모델에 멀리 있지 않다고 생각된다.

여기서 이상의 현대 이론가들이 집중해 온 세속화론의 베버형 모델을 종교제도론적 입장에서 재고하는 것은 또한 흥미있는 일일지 모른다. 잘 알려져 있듯이 토마스 오데아(Thomas O'dea)에 의하면 종교적 제도화(religious institutionalization)는 본질적으로 하나의 종교집단이 그의 신앙체계에 영속성을 부여하는 현상이다. 따라서 하나의 종교제도가 유한적 존재로서의 인간의 산물인 이상, 종교의 무한하고 궁극적인 측면들을 완전히 포함시키려 하는 데는 딜레마가 따른다는 것도 당연할지 모른다. 베버식으로 말한다면 모든 종교는 비록 '카리스마적 계기' (charismatic moments)에서 시작하지만 지속되기 위해서는 반드시 '일상화' (routinization)된다. 결국 필요한 안정성을 확보하려면 카리스마를 점차 상실함으로써 그 값을 치러야 한다고 생각된다.[39]

---

38) *Ibid.*, p. 107.

39) T. O'Dea, "Five Dilemmas in the Institutionalization of Religion," *Journal for the Scientific Study of Religion*, 1(1961): 33.

그러나 각개 종교 조직체는 아무리 일상화(여기서는 세속화)되더라도 종교적으로 생각되는 한 그들을 종교적이게 하는 그 무엇을 완전히 상실할 수는 없다. 그러므로 종교에의 베버형 접근을 구체적 종교제도들이 안정성을 목표로 함으로써 자신들의 본질적인 면을 포기해야 하는 이율 배반성을 강조한 것으로 요약한다면, 이것이 결코 뒤르켐형 종교론을 꿰뚫는 성스러움으로서의 종교가 최소한 항존한다는 가설에 모순적이라고 생각될 수는 없는 것이다.

한편 탈코트 파슨즈(Talcott Parsons)의 분화이론을 베버형 세속화 이론에 대한 직접적이고도 충분한 반대이론으로 간단히 생각한다면 분명히 일종의 범주론적 오류(categorical error)를 저지르는 셈일지 모르지만, 적어도 파슨즈는 베버를 반박하는 어느 정도의 파생적 기능을 포함하고 있음을 부정할 수는 없다. 특히 뒤르켐처럼 성스러움의 항존이라는 전제가 그의 이론에 두루 펼쳐져 있다는 점에서 파슨즈는 대표적인 뒤르켐형 모델의 이론가로 생각될 수가 있다. 그의 분화이론에 의하면 같은 이름으로 계속해서 살아남을 수 있는 사회적 실체는 단계적으로 후기에 접어들게 됨에 따라서 그 범위가 점차 좁아지고 더욱 '전문화' (specialized)된다고 말해진다. 그런데 중요한 것은 그 실체는 결국 의미의 상실이 아니라 기능의 변화만을 초래하게 된다는 것이다.[40] 따라서 엄밀히 말하자면 종교가 속한 사회의 분화로 인한 변화는 하나의 사회적 실체로서의 종교나 신앙 자체를 덜 중요하게 만드는 것이 아니다. 오히려 저절로 주어지던 종교가 의식의 문제, 즉 개인적 선택의 문제로 되어 스스로 책임져야 되기 때문에 전보다 더욱 더 중요하게 된다고 볼 수 있다. 또 대부분의 현대 사회제도들은 기독교의 직접적 영향 아래 전혀 있지 않은 것으로 종종 보인다. 더욱

40) T. Parsons, "Christianity and Modern Industrial Society," E. Tiryakian, ed., *Sociological Theory, Values and Socio-Cultural Change*, Glence, IL: The Free Press, 1963, p. 38.

이 많은 사람은 현대에 있어서 기독교의 윤리적 가치들의 유산을 명백히 인정하려고 하지 않을 것이다. 그럼에도 불구하고 오늘날 많은 제도들이 기독교 윤리가 매우 강했던 사회로부터 분화되어 왔다는 사실 때문에 그들의 구조 속에 아직도 대체로 기독교의 윤리적 가치들이 전제되어 있음은 간과할 수 없는 것이다.[41] 이러한 점에서 보았을 때, 전통적 종교들로부터 비종교적인 요소가 떨어져 나가는 것은 결코 세속화라고 생각할 수 없는 것이다. 종교적인 것은 확대 · 분화 및 승격(upgrading) 등에 의해 특징지어지는 변화과정을 통해 다만 순화될 뿐이라고 파슨즈는 주장한다.

하지만 이러한 분화이론이 베버형 해석에도 또한 열려 있다는 것은 아주 교묘한 일이다. 베버형 모델을 따르는 이론가들에게는 분화의 현상은 세속화의 정반대 현상이기는커녕 다른 관점에서 본 세속화의 한 과정에 불과하다. 즉 카리스마의 일상화는 카리스마의 분화에 종종 연결되어 설명된다. 실로 많은 베버형 이론가들이 분화이론을 그들의 세속화 이론의 틀 속으로 옮겨서 이해하고 있다. 이러한 것을 고려했을 때, 파슨즈가 베버의 『종교사회학』(*The Sociology of Religion*)의 영어판 서문에서 베버의 카리스마 개념이 뒤르켐의 성스러움의 개념에 밀접히 연관되어 있다고 주장하는 것[42]은 일리가 있다고 하겠다.

파슨즈의 제자들 중 종교사회학 분야에서는 로버트 벨라(Robert Bellah)가 분명히 두드러진 인물로 생각된다. 벨라에게 있어서는 구조적 분화의 과정은 종교진화의 일반이론에 연관되어 논의된다. 파슨즈의 분화이론에 덧붙여 벨라의 종교진화론은 오늘날 점차로 더 복잡해지는 종교 조직체의 자기수정 과정(self-revising process)을 포함한다는 것이 특징적이다.[43] 즉 종교기관들은 더 이상 예전의 그들이 아니다.

---

41) 비슷한 근거에서 종종 고도로 세속화된 미국 사회에 종교적인 것(religiousness)이 공존하는 역설적 상황이 지적되어 왔다(P.E. Glasner, *op. cit.*, p. 37).

42) T. Parsons, "Introduction," M. Weber, *The Sociology of Religion*, XXXIV.

그러므로 현대 종교 상황을 논의하는 데 있어서 교회에만 집중하는 것은 벌써 잘못된 것이라고 벨라는 주장한다. 그리고 종교적 상징화는 무한한 가능성을 가진다는 것이 고려되어야 한다고 말한다. 이러한 관점에서부터 그는 뒤르켐의 '공통종교'(common religion)에 유사하다고 말해질 수 있는 '공민종교'(civil religion)의 개념을 가정한다. 오늘날 미국인의 정신생활에 깊이 뿌리박은 이 공민종교는 공허한 형식주의로부터 벗어나서 국민적이고도 종교적인 자기 이해의 진정한 밑거름이 될 수 있는 하나의 새로운 종교의 상징 형태라고 벨라는 생각하고 있는 것이다. 세속화 이론의 입장에서 볼 때, 벨라의 이러한 종교론은 분명히 전통 종교의 변천에도 불구하고 뒤르켐적인 종교의 성스러운 면은 항존한다는 것을 입증하는 한 예가 될 것이다.

하지만 벨라의 종교진화론도 베버형 일상화 공식으로부터 완전히 동떨어져 있다고는 할 수 없다. 베버형 이론가들처럼 벨라가 다양해지는 사회제도적 집단들 가운데서 종교의 사생활화(privatization)에 해당하는 것을 주장하고 있음은 특히 주지의 사실이다.

파슨즈나 벨라 등의 다른 뒤르켐형 이론가들에 비해서 미국의 가톨릭 사회학자 앤드류 그릴리(Andrew Greeley)는 경험적 자료들을 사용하고 있다는 점에서 독특하다. 여러 가지 통계자료를 중심으로 그는 현대사회에 있어서 종교적 신앙과 행위가 크게 바뀌었다고 말할 만한 뚜렷한 증거는 없다고 한다. 가톨릭의 경우 성도덕(sexual morality)에 대한 태도가 바뀌긴 했지만 그것이 세속화를 의미하는 것은 아니라는 것이다. 심지어 젊은층에 있어서도 주목할 만한 세속화는 실제적으로는 없다고 그릴리는 주장한다.[44] 그렇다면 오늘날 미국에서 세속적인 것들로 생각되는 것들은 과연 어떻게 해서 존재하는가? 사실상 미국

---

43) R. Bellah, *Beyond Belief*, N.Y.: Harper & Row, 1970, p. 24.

44) A. Greely, *The Denominational Society*, London: Scott, Foresmann and Company, 1972, pp. 136-145.

은 애당초부터 성스러운 것과 세속적인 것(sacred and secular)이 동시에 존재해 왔으며 또한 미국 종교는 바로 그렇게 동시에 성스럽고 또 세속적이므로 이제껏 살아남을 수 있었고, 심지어 번영할 수 있었다고 그릴리는 주장하는 것이다.[45] 달리 말해서 어느 정도의 성스러움은 늘 종교 속에 항존하고 있다는 말이다. 그러므로 이러한 맥락에서 볼 때 인간은 완전히 세속화될 수는 없다는 것이다. 상황이 아무리 바뀐다 하더라도, 인간의 삶 속의 종교의 역할은 근본적으로 같다는 것을 그릴리는 말하고 있다.[46]

무엇보다도 그릴리에 있어서는 성스러움의 항존이 일반적 또는 구조적 의미로서의 '종교'(the religion)에만 해당되는 것이 아니고 심지어 구체적 제도로서의 '종교들'(religions)에도 해당될 수 있다는 것이 중요하다. 즉 종교는 그 궁극적인 면뿐만 아니라, 구체적인 형태상으로도 세속화되지 않는다는 말이다. 이런 점에서 보았을 때, 그릴리는 분명히 뒤르켐형 모델의 극단적인 측면을 대표하고 있는지 모른다. 그렇다면 그릴리는 순수한 뒤르켐형 이론가인가? 아마도 그릴리를 순수한 뒤르켐형 이론가로만 볼 수는 없을 것이다. 사실 그가 순수한 뒤르켐형 모델을 추구한다면 성스러움이 항존함을 제도적 차원에서 경험적으로 증명할 필요는 없을 것이다. 불변하는 성스러움 자체만이 중요한 것이고, 변화할 수 있는 종교제도들은 근본적으로 뒤르켐의 전통에서는 무의미하기 때문이다. 따라서 그릴리는 적어도 방법론적으로 베버형 모델을 사용하고 있다고 할 수 있다.

---

45) *Ibid.*, p. 153. 여기서 그릴리가 미국 종교가 단순히 성스러운 면만을 간직해 왔다고 주장하는 것이 아니라, 뒤르켐의 성과 속(Sacred and Profane)의 이론에서처럼, 성스러운 면과 세속적인 면의 공존을 주장함을 주목해야 할 것이다.

46) Idem, *Unsecular Man: The Persistence of Religion*, N.Y.: Schoken Books, 1972, p. 16.

4 세속화 이론의 새 모델

지금까지 본 장에서는 두 고전 모델의 조화라는 점을 염두에 두고서 현대의 중요한 세속화 이론가들의 주장을 살펴보았다. 각각 나름대로의 특징들을 가지고 자신들의 한계를 넘으려고 하지만 분명히 공통적인 면들을 나타내고 있는 것을 알 수 있다. 이들 현대 종교 변동의 이론가들이 추구하는 바에 의하면, 베버형 세속화 이론과 뒤르켐형 성스러움의 항존을 분명히 다른 두 개의 이론으로 생각하면서도 그 중 하나만을 선택하고 있지 않음이 무엇보다도 강조되어야 한다. 달리 말해서 이것은 세속화에 대한 올바른 이해의 모델은 단순히 베버형 모델과 뒤르켐형 모델의 중도(middle way)를 택함으로써 성립될 수는 없다는 것을 말해주는 것이다. 오히려 이제까지의 여러 이론들을 잘 살펴보면, 세속화의 과정과 성스러움의 항존성을 단순한 조화보다는 양자의 병행관계로 이해하고 있음을 알 수 있다. 종교들은 어쩔 수 없이 세속화된다. 반면에 성스러움 또한 항존한다. 더욱 중요한 것은 이 두 사실들이 결코 상호배타적 관계에 있지 않다는 것이다. 어떤 점에서 보면 세속화와 성스러움의 항존은 동일한 사건의 두 가지 측면처럼 보인다. 그러므로 동시적으로 발생될 수도 있다.

이러한 세속화와 성스러움의 항존성이 병행한다는 사실은 위의 이론가들의 주장들 가운데서 더욱 직접적인 암시들을 발견할 수 있다. 즉 버거의 경우에 있어서 주변적 분화과정(marginal differentiation process)으로서 이해되는 종파주의는 근본적으로 그 종교집단의 밑바닥에 깔린 성스러움의 항존성을 표현하고 있다는 데서 그 존재 이유(*raison d'être*)를 가진다. 하지만 이러한 현대 종파주의의 근거가 세속화 과정의 한 양상으로서의 교회일치주의에 결코 모순적이지 않다는 것을 주장하고 있다.[47] 종파주의와 교회일치주의는 현대 종교사회에서 결코 배타적이지 않은 양립 가능성을 나타내고 있다. 한편 파슨즈에 있어서는 하나의 진정한 분화과정은 항상 공통적인 가치와 규범에 대한 주장을 포함하게 된다.[48] 그럴리도 종교는 다원적 사회를 통합시키는 것과 사회의 개개 구성원의 역할을 분화시키는 것을 동시에 모순 없이 해나간다는 것을 지적하고 있다.[49]

이와 유사한 맥락에서 종교사학자 키이즈 볼(Kees Bolle)은 신화화(mythification)와 세속화는 동일한 사건의 두 측면이라고 주장한다.[50] 다시 말해서 세속화와 성스러움의 항존성은 언제나 병행한다는 주장이다. 아마도 밀톤 잉거(Milton Yinger)가 "우리 시대가 마법으로부터 해방(disenchantment)의 시기라면, 이것은 또한 영적인 갈구(longing)의 시기이기도 하다"[51]라고 주장하는 것은 바로 이러한 생각에서일 것이다.

끝으로 얼마 전 미국과 캐나다를 중심으로 한 기독교 보수파 성장운동에 관한 논쟁은 세속화에 관해 지금 논의되고 있는 새 이론적 모델을 설명해 주는 한 좋은 예가 될지 모른다. 보수교회 성장이론의 주인공이었던 딘 켈리(Dean Kelly)는 미국과 캐나다의 보수교회들이 꾸준한 성장을 하고 있는 것은 그들이 종교의 본질적인 기능, 즉 진지성(seriousness)을 중심으로 한 궁극적인 삶의 해답을 주는 역할을 강조하고 있기 때문이라고 주장했다.[52] 물론 이 보수교회들이 종교로서의

---

47) P. Berger, *The Sacred Canopy*, pp. 141-150; Idem, "A Market Model for the Analysis of Ecumenicity," *Social Research*, 30 (1963): 77-93.

48) T. Parsons, "Christianity and Modern Industrial Society," p. 44.

49) A. Greely, *Unsecular Man*, p. 129.

50) K. Bolle, "Secularization as a Problem for the History of Religions," *Comparative Studies and History*(1970): 251. 여기서의 신화화는 물론 뒤르켐의 성스러움의 항존성이 구체적으로 표현되는 과정을 의미하는 것으로 이해될 수 있다.

51) M. Yinger, *The Scientific Study of Religion*, N.Y.: Macmillan, 1970, p. vii.

52) 여기서 켈리가 말한 보수교회는 비교회일치주의적 교회들(non-ecumenical churches)을 의미하고 있다. 미국과 캐나다에 커다란 기독교 종파들이 교회통

이차적 기능(예를 들면 사회적 기능)들에 있어서 약하다는 이야기는 아니지만, 어쨌든 이들의 중심과제는 종교로서의 기능 자체를 강조하고 있다는 주장이다.[53] 여기서 뒤르켐에 있어서 종교가 '진지한 생활'(*la vie serieuse*)로 표현되었음을 상기할 필요가 있다. 한편 켈리의 보수교회의 개념은 피터 버거가 세속화의 한 전개과정으로 여겼던 교회일치운동으로부터 빠진 교회들을 의미한다는 것도 중요하다. 다시 말해서 켈리는 종교 변동의 관점에서 보았을 때 뒤르켐 전통에 입각하여 보수교회의 성장을 설명하고 있는 셈이다. 그러나 왜 하필이면 역사적으로 이 특수한 시기에 뒤르켐의 성스러움의 항존성이 꼭 나타나야 한단 말인가? 이것에 대해 켈리는 오늘날에는 인간의 종교성(religiosity) 자체가 세속적 경향을 띠게 되었음을 지적한다.[54] 즉 켈리는 현대의 종교적 상황을 설명하는 데서는 베버형 세속화 이론에 호소하고 있음을 우리는 알게 된다.

더구나 켈리의 보수교회 성장이론을 더욱 고전사회학적 이론에 근거하여 재검토하였던 레지날드 비비(Reginald Bibby)의 주장은 우리 세속화 일반 이론 연구에 한층 더 흥미로운 측면을 보여준다. 우선 비비는 소위 켈리의 보수교회들은 베버나 트뢸치 등에 의해 개념 정의된 교파적 집단(sectarian bodies)에 해당된다고 주장한다. 따라서 사회 변동과 세속화가 이러한 교파적 교회들의 종교적 라이벌들, 즉 대부분의(교회일치운동에 참여하고 있는) 교회들을 더욱 약화시키면 시킬수록, 상대적으로 이 교파적 교회들의 숫자가 증가된다는 것은 결코

합주의 운동에 대부분 참여하고 있는 한, 켈리의 보수교회의 개념은 아직 소수의 철저한 기독교 신앙을 중심으로 이루어진 작은 교파(sect)들을 의미한다고 생각될 수 있다.

53) D. Kelley, "Comment: Why Conservative Churches are Still Growing," *Journal for the Scientific Study of Religion*, 17/2 (1978): 170.

54) *Ibid.*, p. 166.

놀랍지 않다는 것이다.[55] 즉 보수교회들의 성장은 베버형 세속화 과정의 한 파생적 현상, 또는 넓은 의미에서 본다면 베버형 세속화 과정의 한 측면인 카리스마적 혁신운동으로 보이게 된다.[56] 요약하면 보수교회의 성장은 그의 본질적 기능의 추구와 세속화의 양면적 경향에 의한 것이라는 설명이 가능하다. 결국 뒤르켐의 성스러움의 항존성과 베버의 세속화는 보수교회의 성장에 있어서 동시에 나타나고 있는 사실들이다.

이상 본 장에서는 종교사회학에서 주장되어 온 세속화에 관련된 종교 변동의 이론들을 고찰하였다. 결론적으로 베버형 세속화의 모델과 뒤르켐형 성스러움의 항존성의 모델을 중심으로, 종교 변동들은 이 두 모델의 병행으로 설명될 수 있다. 하나의 이론적 연구인 본 장은 비록 지나치게 특수하거나 자질구레한 설명들은 생략했지만, 이것이 단순히 세속화에 관한 여러 이론의 적당한 절충안으로 그치는 것을 의미하는 것은 아니다. 종종 현대에서의 종교에 관한 새로운 통찰들은 존재론적 각성(ontological awakening)으로 인한 정태적 만족감만을 주는 것을 넘어서 미래에 있어서의 문제 해결을 위한 동태적 전략들을 제시해 왔다. 특히 최근에 이해되듯이 현대 종교사회학은 인간의 종교와 사회에 연관된 사실들에 대한 경험적 연구들을 넘어서 그 경험적 사실들의 뿌리, 즉 신념체계를 캐고 심지어 사회적 미신들을 가면벗기려 함이 주목되어 왔다. 즉 종교사회학은 궁극적으로 사회학적 도구들에 의해 무장된 새로운 '숨은 구원론'(cripto-soteriology)으로 이해될 수 있는 것이다.[57] 그렇다면 이러한 맥락 속에서 여기서 주장된

---

55) R. Bibby, "Why Conservative Churches Really are Growing: Kelley Revisited," *Journal for the Scientific Study of Religion*, 17/2 (1978): 137.

56) 즉 교파운동(sectarian movement)은 베버형 종교 변동론의 초창기에 해당되는 카리스마적 운동으로서 혁신(innovation)에 관련지어 설명될 수 있을 것이다.

우리의 세속화에 관한 새 이론 모델이 가지는 의미는 무엇인가?

무엇보다도 역시 베버형 세속화와 뒤르켐형 성스러움의 항존, 이 양자의 병행을 주장하는 새로운 세속화 일반론에 관한 모델은 우리의 사회적 현상 그 자체(*status quo*)에 대한 무모하거나 낭만적인 환상들로부터 우리를 해방시킬 수 있다. 많은 사람들이 근거도 없이 현대사회는 세속화되었고, 공포와 타락과 신성모독(blasphemy)들만으로 특징지어진다고 믿는다. 그들에 의하면 과학 · 기술 · 산업화 · 개인화 그리고 부패한 종교기관들은 우리의 상황을 더욱 악화시키고 있다. 우리가 무엇인가 하지 않는다면, 우리의 가치체계는 다 파괴되고 대체될 것처럼 보인다는 것이다. 따라서 우리 시대의 위기와 그 긴급성을 이야기들 한다. 그러나 위에서 살펴본 세속화에 관한 병행 모델을 생각한다면 우리가 반드시 비관적이 될 필요는 없는 것 같다. 세속화의 위기는 우리 과정의 한 측면일 뿐이다. 물론 그렇다고 우리가 상황의 진정한 모습을 보기를 피하고 있는 것만도 아니다. 우리는 우리의 과정의 또 다른 측면도 보아야 한다는 것이다.

대조적으로 또 많은 사람들이 우리 사회의 세속화는 덧없는 것에 불과하고, 인간은 완전히 세속화될 수는 없다고 생각한다. 이들에 의하면 세속화의 위기의식은 역사를 통해서 볼 때 항상 있어 왔고 우리에게만 독특한 것이 아니다.[58] 비록 세속화가 현대적인 것이라고 하

57) 이러한 '숨은 구원론' 으로서 종교사회학의 개념은 피터 버거의 종교사회학에서 두드러진다. 필자는 이 점을 다른 곳에서 세론한 바 있다. Kim Chongsuh, "Religious Pluralism and the Concept of Religious Revalorization: A Study in the Thought of Mircea Eliade and Peter L. Berger," Unpublished Ph.D. Dissertation, University of California, Santa Barbara, 1983, pp. 94-104, 241.

58) 사실 세속적 세계관은 결코 현대사회의 산물만은 아니다(P. Glasner, *op. cit.*, p. 76). 따라서 종교적인 것과 세속적인 것을 고대적인 것과 현대적인 것의 관계에 대조시키는 것은 넌센스이고, 물론 세속주의는 도시생활의 결과라고도 할 수 없다.

더라도, 하비 콕스(Harvey Cox) 같은 학자는 세속화를 성서적인 주제와 자료의 성취로 보기 때문에 오히려 환영한다. 따라서 콕스는 세속화를 해방이라는 점에서 정의하려고까지 하는 것이다.[59] 그러나 우리의 새로운 병행 모델의 관점에서 보면, 이러한 모든 현상의 정당화는 또한 우리 상황의 한 측면에만 기초하고 있는 것이다. 우리가 낙관적이 되어야 할 이유도 사실은 없다. 우리의 삶은 실망할 필요도 또 맹목적으로 정당화할 필요도 없는 것이며, 다만 주의 깊게 성찰해야 하는 것이다. 결국 우리는 새 병행 모델 안에서 우리의 종교를 파괴하고 또 동시에 유지하고 있는지 모른다.

59) H. Cox, *The Secular City; Secularization and Urbanization in Theological Perspective*, N.Y.: Macmillan, 1965, p. 18.

제8장 종교의 다원화

1 종교다원주의의 개념

흔히 "종교다원주의"(religious pluralism) 시대라고들 한다. 오늘날에는 전통사회에서처럼 종교가 하나만 있거나 또는 여러 종교들 가운데 한 종교가 주도를 하는 시대가 아니라는 말이다. 예컨대 중세 유럽에 살았던 사람들은 무조건 가톨릭 신자여야 했다. 또 조선시대 사람들은 유교 하나만을 중심종교로 생각했다. 그러나 현대인들은 그렇지 않은 것이다. 즉 한 사회 내에서 '여러 종교집단들이 국가에 의하여 용인되고, 서로 자유로운 경쟁(free competition)에 참여하게 되는 경우' 가 오늘날에는 아주 흔한 것이다.[1] 그러니까 종교다원주의라는 것

1) 종교다원주의의 정의에 관하여, P.L. Berger, *The Sacred Canopy: Elements of a Sociological Theory of Religion*, Garden City, N.Y.: Doubleday, 1967, p. 135 참조. 엄밀히 말해서, 다원성(plurality)이란 용어는 실재를 나타내고, 다원주의(pluralism)란 용어는 그 실재에 대한 신앙이나 정당화를 의미하며, 다원화(pluralization)라는 것은 실재로의 과정을 뜻한다. 그러나 오늘날 사실상 다원성이나 다원화라는 용어들은 별로 사용하지 않는다. 그 대신에 주로 다원

은 우선 서로 이질적인(heterogenous) 종교집단들이 경쟁적 상황에 공존해 있는 것을 전제로 한다.

여기서 이질성의 요인들은 매우 다양하다. 즉, "다원주의"(또는 "다원성")는 그 사회가 여러 집단들로 구성되므로 생길 수도 있다. 또 세계관(worldviews), 사회적 환경(social milieu) 그리고 제도(institution) 등이 다르기 때문에 생길 수도 있는 것이다. 이질성의 요인들이 다양하기 때문에, 경쟁에 참여하는 라이벌들의 개념들 또한 다양하다. 우리는 이질성의 요인들이라는 점에서 네 가지 주요 라이벌 관계를 생각할 수 있을지 모른다.

(1) 비종교적(non-religious): 예, 실증주의와 역사주의
(2) 종교 외적(extra-religious): 예, 종교와 민족주의
(3) 종교 내적(intra-religious): 예, 장로교와 감리교
(4) 종교간(inter-religious): 예, 기독교와 불교

이 네 가지 주요 라이벌 관계들이 종교다원주의 이해에 있어서 핵심적 차원(dimension)들이다. 즉 "종교다원주의"는 다차원적(multi-dimensional)이기 때문에 어떻게 보면 매우 포괄적인 셈이다. 그러나 이러한 점이 반드시 이 용어가 애매모호하다는 것을 의미하는 것은 아니다.

예컨대, 오늘날 대표적 종교다원주의 이론가인 피터 버거(Peter L. Berger)는 "다원주의"라는 용어의 이미지를 그 모범적 원형들(prototypes)이라는 점에서 명확히 하고 있다.[2] 우선 미국의 종교다원주의가 하나의 모범적 원형으로 생각되어진다.[3] 한편 종교다원주의는

주의라는 용어를 폭넓게 사용하고 있고, 이러한 용어들 사이에 분명한 구분을 하지 않고 있다.

2) *Ibid.*, pp. 135, 156-157.

역사적으로 모든 다원주의의 최초의 형태이다. 그리고 또 다른 형태의 다원주의들의 필수적 기초이다. 따라서 다양한 종류의 다원주의 중에서 본보기적인 것으로 생각된다. 또 특히 개신교(Protestantism)는 종교전통이 현대를 당면하게 되는 그 시범적 형식이라는 점에서 중요하다. 즉 종교다원주의와 관련된 담론에서 개신교의 상황은 매우 시사하는 바가 크다는 것이다. 결국 그 용어가 지니는 다양한 차원에도 불구하고, 다원주의는 주로 이 세 가지 모범적 원형들을 따라서 담론이 이루어지고 있다는 말이다.

그렇다면 이들 가장 전형적인 다원주의의 각 차원에서 나타나는 주요 양상들은 실제로 어떠한가? 첫 번째, 비종교적 (특히, 사회학적) 차원으로부터, 현대화, 기술적 생산에 의한 역할 분화(role differentiation), 공적 영역과 사적 영역의 양극화(polarization), 개연성 구조들의 해체 등은 다원주의의 주요 양상이다. 두 번째, 종교 외적(특히, 종교-사회적) 차원에 있어서, 다원주의의 대표적 양상은 세속화(secularization)의 문제, 교회와 국가 간의 관계(church-state relation) 등이다. 그리고 세 번째, 종교 내적(예컨대, 종파적이거나 교구적) 차원

3) 이것은 세계적으로 보았을 때, 헌법적 의미의 종교다원주의가 용인되기 시작한 것이 미국에서부터라는 점에서 그렇게 말해지는 것이다. 하지만 미국의 종교다원주의는 유교, 불교, 기독교와 같이 완전히 서로 다른 종교들로 구성되는 우리나라의 경우 등과는 애초부터 구별되어야 한다. 물론 오늘날에는 거의 전 세계 종교들이 미국에 부분적으로라도 대개 들어와 있다. 그럼에도 불구하고 미국종교의 주류는 유대-기독교 전통이라고 할 것이다. 따라서 엄밀히 말하자면 미국은 종교다원주의라기보다는 '종파다원주의'(denominational pluralism) 국가인 셈이다. 참고적으로 미국의 대체적인 종교인구 분포를 보면, 최대의 단일 종파인 가톨릭은 약 5,000만 명이고, 자유주의 개신교(Liberal Protestant)가 4,000만 명, 보수 복음주의(Conservative Evangelical) 개신교가 4,000만 명으로서 주류이다. 그 외에 성결교(Holiness), 오순절-카리스마적 종파(Pentecostal-Charismatic), 동방정교(Eastern Orthodox), 유대교 및 이슬람, 그리고 불교, 힌두교, 인디안 종교(native American Religions)가 있다(졸고, 「미국적 종교다원주의의 독특성 연구」, 『미국학』 22, 1999, pp. 254-255).

은 종교단체들의 "상품화된"(marketized) 상황으로부터 유래하는 다원주의의 교회일치주의적(ecumenical) 양상을 포함한다. 끝으로 네 번째, 다원주의의 종교 간 차원에 있어서는 그 주요 양상들이 이른바 비기독교화(de-Christianization 또는 이단화paganization) 및 종교간 대화(inter-religious dialogue)라고 할 수 있다.

그러면, 각개 차원들에서 종교다원주의의 양상들을 좀더 자세히 살펴보기로 하자.

2 비종교적 차원의 양상들

종교사는 아주 오랜 고대사회에 있어서조차도 이질적인 상징체계들에 대한 기록을 보여주고 있다. 하지만 진정으로 오늘날과 같이 다원주의의 개념이 의미심장하게 인식되기 시작한 것은 최근 산업사회에 이르러서이다.

무엇보다도 경제적인 변화(특히 산업사회에 있어서의 분업의 복잡화)는 근본적인 제도들의 변화를 가져왔다. 즉, 산업화와 도시화가 시작됨에 따라 분업(division of labor)이 가속화되었다. 그리고 그로 인해 사회적으로 제도들(institutions)이 급증한다. 그러다 보니 자연히 인간의 역할도 또한 그 증가된 제도들 속에서 다양하게 분화되는 것이다. 즉 인간의 생활세계 자체가 다양해진다.

그러나 인간 역할들의 이런 분화가 결코 제멋대로의 파편화된 생활세계를 야기하는 것은 아니다. 무엇보다도 한 가지 기본적인 이중성을 보여준다는 점이 중요하다. 즉 인간생활은 주로 사적 영역(private sector)과 공적 영역(public sector)이라는 두 영역으로 양분되어 나타난다는 것이 특징이다. 이것은 흔히 "양극화"(polarization)라고 불려 왔다.[4)]

즉 대부분의 사람들에게 있어서 그들의 공적인 생활은 일(work)과 공존한다. 반면에 사적인 생활은 주로 집안에서 개인적으로 이루어진다. 그러므로 이러한 이중성은 하나의 개인이 일자리와 가정에 있어서 꽤 다르다는 것을 뜻한다. 그들은 다른 역할(role)들을 수행할 뿐만 아니라 실제적으로 다른 정체성(identity)을 경험한다. 이와 같은 두 생활들 사이의 날카로운 갈등들은 종종 긴장과 위기의식을 가져온다. 그리고 이들을 극복해내기 위해서, 개인들은 그 두 가지 영역 각각에서 자신의 생활을 나름대로 "합리화"(rationalize)하려고 노력해야만 하는 것이다.

즉 공적 영역에 있어서, 개인은 확고하게 구조화된(structured) 기능을 수행해야 한다. 쉽게 말하자면 직장에서 정해진 일만을 하는 것을 뜻한다. 원칙적으로, 그는 다른 사람으로 대치될 수(replaceable) 있어야만 한다. 그래서 일하는 동안 개인의 정체성은 지극히 비인격적(impersonal)이고 익명적(anonymous)이다. 그리고 또 성분성(componentiality)이 강조될 뿐이다. 예컨대 일터에서 개인은 하나의 독특한 인격체로서 대접받는 것이 아니라, 이름 대신 주민등록번호, 군번, 카드번호 등 일정한 번호로만 불린다. 그리고 전체 가운데의 한 부분에 불과하며, 혹시라도 자리를 뜨게 되면 다른 사람이 그 자리를 맡아서 할 수 있도록 항상 준비되어 있는 것이다.

한편 사적 영역에서는 사뭇 다르다. 사실상 역사적으로 진정한 의

---

4) P.L. Berger, *op. cit.*, pp. 129-135 참조. 이 개념은 본래 뒤르켐은 물론 베버와 만하임(Mannheim)으로부터 유래한다. P.L. Berger & Brigitte Berger, *Sociology: A Biographical Approach*, N.Y.: Basic Books, 1972, p. 218. cf. 겔렌(Gehlen)과 루크만 및 하버마스(Habermas)도 또한 이러한 사상을 암시하고 있다(*The Sacred Canopy*, p. 203). 그리고 피터 버거는 그러한 양극화가 특히 현대의 도시생활과 매스컴의 경험에서 분명하다고 주장하고 있다. P.L. Berger, Brigitte Berger & Hansfried Kellner, *The Homeless Mind: Modernization & Consciousness*, N.Y.: Random House, 1973, p. 66.

미의 사적 영역을 창조해냈던 것은 바로 종래의 인격적이고 사적이며 또 가정적인 모든 것들을 제거해 버림으로써 시작된 공적 제도들의 극단적인 합리화였다. 어찌되었든 오늘날 사적 영역은 공적 영역에 비해 아주 대단히 자율적(automous)이라고 할 수 있다. 각각의 개인들은 적어도 자신들의 "선호"(preference)에 따라서 사적인 생활을 제멋대로 계획해 나갈 수가 있는 것이다.

현대인이 사적인 생활에 유난히 집중하는 것은 공적 영역에서 자신의 좌절된 개인주의를 어느 정도 보상해 주기 때문이다. 일터에서 잃어버린 자신을 집에서만은 찾아보자는 것이다. 아무튼 보상받기 위해서 대부분의 사람들은 개인적 의미와 성취를 찾아서 사적인 영역에 매달린다. 이것은 "사생활화"(privatization)라고 불린다.[5]

물론 사적인 만족을 위한 추구는 여러 가지 형태를 취할 수 있다. 독서나 음악감상도 있지만 희귀한 취미생활도 가능한 것이다. 이왕에 따로 구축한 사적 영역인데 무슨 짓을 하든 누가 상관인가? 그것은 궁극적으로 "선택의 문제"(a matter of choice)이다. 다시 말해서, 개인은 여러 가지 선택이 가능한 다원적인 사회에 내던져진다.

한편 다원주의 이론과 관련하여 또 한 가지 중요하고도 근본적인 문제는 개연성 구조(plausibility structures)의 개념이다. 즉 어떤 실재(reality)에 관한 견해가 제기될 수 있는 개연성은 흔히 그것이 받고 있는 사회적 지지에 달려 있다. 그런데 다원화의 가장 두드러진 결과는 이런 개연성 구조들이 해체된다는 것이다. 즉, 다원적 상황은 경쟁적

---

5) 피터 버거에 의하면, 교외지역에서의 "종교적 부흥운동"은 또한 이러한 사생활화의 맥락에서 해석되어야 한다. P.L. Berger, "The Child, the Family and the 'Religious Revival' in Suburbia," *Journal for the Scientific Study of Religion*, 2(1962): 105-120 참조. cf. 그러한 사생활화가 일반적으로 효력은 있으나, 버거는 그것이 공공의 객관성에 근거할 수 없으므로 항상 아주 불확실하다는 것을 또한 주장하고 있다. P.L. Berger, Brigitte Berger & Hansfried Kellner, *The Homeless Mind*, p. 188.

인 개연성 구조들의 숫자들을 증가시키고 또 그들을 상대화한다.[6] 본래부터 다원주의는 사회적 지지가 만장일치(unanimity)되는 것을 깨뜨린다. 결과적으로 사상들, 가치들 그리고 믿음들은 자명한 상호주체적(intersubjective) 개연성(즉, 당연한 확실성)을 상실하게 된다. 그리고 신뢰성의 위기로 내던져진다.[7] 달리 말해서, 세계관들은 일반적으로 그들의 전통적인 자명한 객관성의 지위를 잃는 것이다. 그 대신 그들은 "주관화"(subjectivized)되고 사적인 것으로 되며, 또 그리고 하찮은 사견 정도로 전락하게 된다.

전통사회들에서는 제도적인 구조들이 상당한 정도의 통일성을 지니고 있었다. 그러니까 개인들이 분명하고, 지속적이며 또 애매하지 않게 명확히 신분 확인되어 왔다. 하지만 대조적으로 다원적인 사회에서는 사회화(socialization)의 명확성과 지속성이 상당히 손상되어 온 셈이다. 결과적으로 정체성(identity)은 훨씬 더 애매모호해진 것이다.

현대사회 속에서 정체성의 형식은 특히 분화되어 있다. 그리고 개인은 이렇게 분화된 정체성의 형식들 가운데서 하나의 자아(a self)를 선택하지 않을 수 없다. 결국 정체성의 시장(identity market)에서 이용 가능한 것들 가운데 일종의 정체성 선호가 생긴다. 그런데 이러한 선호는 상황에 따라 바뀔 수 있기 때문에 늘 일시적이다. 따라서 다원적 상황에서는 이러한 불안정한 정체성에 걸맞는, 즉 융통성 있는 인격형이 가장 "적합한" 인격형이 된다. 이것은 또 흔히 말하는 주관화(subjectivization)된 인격형이다. 즉 개개인은 다원적인 사회들 속에서 스스로에 몰입하는 관심을 개발해낸다.[8]

---

6) 달리 말해서, 아주 상이하고 또 종종 모순되는 사회적 세계들이 "민주주의"와 "진보"와 같은 그런 가치들이라는 점에 있어서 널리 정당화된다.

7) 이런 맥락에서 확실성을 향한 갈망은 '광신주의'(fanaticism)로 여겨진다. 이것은 뒤에서 논의되는 세속화의 문제와 연관된다.

8) cf. 현대사회에 있어서의 강렬한 자존(심)은 "심리주의"(psychologism)의 위대한 가치에 연관되어 있다. 그리고 그것은 또한 정치적으로 개인적 자유와 자

3 종교 외적 차원의 양상들

다원주의의 종교 외적(즉, 종교-사회적) 차원에서 나타나는 양상은 주로 세속화(secularization)의 문제에 관련된다. 현대 산업사회에서는 종교가 중심에서부터 떨어져 하나의 "독립된 땅"이라고 "자리 매겨진"(located) 별도의 영역을 형성해 왔다. 그러니까 뒤르켐이 말했던 "사회 자체(society itself)가 종교이다"라는 말은 이제 성립될 수가 없는 것이다. 전통적으로 종교라고 여겨지는 것은 이제 오직 사회의 분화된 부분들 중 하나로 된다. 즉 정치, 경제, 문화 등 다른 것들처럼 사회의 한 부분적 요소로서 그들과 특별히 구분되지 않으므로 성스러울 수가 없는 것이다.

한편, 이러한 종교는 현대사회 속에서 다른 생활세계들이 그러하듯이, 제도적인 질서의 가장 공적인 영역들(즉, 국가)과 가장 사적인 영역들(즉, 가정) 사이에서 또한 양극화되는 경향이 있다. 흔히 공적 영역에 있어서는 종교적 독점(a religious monopoly)이 행해지지 못하게 법적이고 또 정치적인 형식을 취하게 된다. 즉 종교다원주의가 만연된 국가들에서는 모든 종교집단들이 스스로를 지키도록 정교분리(separation of religion and state)를 추구하는 경향이 있다. 그러므로 아무리 그들이 종교적으로 절대적인 자기해석(self-interpretation)을 한다 해도 그것이 공적으로는 용인되지 않는다. 예컨대, 유일신을 믿는 기독교라고 해도 신이 절대적이라는 것은 자기 신도들끼리만 할 수 있는 이야기이다. 결국 종교집단들은 사회학적으로 말해서 오직 자발적 조합들(voluntary associations)이 된다. 어느 누구도 법적인 의미에서 어느 종교집단에 속하도록 억지로 강요받지 않는다. 따라서 여러 종

율의 이념들에 관련된다.

교들의 공존이 당연히 용납되고(tolerated) 또 어느 누구라도 종교를 자유롭게 신행할(freely exercised) 수 있게 된다.

한편 이런 차원에서의 종교다원주의는 사적인 영역에 있어서는 회의주의(skepticism)를 가져온다. 종교적 신앙들은 전통사회에서 본래 거의 일치되고 안정되었다. 또 그렇게 모순이 없는 곳에서는 마치 자연스러운 사실들처럼 느껴질 수조차 있었다. 그들은 당연한 것으로 생각되었던 것이다. 예컨대, 조선시대에 태어났다면 유교 전통을 따라서 사는 것은 지극히 당연한 것이다. 과거시험을 보려면 유교경전은 필수과목이다. 그것은 사회적 모든 도덕규범의 기반이며 흔들릴 수 없는 절대적 원칙인 셈이다.

그러나 다원화가 일어난 곳에서는 다르다. 전통적 신앙이 내용상 반드시 포기되거나 수정되지 않을 수도 있다. 하지만 종교적 신앙들은 적어도 그들이 정신적으로 느껴지는 방식에 있어서 변화되게 마련이다. 즉, 하나의 종교는 다종교 사회에서 더 이상 절대적 신념체계가 아니다. 오직 "의견"(opinion)에 불과하게 된다. 근본적인 불확실성(precariousness)이 있기 마련이다. 이것은 물론 각 개인이 그의 종교를 완전히 포기하게 되는 것을 뜻하는 것은 아니다. 사람들은 공적인 종교(public religion)가 더욱 불확실해질수록, 그들 자신의 사적인 종교(private religion)를 오히려 더욱 추구하게 되는 것이다. 그러므로 종교는 개인화(individualization)로 특징지어진다.

사적인 영역에서조차도, 다양한 종교적 선택이 나타난다.[9] 무엇보다도, 종교들이 "선택의 문제"로 되었을 때, 개개인은 일종의 "종교적 선호"(religious preference)를 가지게 된다. 개인은 하나의 선택활동의 논리를 필요로 하게 되는 셈이다. 즉, 따져서 자발적인 어느 종교의

9) 예컨대, "어떤 사람은 가톨릭으로 세례를 받고, 개신교적으로 결혼식을 치를지 모른다. 또 선불교의 교인으로 죽게 될지 누가 알겠는가? (또는 불가지론자가 될지…….)" (*The Homeless Mind*, p. 81)

신자가 되는 것은 일종의 베버적 합리화(rationalization)의 과정을 가속화시키는 것이다. 그리고 이러한 합리화는 결국 세속화의 근본적인 원천이 된다.

세속화는 흔히 "사회와 문화의 각개 영역들이 종교적 제도와 상징들의 지배로부터 떨어져 나가는 과정을 의미한다."[10] 즉 사회 문화적 제도들이 비종교화되는 것을 말한다. 그리고 또 한편 이것은 종교전통들의 "초자연 성격"에 대한 객관적 타당성을 부정하는 것을 뜻하기도 한다. 따라서 세속화는 초월적(transcendent) 관점으로부터 내재적(immanent) 관점으로의 전환이다. 그리고 종교에 대한 객관적 이해로부터 주관적 이해로의 변환으로 특징지어지는 것이다.[11] 이러한 세속화된 상황 속에서, 독실한 신자들은 오히려 인식적인 소수(a cognitive minority)가 된다. 그리고 종교적 신앙은 점차로 불확실(precarious)해진다. 달리 말해서, 종교의 개연성 구조(plausibility structures)가 해체되기 시작하자마자, 객관적 실재로서의 종교의 지위는 위기에 처하게 되는 것이다. 즉, 종교는 "탈객관화"(de-objectivated) 또는 "주관화"(subjectivized)되고 종교전통은 실재성을 상실하게 되는 것이다. 다시 말해서 종교는 이제 개인적인 문제쯤으로 여겨지게 되는 것이다.

사실상 이러한 세속화의 과정은 오늘날 전세계적인 현상이다. 세속화의 "매개자"(중개자carrier)는 본래 (기술적 발전과 관료화로 대표되는 현대화 등을 포함하는) 산업 자본주의의 다이내믹함이었지만, 이러한 역동성의 "부차적 효과"(secondary effects)들은 다양하다. 세속화는 현대사회 안의 거의 모든 생활세계 속에 만연되어 있다. 또 세속화에 있어서는 역행이란 있을 수 없다. 다만 세속화에 의해 인도된 우리

---

10) P.L. Berger, *The Sacred Canopy*, p. 107.

11) 그러니까 세속화의 개념은 대체로 제도적인 권위의 문제에 초점을 맞추고 있지만, 결국에 근본적으로는 또 인간의 종교성(religiosity) 자체(즉, 성스러움)의 감소를 강조하므로 질적인 속됨(profanation)의 측면을 포함한다고 하겠다.

의 불확실한 생활세계를 어떻게 다시 정당화(legitimation)시키느냐 하는 것이 오직 문제일 뿐이다.

종교다원주의에 대한 우리의 관점으로부터, 세속화는 다원주의의 사회구조적 상관변수(correlate)라고 할 수 있다. 그러니까 현대사회 속에서 (종교)다원주의는 꽤 분명히 세속화를 구조적으로 야기한다. 반면에 일단 세속화가 일어나면 (결국 어느 종교도 절대적 권위를 상실하므로) 여건상 다시 다원주의를 부추긴다는 말이다.[12] 그러나 이 두 현상들 중에서 논리적으로는 다원주의가 세속화보다도 더욱 근본적이라고 생각된다. 결과적으로, 세속화의 문제는 주로 (종교)다원주의의 문제로 환원되게 되는 것이다.

4 종교 내적 차원의 양상들

다원주의의 종교 내적 차원에서 출현하는 양상은 간단히 말해서 그 종파적(denominational) 또는 교구적(parochial) 맥락에서 나타난다. 우선 현대의 다원적 상황은 종교기관들 가운데에서의 자발적인 입교와 상호경쟁으로 특징지어진다. 그래서 이것은 좀 비유적 표현을 빌려 말하자면 자발적인 소비자들을 위한 종교기관들(religious institutions)의 "시장화"(maketization)라고 할 수 있다. 이런 상황 속에서 종교전통들은 마치 시장에 팔리러 나와 있는 물건들과 같다. 더구나 이제는 "구매"하도록 강요되지 않는 고객들에게 나름대로 "판매"되어야만 한다. 그러니까 종교전통들은 완전히 자유 경쟁시장의 상품들인 셈이

12) 다원주의와 세속화의 상관관계에 관하여, P.L. Berger, *The Sacred Canopy*, pp. 127, 155; P.E. Hammond, "Peter Berger's Sociology of Religion: An Appraisal," *Soundings*, 52 (1969): 417 참조. cf. 그러나 이것이 다원주의가 단지 세속화의 인과론적 요인이라는 것은 아니다.

다. 그리고 반면에 종교기관들은 이제 판매 대리인들로 생각된다. 당연히 종교적 행위는 권위적으로 부과되는 것이 아니라, 철저한 시장 경제의 논리에 지배받게 된다.

그러나 경쟁이라는 것은 지나치면 반드시 서로 다치는 법이다. 다른 영역들에서처럼 종교들에서도, 걷잡을 수 없는 무모한 경쟁은 너무 비싼 값을 치르게 한다. 즉, 경쟁의 대가가 그로 인한 이익들을 위협하게 되는 점에서부터는 경쟁이 비합리(irrational)화되기 시작한다. 그렇다면, 종교기관들은 어떻게 경쟁을 합리화해 나갈 수 있을까? 이것이 바로 종교시장 경제 논리의 핵심이다.

위험을 줄일 수 있는 한 가지 분명한 방법은 자신의 경쟁자들과 다양한 종류의 타협에 도달하는 것이다. 즉 카르텔화(cartelization)로 경쟁을 합리화해 나가는 것이다. 다시 말해서, 경쟁을 합리화하기 위해서 종교기관들은 기업들처럼 합병(merger)을 통해서 경쟁단위들의 숫자를 줄여 나가려 한다. 경쟁 상대가 줄어들수록 과당 경쟁을 피하기가 쉬운 것이다. 그리고 또 상호 합의에 의해서 종교시장을 조직화해 나가려 하는 것이다. 힘들게 팔려고 노력하기보다는 소비자들이 어쩔 수 없이 구매하게 하는 그런 환경을 다시 인위적으로 만들어 나가려 한다.

그래서 종교기관들의 카르텔화는 심지어 종교적 내용들(religious contents)에까지도 영향을 준다. 즉 서로 타협하려면 종교들은 교리나 의례상 너무 배타적인 것을 유지할 수 없다. 적어도 카르텔에 참여하는 종교끼리는 종교적 내용들이 상호 용인될 수 있어야 하는 것이다. 그러니까 일단 타협을 거쳐 시장화된 품목들은 일종의 소비자 통제(consumer control)를 초래한다. 즉 소비자들은 종교들을 일정한 내용의 범위 내에서만 선택할 수 있다. 오래된 종교전통이라도 너무 독특한 것은 그에 대한 독실한 신앙이 해체되어 버릴 수도 있다.

그러나 카르텔화는 기본적으로 소비자 선호(consumer preference)의 다이내믹함이 고려되어야만 한다. 결국 소비자가 무시된 종교기관들만의 억지 카르텔은 용납되지 않는다는 말이다. 그러므로 종교적 내용들의 변화는 어떤 점에서는 카르텔에 참여하고 있는 기존 종교들의 요소들과는 다른 무엇으로도 가능한 셈이다. 이와 관련하여, 종교변화의 새로운 방향으로서 세속화와 사생활화(privatization) 및 평신도의 강조 등이 지적되어 오고 있다.

종교적 내용들에 대한 소비자 통제와 소비자 선호는 결과적으로 그들의 표준화(standardization)와 또 그들의 주변적 분화(marginal differentiation)의 양면성을 초래한다고 할 수 있다. 그러니까 경쟁을 줄이자니 서로 무엇인가 비슷하다고 해야 하고 반면에 각각 따로 팔리자니 그래도 무엇인가 다른 것을 보여주어야 한다는 것이다. 이런 맥락에서 교회일치주의(ecumenism), 즉 종교시장에 참여하고 있는 서로 다른 집단들 사이의 합작경향은 상품표준화의 동기에 해당된다. 그리고 종파주의(denominationalism), 즉 교회일치주의에 상반되면서 카르텔화 과정 속에서 나름대로 살아남기 위한 집단의 정체성(identity) 강조는 또한 주변적 분화의 동기와 거의 일치하는 것이다.

그러니까 종교적 내용들이 주변적 분화를 하게 되는 본질적 요인은 중심적인 내용 때문이 아니다. 그보다는 오히려 카르텔 속에서 각각이 살아남기 위해 최소한의 정체성을 지키기 위한 노력 때문이라고 생각된다. 쉽게 말하자면, 단지 "겉포장의 문제"인 셈이다. 이것은 종파적 차이가 신앙 신조와 같은 것으로부터 유래하기보다는 피상적인 요인들로부터 나온다는 것을 뜻하는 것이다.[13] 아무튼 우리가 그들을 종교기관들 사이의 경쟁 합리화라는 점에서 고려한다면, 교회일치주의와 종파주의 양자는 실로 하나의 같은 과정, 즉 오직 다원화의 서로 다른 측면들을 나타내고 있는 것인지도 모른다.[14]

---

13) 물론 이러한 주장은 사회학적 환원이라는 비판도 있을 수 있다.

14) 교회일치주의와 종파주의의 상호관계에 관하여, P.L. Berger, *The Sacred Canopy*, pp. 141-150 참조.

5 종교간 차원의 양상들

종교 내적인 "교회일치성"(ecumenicity)의 개념이 여러 타종교들에까지 확장되었을 때 다원주의의 종교간(즉, 비교종교적religio-comparative) 차원에서의 양상이 전개된다. 그러니까 "교회일치주의"의 본래 어원적 의미인 "거주하는 땅"(*ecumene*)의 뜻이 오늘날에는 실로 인류 전체의 거주지로 확대될 수 있는 것이다. 즉 이제 종교시장은 단지 다른 종파들 사이에서가 아니라 다른 종교들 사이의 각기 살아남기 위한 세계적인 경쟁으로 구성되고 있는 셈이다.

한편 세속화 이론의 문화적 한계와 이론적 한계를 극복하기 위해서 '세계 종교들의 만남'이 강조되어 왔다. 세속화의 관점에서 보았을 때, 이러한 종교다원주의의 세계적인 역동성은 "탈기독교화"(de-Christianization), "이단화"(paganization) 등으로 이해되어 왔다.[15] 그리고 이것은 또 현대 세속적 기독교 신학(극단적인 경우로서 "사신신학 Death of God" 등)을 뛰어넘어 가는 것으로 생각되어 왔다.

하지만 이것은 더 폭넓게 보았을 때 일종의 종교간 카르텔적 성향이라고 할 '종교간 대화'(inter-religious dialogue)의 형식으로도 설명될 수 있을 것이다. 물론 아직은 종교간 대화에 참여하는 종교들 각각이 나름대로의 차이점을 부각시켜야 할 정도로 적극적이지는 않다. 하지만 미래에는 결국 다원주의의 종교간 양상은 개별종교들의 정체성과 종교간 대화 사이의 문제로서 요약될 것 같다.

---

15) P.L. Berger, *The Heretical Imperative: Contemporary Possibilities Affirmation*, Garden City, N.Y.: Anchor Press, 1980, *passim.*

6 한국적 종교다원주의

이제까지 살펴본 종교다원주의의 일반적인 이론에 덧붙여 한국적 종교다원주의의 독특한 면들을 검토해 보는 것은 매우 중요하다. 사실 앞서 미국적 종교다원주의가 지닌 본보기적 성격이 논의된 바 있다. 그러나 한편 그것은 유대-기독교 전통 중심의 일종의 '종파다원주의' 임을 지적한 바 있다. 또 같은 동아시아 국가들인 중국과 일본의 경우도 비교적 종교들이 다양하지만 서구 기독교 전통은 지극히 미미한 상황이다. 이런 맥락에서 동양과 서양의 주요 종교전통들이 이렇게 철저한 경쟁적 상황에 공존하고 있는 경우는 세계에서 오직 한국뿐이라 할 것이다.[16)]

더욱이 한국적 종교다원주의는 단순히 표피적 사회현상이 아니다. 개개인의 마음 속 깊은 곳에서조차도 일어나고 있는 심층적 현상이다. 즉 한국에서는 종교다원주의가 사회 속에서만 용인되는 것이 아니다. 각자의 마음 속에서조차 때때로 다양한 종교적 성향이 상호 '겹쳐' (overlapped) 나오고 또 깊이 '연관되어' (interpenetrated) 있다. 더구나 그것에 대하여 모순적이라고 여기지 않는다. 그러니까 교회에 다니면서 무당을 찾아가 점을 치고 또 종종 절에도 가고, 유교식 조상제사를 지내면서도 때로는 성당에 적을 두고 있는 사람들이 바로 한국인들이다. 이 점은 특히 외국인들이 이해하지 못하거나 특이하게 여기는 측면이다.[17)] 요컨대 한국적 종교다원주의는 개개인의 신앙 차원

---

16) 졸고, 「현대 한국사회와 다종교 상황의 이해」, 서울대학교 인문대학 종교문제연구소 편, 『한국인의 종교관의 현대적 조명』, 1998, p. 87.

17) 예컨대, 구한말 감리교 선교사로 왔던 존스(G.H. Jones, 趙元時)는 다음과 같이 쓰고 있다.

"이론적으로 한국인들은 유교, 불교, 무속신앙의 세 형식을 구분하지만 실제

에서는 이렇게 중층성으로도 표현된다는 점이 중요하다.[18)]

그리고 무엇보다도 이러한 독특성들 때문에 우리가 한국적 종교다원주의를 살펴보아야 하는 것은 한국인으로서 실존적 의미의 자기 이해만을 위해서가 아니다. 보편적인 학문의 일반 이론적 차원에서 종교다원주의의 연구를 위한 필수적인 고찰 대상인 셈이다.

먼저 한국적 종교다원주의의 시작 시기에 대하여 살펴보면, 한사군 이후 중국에서 유교와 불교 및 도교가 들어와 기존의 무속신앙과 공존하게 되는 시기부터로 보는 수들도 있다. 그러나 진정한 의미의 다원주의가 성립되는 것은 서구 기독교가 들어오고 동학이 일어나는 19세기 후반으로 생각된다.

동학 이전에도 물론 여러 종교들이 공존하고 있었던 것은 사실이다. 하지만 그것은 오직 다종교 상황일 뿐이었다. 당시에 본격적인 종교다원주의가 만연되었다고 여기기는 어렵다는 말이다. 삼국시대와 통일신라시대를 거쳐 고려시대까지는 여러 종교가 있었지만 불교가

로는 이들의 혼합된 가르침을 마음에 지니고, 결국 이들 셋을 모두 믿고 있다. 한국인은 유교적으로 교육을 받고, 자손을 빌러 불교에 부인을 보내는가 하면, 병이 나면 무당이나 판수를 찾아서 이 세 종교의 연합된 도움(united help)으로 행복에 이른다"(G.H. Jones, "The Spirit Worship of Koreans," *Transactions of the Korean Branch of the Royal Asiatic Society*, 1901, p. 39).

또 헐버트(H.B. Hulbert, 轄甫)도 비슷한 관찰 결과를 보고한 바 있다.

"논리적인 점에서 보면 한국인들이 신봉하는 여러 가지의 상이한 의식들은 서로 상충되지만, 그들의 내적인 면에서는 아무런 적의가 느껴지지 않고 오히려 수 세기에 걸쳐 서로가 익숙해지는 동안에 하나의 종교적인 혼성물을 이루었으며, 한국인들은 이러한 혼성물 중에서 자기가 좋아하는 요소를 취하면서도 그 나머지에 대해서는 아무런 멸시의 감정을 느끼지 않는다. …… 일반적으로 말해서 한국인들은 사회적으로는 유교도이고 철학적으로는 불교도이며 고난을 당할 때에는 정령 숭배자이다"(H.B. Hulbert, *The Passing of Korea*, 신복룡 역, 『대한제국 멸망사』, 서울: 평민사, 1984, p. 388).

18) 졸고, 「현대 한국사회와 다종교 상황의 이해」, pp. 100-101.

역시 주도적 종교였다. 그리고 조선시대에도 여러 종교가 공존했으나 중심은 유교였다. 이렇게 주도적인 종교가 있을 때는 비록 여러 종교가 있었어도 진정한 의미의 경쟁이 이루어졌다고 보기는 힘든 것이다. 따라서 종교의 자유에 기반을 둔 철저한 경쟁이 일어나는 동학 이후에 비로소 근대적 종교다원주의가 성립되었다고 보는 것이 타당하다.[19)]

사실 동학 이전에는 거의 중국으로부터 도입된 종교상징 체계들이 주류를 이루었다. 그리고 그런 종교는 오직 일부 지배계층의 전유물이었다. 노비 등과 같은 하층민이라고 종교심이 왜 없었겠는가? 하지만 그들의 종교심은 공식적으로 노출될 수가 없었다. 구한말에 이르러서야 신분제도가 완전히 와해되면서 누구나 종교를 가질 수 있게 되었다. 그리고 신분적인 면에서 불이익을 당해 오던 사람들(특히 평양을 중심으로 한 북한 사람들)은 그 점에서 자유로운 기독교인이 된다.

그리고 전통적인 유교나 불교 그리고 도교나 무속신앙 이외에도 새로운 종교가 있다는 사실은 큰 충격이었다. 하지만 그러면서도 또 한편으로는 자생종교들의 가능성을 열어 주었다. 동학과 증산교 계통의 많은 자생종교들의 성립은 사실 이런 맥락에서였다. 여기에도 물론 신분상의 새로운 변화가 일어난 사람들(특히 전라도 지방을 중심으로 한 소외계층)이 대거 참여하였다. 그러니까 오늘날 한국 종교다원주의의 복잡한 구성은 사회적 신분제도의 변화와 종교상징 체계의 변혁이 어우러져 형성된 독특한 구조적 배경의 특징을 지니고 있는 셈이다.

아무튼 이렇게 동서고금에 없는 독특한 종교다원주의 사회 속에 산다는 것은 아주 다양한 의미가 있다. 우선 사상적 측면에서 한국인은 동양과 서양의 여러 종교문화들을 골고루 섭취할 수 있는 역동적인

19) 졸고, 「종교집단간의 상호이해-종교간 대화를 중심으로」, 『철학종교사상의 제문제』 5, 경기도: 한국정신문화연구원, 1989, p. 213 참조.

면이 있다. 그리고 이러한 다종교 상황이 세계적으로 계속 확대되고 있는 추세인 것을 감안하면 한국인은 분명히 미래의 세계적 종교 환경을 앞서 살고 있는지도 모른다. 그러니까 한 마디로 말하자면, 우리는 '종교 선진국'인 셈이다. 결국 한국은 영적인 복지의 측면에서 보면 세계에서 가장 앞서 있을 가능성이 많은 나라로 생각되는 것이다.

사실 단일민족 국가이면서도 한국인이 이만큼 포용성을 지닌 것도 다 종교 덕인지 모른다. 종교들이 여럿 있으니 비록 다투면서도 같이 살아가는 상생의 철학을 만들어 냈다. 또 하나만 제일로 여기지를 않다 보니 배타적이지 않고 두루뭉술 살아가는 법을 배운 것이다.

물론 여러 종교들이 있다 보니 종교끼리 갈등도 만만치는 않다. 역사적으로 불교가 유입되면서 무속신앙과 부딪쳤고, 조선시대의 유교와 불교 간 논쟁도 유명했다. 근대에 이르러서는 가톨릭과 유교의 갈등, 그리고 최근에는 전통종교들과 개신교 간의 힘겨루기가 불거져 나왔다. 그럼에도 불구하고, 근대 이후로는 한국적 종교다원주의의 기반 자체가 흔들린 적은 없다. 오히려 다양한 형태로 종교간 대화가 전개되기도 하였다. 이런 맥락에서 본다면, 부분적인 종교들 간의 갈등조차도 종교간 대화에 맞물려 짝이 되는 과정으로 볼 수 있다. 즉 종교적 갈등은 확대되는 종교간 대화 속에서 종교들이 나름대로 정체성을 추구해 나가고 있는 넓은 의미의 종교다원주의의 한 양상이 아닌가 생각된다.

특히 한국적 종교다원주의의 형성과정에서 서양으로부터 도입된 기독교의 역할은 아주 중요한 의의를 지닌다. 즉 주변의 중국이나 일본과 달리 전통종교들 가운데로 기독교가 급속히 들어와 소수 소외계층의 종교로 시작하여 다수 주류의 종교가 되었다는 사실은 의미심장한 일이다. 이렇게 소수로서 시작하니 당연히 종교의 자유나 정교분리 등을 강조하여 종교적 평등을 부르짖게 되었다. 그리고 이와 같은 성향은 더욱 종교다원주의를 가속화하게 되었던 것이다.[20]

한편 이러한 한국적 종교다원주의의 형성은 주변적 사회문화 제도들에도 중요한 영향을 끼쳤다고 생각된다. 예컨대 사회 조직적 차원에서 소수가 다수로 되는 과정의 산물인 종교다원주의는 지배질서에도 다원적 성향을 가져오는 데 일정한 기능을 했다고 볼 수 있다. 다시 말해서 한국에서 오늘날과 같은 민주적 정치제도가 쉽게 정착될 수 있었던 것은 단순히 일본 제국주의의 식민지화나 미군정의 강제적인 미국제도 심기의 결과는 아니다. 소수가 결코 무시되지 않는 종교다원주의의 문화적 배경이 전제되었다는 것을 상기해야 할 것이다.

물론 교육과 의료제도의 보편화에도 기독교에 의한 종교다원주의는 결정적인 영향을 주었다. 그러므로 이러한 주요 제도들이 일방적으로 지나치게 서구화되는 부작용도 가져왔다. 뿐만 아니라, 종교다원주의를 기반으로 하는 사회제도 전반의 대중적 민주화는 사대부 중심의 귀족 문화를 파괴하고 피지배층을 위주로 한 민중 문화를 부양시키는 결과를 초래하였다. 이것은 긍정적으로 보자면 물론 개성적인 문화의 시대를 자초하였다. 반면에 고지식한 전통적인 맥락에서 보자면 분명히 문화의 질적인 저하였다고도 할 것이다.

---

20) 이와 유사하게 미국에서도 소수로서 박해받던 침례교파가 다수의 주류로 된 것은 최근 역사적으로 재평가되고 있다. 즉 1636년 매사추세츠주에서 주류 개신교의 존 윈스롭(John Winthrop)이 종교통일을 강요함으로써 로저 윌리엄스(Roger Williams)의 침례교파가 쫓겨났던 것은 종파다원주의라는 시각에서 특기할 만한 사건이라는 것이다. 오늘날 미국 최대의 개신교 교단인 침례교가 소수로 박해받으며 출발하여 다수가 된 것은 미국 사회가 다문화 이데올로기를 환대하는 근거의 시원을 암시한다는 점에서 중요하다. 즉 침례교인들이 특히 종교의 자유를 중시했던 점은 매우 시사하는 바가 크다. 결국 종교의 자유는 소수의 권리를 인정하는 종교다원주의 풍토에서 가능했다는 것이다(R.N. Bellah, "Cultural Pluralism and Religious Particularism," Unpublished Paper read at the conference on Freedom of Religion in America, University of Southern California, 1981, pp. 1-5).

제9장 종교와 정치

현대사회에서는 종교가 순수하게 따로 떨어져 있는 것이 아니라 주변의 사회문화현상들 속에 스며들어 있다고들 한다. 그러므로 종교공동체의 올바른 위상을 이해하려면 종교를 주변공동체와의 연관 속에서 논의할 필요가 있다.

여기서는 먼저 종교공동체의 정치적 맥락과 관련성을 검토하기로 한다. 우선 종교가 사회통합에 있어서 하는 역할과 전통적인 종교와 정치의 관계유형은 무엇인가? 그리고 특히 현대 종교다원주의 사회에서 기대되는 정교관계는 무엇인가를 창조적으로 살펴보고자 한다.

한편 최근 경험적 조사연구들이 활발하게 이루어지는, 종교인의 정치의식에 대한 입장들도 정리해 보기로 한다.

1 종교와 사회통합

인간적 필요에 의해 형성된 사회나 국가가 인간 자체를 효과적으로 통제하는 데는 스스로의 의미를 인간 위에 있는 무엇, 쉽게 말하자면 초월적인 것에 연결시킬 필요가 있었다. 따라서 역사는 다양한 정치적 지배가 종교의 힘을 빌려왔음을 입증하고 있다. 신으로 생각되었던 이집트의 파라오와 중국의 天에 관련된 사상으로부터 종교적으로 합법화되었던 로마제국에 이르기까지 신정(theocracy)은 잘 알려져 있는 것이다. 근대사에 있어서도 유럽에서 가톨릭의 전제적 정치신학과 개신교의 민주정치사상 등은 물론, 인도에서의 힌두교와 동남아에서의 소승불교의 정치적 영향력은 모두 주지의 사실이다. 더구나 중동지역에서 이슬람교의 정치적 참여는 또한 빼놓을 수 없을 것이다. 하지만 종교가 정치권력구조의 유지에만 협조해 온 것은 아니다. 종교는 정치권력의 우산 밖에 있는 사람들의 뜻을 반영시키기도 한다. 구약성서에 나오는 모세의 출애굽의 긴 역사는 바로 정치권력에의 복종이 아니라, 정치권력 밖에 있는 사람들을 민족적 신앙에 근거하여 구출하는 이야기이다.

우리나라에서도 고조선의 단군신화나 삼국의 시조신앙은 물론, 삼국통일의 정신적 기반이었고 고려의 건국이념이었던 불교나 조선시대 치국의 도로 생각되었던 유교 등은 모두 일정한 정치적 의미를 지녔다고 할 수 있다. 따라서 사회 및 국가의 통합에 있어서 종교의 역할은 흔히 여러 측면에서 강조되어 왔다.

종교사회학 전통에서는 이런 종교의 사회통합(social cohesion of religion)에 관하여 뒤르켐의 이론이 주로 거론된다.[1)] 뒤르켐에 의하면, 일단 형성된 하나의 사회는 그 사회를 구성하는 속된 요소들과 구별되면서 그 자체를 상징화한다. 즉 종교는 상징화된 사회 자체이다. 따라서 종교제의에 참여하는 것은 그 사회 자체의 종교적 힘을 경험

1) M. McGuire, *Religion: The Social Context*, Belmont, California: Wadsworth Publishing Co., 1981, ch. 6.

하는 것이다. 그런데 이렇게 사회가 상징화되어 형성된 종교는 다시 그 사회 내의 여러 요소들을 통합시키는 데 공헌한다고 한다. 결국 종교는 근본적으로 사회통합의 원인이라기보다는 통합된 사회의 상징적 표현, 즉 결과이다. 다만 결과로서의 종교는 다시 순환적으로 사회통합을 가져오는 원인이 된다는 것이다. 따라서 뒤르켐의 이론을 무턱대고 "종교가 사회를 통합한다"는 식으로 단순화했던 종래의 해석들은 매우 잘못되었다고 생각된다.[2)]

한편 종교의 사회통합 기능을 인정하는 경우에도, 실로 종교가 사회를 통합시키는 데 있어서 필수적 요소인가 아닌가에 있어서는 주장들이 엇갈린다.[3)] 즉 뒤르켐의 이론에서는 하나의 사회가 도덕적 일체감을 중심으로 통합되면 그 통합된 사회는 반드시 상징화되어 종교로 나타난다. 그리고 상징화된 종교는 공통된 가치와 목표를 통해서 다시 사회를 통합시키게 되므로 사회통합에 있어서 종교는 필수적 기능을 가진다고 생각된다. 이러한 주장은 모든 사회적 요소들은 존재하는 한 기능이 있고, 그 기능들은 서로 연관되어 반드시 (통합적) 균형을 추구한다는, 이른바 기능주의적 경향에서도 그대로 답습되어 왔다고 생각된다.

반면에 종교가 현대사회의 문화적 통합에 공헌은 하지만, 사회의 모든 통합에 필수는 아니라는 주장도 있다. 즉 종교는 사회통합에 일부 공헌할 수도 있지만, 갈등의 원천이 될 수도 있고 반드시 사회통합의 유일한 요인은 아니라는 입장이다.

이렇게 종교가 사회통합에서 하는 역할은 다양하고도 복잡한 문제이므로, 조직화된 세력으로서의 종교와 세속적 정치권력과의 다양한 상관관계가 논의되어 왔다. 이런 점을 고려하면서 정교관계 유형에

---

2) P. Hammond, "Religious Pluralism and Durkheim's Integration Thesis," A. Eister, ed., *Perspectives in the Scientific Study of Religion*, N.Y.: Wiley, 1974, pp. 115-142.

3) M.B. McGuire, *op. cit.*, pp. 148-149.

대한 중요한 형식들을 살펴보기로 하자.

2 정교관계 유형론

종교와 정치(국가)와의 관계(church-state relation)는 우선 그 역사적 발전에 따라 세 단계로 구분되어 왔다. 바하(J. Wach)에 의하면, 첫째 단계는 고대 희랍이나 중세 일본에서처럼 세속적 집단과 종교적 집단이 동일시되는 정교합일의 시기이고, 둘째 단계는 이스라엘, 로마 등에서처럼 종교집단들이 상대적으로 독립과 자율권을 누리는 가운데 정부와 제의조직이 별도로 발달하는 이른바 정교분리의 시기이다. 그리고 셋째 단계는 유교나 불교 및 기독교 등 보편적 종교전통들이 일반화되면서, 고도의 정치적 발전과 종교공동체의 보편성을 위한 일관된 주장이 생겨서 결국 보편종교의 정치참여가 일어나는 시기이다.[4)]

한편 잉거(J.M. Yinger)는 정교관계의 유형을 상호 간의 기능에 초점을 맞추면서 역사적 단계보다는 현상구조적인 관점에서 셋으로 구분하고 있는 것이 특징이다. 즉 첫째는 종교의 통합기능에 연관된 정교일치(Identity of religion & politics)의 경우이고, 둘째는 종교가 오직 정치 상황의 표현에 불과한 정치의 종교이용(The use of religion by politics)의 경우, 그리고 셋째는 종교와 정치체제 사이에 심한 갈등이 노출되는 경우로서 이것은 다시 말해서 정치에 대한 종교의 도전(Religious challenges to political authority)의 경우라고 정리하고 있다.

---

4) J. Wach, *Sociology of Religion*, Chicago: The University of Chicago Press, 1944, ch. vii. 이 바하의 3단계 모델은 중국적 상황 속에서 (1) 종교와 국가의 연합, (2) 종교의 세속정치에서의 도피, (3) 종교와 국가의 투쟁의 단계들로 이해되기도 한다(C.K. Yang, *Religion in Chinese Society*, Berkeley: University of California Press, 1967, p. 105).

그러나 물론 이 세 경우의 유형이 각기 명백하게 구별되는 것만은 아니며 상호 연관될 수 있음도 지적한다.[5)]

그러나 역사적 단계나 현상구조보다도 오늘날의 실제적인 제도를 중심으로 한 정교관계 유형론도 있다. 예컨대 커리(J. Curry)에 의하면 오늘날에는, 첫째로 이란에서처럼 종교가 세속적인 규율을 지배하는 유형이 있다. 둘째로는 공공정책에 있어서 국가와 종교의 입장이 불일치하여 긴장이 있는 유형이 있다. 아마도 이탈리아와 스페인에서 교육, 이혼, 낙태에 관한 문제라든가, 남미에서 경제적, 사회적 불의에 대한 문제 그리고 남아프리카의 인종문제 등은 그러한 입장 불일치의 대표적인 예들이 될 것이라고 한다. 끝으로 셋째는 얼마 전까지 행해진 공산국가들의 종교탄압과, 비(非)공산권 중에서도 우간다, 아르헨티나, 그리스, 파라과이 등에서 행해지고 있는 신흥종교에 대한 제한처럼 국가가 종교행위를 강제적으로 제한하는 유형이 있다.[6)]

정교관계의 유형에 대한 논의는 매우 다양한 편이다. 그리고 유형화를 하는 기준에도 여러 가지 시각이 있다. 그러면 실제로 종교와 정치 간의 관계에 영향을 주는 요인들에는 어떠한 것들이 있을까?

아시아 종교들의 정치와의 관련 문제에 대하여 다음과 같은 요인들이 지적된 바 있다. 첫째로 역사이론이 있다. 다시 말해서 역사지향적 관심이 클수록 종교의 정치참여가 증가한다고 한다. 둘째로는 타종교에 대한 태도가 중요하다. 종교적 관용의 태도는 공동이익을 위해 정치과정을 이용하려는 경향을 강화한다는 것이다. 셋째는 교단 조직화의 능력이다. 교단의 조직화가 잘 될수록 정치적 간여가 증가한다는 것이다. 넷째는 정치적 기능과 종교적 기능의 성격 문제이다. 대체로

---

5) J.M. Yinger, *The Scientific Study of Religion*, N.Y.: Macmillan Publishing Co., 1970, ch. 18.

6) J. Curry, "Church-State Development Around the World," *The Annals of the American Academy of Political and Social Science*, vol. 446, 1979, pp. 19-31.

이 두 기능들의 제휴 전통이 분명할수록 정치에 종교 간여가 확대된다는 말이다. 끝으로 다섯째, 사회를 규제하는 경향이 크면 클수록 종교적 권위와 국가 사이의 갈등이 커진다고 한다.[7)]

그러나 이러한 아시아 종교들의 상황에 관련된 다양한 요인들에도 불구하고, 앞서 살펴본 정교관계 유형론들을 재고해 보면 주로 두 가지 기준이 중요한 것을 알 수 있다. 하나는 과연 정치와 종교가 얼마나 분화(differentiation)되어 있는가 하는 정도이고, 또 하나는 힘(power)의 소재가 어느 쪽에 기울어져 있는가 하는 점이다. 분화의 정도로는 정치와 종교가 완전히 미분화되어 있는 경우와 부분분화되어 있는 경우 및 완전히 분화되어 종교의 다원화가 만연되어 있는 경우들이 있다. 한편 힘은 종교 쪽으로 기울거나 국가 쪽에 더 강하게 있는 경우, 그리고 양쪽에 엇비슷하게 있어서 서로 갈등하거나 공존하거나 또는 새로운 것으로 승화되는 다양한 경우 등이 있다고 하겠다.

이것은 좀더 구체화하여 설명하면 다음과 같다. 첫째, 미분화형은 원시사회의 제정일치가 이루어지는 것이 그 대표적인 예로서 완전한 정교합일의 경우이다. 둘째, 부분분화형은 세 가지 유형으로 다시 구분될 수 있는데, 오늘날 이란에서처럼 모든 국가의 권위가 종교에 종속되는 경우는 국교형이라 할 수 있다. 이와는 정반대로 일제강점기 일본의 국가신도나 공산국가들에서처럼 종교가 철저히 국가나 국가주의에 종속되는 경우를 생각해 볼 수 있는데 이는 희생형이라고 할 수 있다. 또 부분분화가 이루어져 부분적인 연관을 맺고 있으면서도 오늘날 남미에서처럼 종교와 정치의 이해가 서로 엇갈려 갈등하는 경우는 갈등형이라 하겠다.

한편 현대사회는 철저한 종교의 다원화가 이루어져 있다 보니 국가

---

7) D.E. Smith, ed., *South Asian Politics and Religion*, N.J.: Princeton University Press, 1966, p. 19 (J.M. Yinger, *op. cit.* pp. 418-419에서 재인용).

1. 미분화형(R = S): 정교합일
2. 부분분화형: 국교형(R > S), 희생형(R < S), 갈등형(R ↔ S)
3. 완전분화형: 공존형(R + S), 승화형(R ∧ S) → 종교다원화

정교관계 유형

는 특정 종교하고만 공식적인 관계를 유지하기가 어려워 흔히 정치와 종교는 별도의 문제로 이야기된다. 이렇게 현대사회에 완전분화를 가져오는 종교다원화 상황 속에서 바람직한 정교관계는 무엇일까? 이에 관해 최근 새로운 이론들이 제시되어 왔다. 그 가장 대표적인 예는 국가와 종교가 분리된 가운데서도 공통의 목표를 위해 상호 협조할 것을 강조해 온 이른바 매개구조론을 중심으로 한 공존형이다. 그리고 또 국가와 종교의 분리된 힘의 체계가 새로운 차원의 소위 공민종교로 발전된다는 승화형도 있다.

이상의 정교관계 유형들은 분화 정도와 힘의 소재를 축으로 하여 형성된 논리적, 현상학적 유형화일지 모른다. 특히 중요한 것은 현대 종교다원사회에 들어서면서는 정교관계의 완전분화가 생겼다는 점과, 반면에 이를 극복해 보려는 새로운 이론들은 종교와 국가의 힘을 어느 한쪽으로 기울지 않게 중간에 위치시킴으로써 점차 관계의 접근을 목표로 하고 있다는 점일 것이다. 이런 점들을 고려하면서, 오늘날 종교다원주의 시대의 정교관계에 근거한 대표적인 이론들이라 할 수 있는 매개구조론과 공민종교론을 좀더 자세히 살펴보기로 하자.

3 매개구조론

피터 버거에 의하면, 매개구조들(mediating structures)은 "사적 생활

을 영위하고 있는 개인과 그들의 공적 생활의 중심이 되는 커다란 제도들 사이에 있는 중간적 조직체들이다."[8] 즉 현대사회의 특징적 구조인 개인과 거대구조(mega-structure, 국가 · 기업 · 병원 · 군대 등)를 연결시켜 주는 것이 바로 매개구조라는 것이다. 따라서 본래 매개구조에는 종교기관(religious institutions) 이외에도 가족이나 이웃 및 자발적 조합들(voluntary associations)이 포함되지만, 여기서는 종교기관에 그 초점을 맞추어 논의하려는 것이다. 즉 사회 속에 있는 개인과 거대구조들을 일직선상의 양끝에 두고 보았을 때, 대부분의 종교기관은 개인만으로 구성되지 않으며 또 대체로 그다지 거대구조가 아닌 (오늘날 우리나라의 일부 대형교회들은 물론 예외일 것이나) 중간적 구조들로서, 개인이 거대집단과 연결될 수 있는 통로라는 말이다.

한편 고전사회학의 전통을 훑어보면, 매개구조의 개념은 벌써 오래전부터 암시되어 왔음을 알 수 있다. 뒤르켐은 그의 유명한 자살에 관한 연구에서 근대화의 폭풍을 묘사하면서, 현대사회는 한편으로는 국가 그리고 또 한편으로는 수많은 개인들만을 남겨 놓으면서 오랫동안 인간이 살아왔던 '작은 집단들' (little aggregations)을 휩쓸어 버리고 있다고 진단한다. 이와 비슷한 현대사회에 대한 분석은 퇴니스(F. Tönnis), 베버(M. Weber), 짐멜(G. Simmel) 등의 독일 사회학자들과 쿨리(C. Cooley), 베블런(T. Veblen), 파슨즈(T. Parsons),[9] 니스벳(R. Nisbet) 등의 미국 사회학자들에서도 잘 나타난다. 결국 이들은 근대

---

8) P.L. Berger & J. Neuhaus, *To Empower People: The Role of Mediating Structures in Public Policy*, Washington, D.C.: American Enterprise Institute, 1977, p. 2.

9) 파슨즈는 특히 가족과 교회는 현대사회에 있어서 개인과 사회를 잇는 '경계구조'(boundary structure)로서의 역할이 오늘날 점차로 약화되는 것을 같이 겪고 있지만, 사실상 '사회의 중심'(social center)으로서의 그 위치가 재확인되어야 할 것을 강조하고 있다(T. Parsons, "Family and Church as 'Boundary' Structures," N. Birnbaum and G. Lenzer, eds., *Sociology and Religion*, N.J.: Prentice-Hall, 1969, pp. 423-429).

화로 인해 인간의 자연적 공동체인 작은 집단들이 파괴됨으로써 생기게 되는 사회구조적 변화에 관심을 가졌던 것이다. 비록 이 작은 집단들이 현대사회에서 사라져가고는 있으나, 사회 안에서의 '소대'(small platoons)의 중요성을 주장했던 버크(E. Burke)와, 미국 민주주의의 활력소로서 자발적 조합들을 지적했던 토크빌(A. Tocqueville)과, 중세 길드(guild)의 장점을 강조했던 기르케(O. Gierke) 등의 견해 속에서 작은 집단들의 의미심장함은 이미 잘 알려져 왔기 때문이다. 심지어 마르크스의 전통에서도 유사한 주장들이 전개되어 온 바 있다.[10)]

하지만 본격적인 매개구조 이론의 주창자는 역시 피터 버거이다. 버거에 의하면, 산업사회에서 분업의 발달은 인간생활에 깊이 파고들어 결국 모든 제도들을 다원화시키는 결과를 가져온다. 그런데 더욱 중요한 것은 이러한 사회제도의 다원화는 여러 제도들을 각기 폐쇄적인 고유 전문영역들로 빠져들게 하여 서로 간에 넘나들 수 없게 되는 단절적 상황으로까지 몰고간다는 점이다. 따라서 그들 속에 참여하게 되는 각 개인들의 생활을 철저히 공적 영역(the public sector)과 사적 영역(the private sector)으로 양극화(polarization)시킨다는 것이 문제이다.[11)] 결국 여기서 양극화라는 것은 쉽게 말하자면, 개인이 밖에서 일할 때와 집에서 쉴 때 서로 매우 다른 의식구조로 살아야 한다는 것을 뜻한다.

예컨대, 오늘날처럼 기술 전문화와 관료화가 절정에 이른 현대사회 속의 인간들은 우선 자신의 성분성(componentiality)과 익명성(anonymity)을 실감하게 된다. 개인은 기업이나 국가 등의 거대구조

---

10) 매개구조 이론의 역사적 배경에 대하여, P.L. Berger, "In Praise of Particularity: The Concept of Mediating Structures," *The Review of Politics*, 38/3(1976): 401-402; P.L. Berger & R.J. Neuhaus, *op. cit.*, p. 4 참조.

11) 특히 이 양극화와 근대화와의 관계에 대하여, P.L. Berger, *The Homeless Mind: Modernization and Consciousness*, N.Y.: Random House, 1973 참조.

속에서 볼 때 하나의 부속품에 지나지 않는다. 아울러 자신의 전인적 인격을 노출시킬 수 있는 기회는 없으며 그 거대한 메커니즘이 전체적으로 어떻게 돌아가는지 상상할 수조차 없다. 따라서 일을 해도 성취감을 느낄 수 없는 것이다. 한편, 부속품으로서의 개인은 원칙적으로 대치될 수 있어야 한다. 일하는 동안 개인의 정체성은 지극히 비인간화되고 개성은 존중될 수 없다. 개개인의 이름은 불필요해지고 각종의 번호로 불리면 되는 것이다. 모두가 익명 즉, '이름 없는 존재' 들이 되어 버리는 셈이다. 결국 공적 영역에서의 인간생활은 소외(alienation)로 특징지어진다.

반면에 공적 영역에서 생긴 의미의 상실감은 사적 영역으로의 관심을 더욱 불러일으키게 된다. 즉 현대사회에서 개인의 사생활이 중시되는 이유는 공적 생활 속에서 좌절한 개인들에게 휴식처를 마련해 주기 때문이다. 대부분의 사람들은 개인적 의미를 찾기 위해, 공적 생활에서 잃어버린 자아를 사적 영역에서 보상받으려 한다는 말이다. 따라서 이른바 인간의 삶이 사생활화(privatization)[12]된다. 그런데 사람들마다 사생활에만 지나치게 집착을 하다 보면 당연히 가치관은 개인화되고 다원화될 수밖에 없다. 즉 개개인의 생활이 사회 전체를 우산처럼 뒤덮는 전체적 규범에서 벗어나 사적으로 되면 될수록 사실상 사회적 도덕가치 등과는 상관없이, 쉽게 제멋대로 살 수밖에는 없게 된다. 그들에게 있어서는 더 이상 속박되고 규제되는 사회적 규범은 없는 것이나 다름없다. 결국 사적 영역에서의 인간생활은 규범이 무너져 버린 이른바 아노미(anomie)로 치닫게 되는 셈이다.

따라서 양극화로 인한 공적 영역에서의 소외와 사적 영역에서의 아노미,[13] 이 두 극단적 현상들을 피하려는 노력이 절실히 필요해진다.

---

12) 인간 삶의 사생활화는 본래 겔렌이 강조해 온 바이다. 특히 '보상으로서의 사생활화' 에 대해서는, P.L. Berger, ed., *The Human Shape of Work: Studies in the Sociology of Occupations*, N.Y.: Macmillan, 1964, *passim* 참조.

근대화되면서 해체되어 왔던 매개구조들이 중요해지는 것은 바로 이런 맥락에서라고 할 수 있다. 다시 말해서, 현대사회에서 국가와 같은 거대구조와 개인생활을 연결시키는 매개구조들의 해체는 사회 전체에 위기를 초래하게 된다. 그러므로 종교를 비롯한 매개구조들은 개인으로 하여금 자신이 속한 공동운명체 속에 있는 사람들과 가깝게 접할 기회를 제공해 주며, 자신의 개인적 가치체계가 공동의 가치체계에 의해 뒷받침되고 있음을 확인시켜 준다는 점에서 중요하다. 또 소외된 사람들로부터 국가사회는 아무것도 기대할 수가 없다. 따라서 매개구조들을 통해서 국가사회는 거대구조들의 비인격적 · 몰가치적 성향에 도덕적 기반을 마련하여 통합을 이루는 데 도움을 얻을 수 있다는 이야기이다.[14] 그리고 비대해진 거대구조(특히 국가)로부터 단절되었던 개개인의 의견이 수렴될 수 있는 통로의 역할을 매개구조가 하는 셈이므로 민주주의적 이상에도 부합된다고 한다.

이런 맥락에서 매개구조 이론은 실제적으로 다음과 같은 두 가지 정책적 제안을 해왔다.

> 첫째로, 공공정책은 매개구조들을 보호하고 또 육성해야 하고,
> 둘째로, 가능한 곳에서는 어디서든지 공공정책은 사회적 목표의 실현을 위해 반드시 매개구조들을 이용해야 한다.[15]

즉 첫 번째의 것은 소극적 제안으로서 공공정책의 방향이 적어도 매

---

13) 양극화로 인한 소외와 아노미에 관하여, P.L. Berger, "In Praise of Particularity," pp. 402-403; P.L. Berger & R.J. Neuhaus, *op. cit.*, p.2 참조.

14) 매개구조의 기능에 대하여, T.M. Kerrine & R.J. Neuhaus, "Mediating Structures: A Paradigm for Democratic Pluralism," *The Annals of the American Academy of Political and Social Science*, vol. 446, 1979, p. 11 참조.

15) P.L. Berger, "In Praise of Particularity," pp. 407-409; P.L. Berger & R.J. Neuhaus, *op. cit.*, pp. 6-7.

개구조들을 파괴하거나 손상시키지 말아야 한다는 뜻이며, 두 번째의 것은 좀더 적극적 제안으로서 매개구조들의 잠재력을 충분히 발휘시켜서 현상유지 정도가 아니라 공공정책에 최대한 이용해야 한다는 것이다. 결국 매개구조 이론이 제안하는 궁극적 모토는 '약화된 현대사회 체제에 힘을 주는 것(empowerment)' 이라고 요약될 수 있을 것이다.

여기서 대표적인 매개구조로서의 종교에 우리의 관심을 돌려본다면, 그 정책적 제안은 가톨릭 사회이론에서 나타나는 "보조의 원리" (the principle of subsidiarity)와 매우 유사한 것을 알게 된다.[16] 즉 개인에게 영향을 주는 당국의 정책은 지식과 공감과 의무라는 점에 있어서 그 개인에게 가장 가까운 집단을 감안하여 결정되어야 한다는 것이다. 예컨대, 오늘날 수재가 났을 때 국가는 통계만 믿고 수해대책 당국을 통해 엄청난 구호금품을 지출하지만, 종교집단들이 훨씬 적은 구호금품을 하느님이나 부처님의 이름으로 나누어 주며 수재민을 의미 있게 위로하였던 과거보다 과연 효율에 얼마나 차이가 있는가? 아무리 관료행정이 확대된다 하더라도 종교집단들에 의해 유지되고 있는 학교나 병원 및 많은 사회복지기관들의 역할에 당국은 계속 적극적으로 도움을 받게 될 것이다.

물론 공공정책에 종교집단이 지나치게 간여함은 현대사회의 정교분리원칙에 위배된다는 주장이 있을 수도 있다. 하지만 종교다원주의가 오늘날처럼 지나치게 팽배해 있는 현대사회에서는 오히려 철저한 정교분리로 인해 국가가 종교를 단순히 개인적 문제(personal problem)로만 소극적으로 이해함은 부당하다고 말해진다. 매개구조로서의 종교는 국가가 궁극적으로 목표하는 국민의 진정한 영적 복지(spiritual welfare)의 통로이다.[17] 또한 매개구조들이 '구원적 공동체'

16) 매개구조 이론과 가톨릭 보조의 원리의 관련성에 대하여, T.M. Kerrine & R.J. Neuhaus, *op. cit.*, p. 12 참조.

17) 정교분리 원칙의 한계와 매개구조 이론과의 연관성에 대하여, P.L. Berger &

(redemptive communities)로 불릴 수 있는 것도 바로 이런 근거에서이다.[18)]

그럼에도 불구하고, 매개구조 이론이 지나치게 단순화되어 국가와 종교집단 간의 무절제한 뒤얽힘을 뜻하는 것은 아니다. 다시 말해서, 새로운 형태의 재국교화(reestablishment)의 위험은 분명히 제거되어야 한다. 예를 들어, 정부 내에 매개구조(즉, 종교)의 효율적 운용을 위한 중앙행정조직이 생긴다면, 이것은 오히려 거대구조 사회의 문제점을 해결하기 위해 등장한 매개구조 이론의 본래 목표에 어긋나는 모순적 경향으로 보아야 한다.[19)]

따라서 종교 행정적 차원에서 보았을 때, 매개구조 이론이 목표로 하는 것은 오히려 '철의 새장(iron cage)' 속에 갇혀 있던 국가의 기능을 적절한 경로를 통해 분산화(decentralization)시키는 데 있다고 할 수 있다. 즉 기존의 거대구조를 공격하려는 것이 아니라, 다만 민주주의적 안목에 기초하여 작은 집단들의 잠재력을 우리의 공동생활에 연결시킬 수 있는 더 나은 방법들을 모색하는 것이다.

따라서 근본적으로 매개구조 이론은 사회구조적 맥락에서 보았을 때, 개별주의(particularism)와 다원주의(pluralism)의 신화를 주장하고 있지만, 동시에 집합적 행위의 근거가 될 수 있는 사회적 통일성의 일반적 신화를 또한 기본적으로 인정하고 있음을 우리는 상기해야 한

R.J. Neuhaus, *op. cit.*, pp. 29-30; T.M. Kerrine & R.J. Neuhaus, *op. cit.*, pp. 13-14 참조.

18) '구원적 공동체' 로서의 매개구조들의 개념에 대하여, J. Mechling, "Myth and Mediation: Peter Berger's and John Neuhaus' Theodicy for Modern America," *Soundings*, LXII/4(1979): 357. 여기서 메칠링은 이런 매개구조들의 신화적 성격도 지적한다. 그러나 버거 자신은 이 점에 대해서는 수긍하지 않는다(P.L. Berger, "Response to Mechling and Price," *ibid.*, p. 396).

19) 매개구조이론의 정책적 한계에 대하여, P.L. Berger, "In Praise of Particularity," pp. 408-409; P.L. Berger & R.J. Neuhaus, *op. cit.*, p. 7 참조.

다.[20] 즉 사회 구성원 개개인의 의견들을 두루 모아 수렴시키는 것이 좋다는 믿음과 또 한편으로는 하나의 사회가 일사불란한 공동운명체로 이해될 수 있는 통일적 의식을 계속 자각함이 중요하다는 믿음, 이 둘 모두가 매개구조 이론 속에서는 변증법적으로 지양되고 있는 것이다.[21] 몇몇 이론가들은 이런 매개구조 이론의 신화적 이중성을 모호성으로 보고 비판하기도 하지만,[22] 이론적 한계와 이론적 부당성은 다르다. 매개구조 이론 자체가 한계를 규정하고 전개되기 시작한다는 것은 定義的 특색에 대한 이해일 뿐이다.

결과적으로 정교관계의 관점으로부터 본다면, 매개구조론적 입장에서의 정교관계는 오늘날의 다종교 상황이 어떤 하나의 종교적 수렴점을 통해 극복되어야 함을 주장하지는 않는다. 종교와 국가는 완전 분화된 상황 속에서 서로 협조하는 공존적 관계를 목표로 하고 있는 것이다.

4 공민종교론

현대 다원화된 사회 속에서의 정교관계에 대한 또 하나의 새로운 논의는 벨라(R.N. Bellah)에서 본격적으로 구체화되는 공민종교(civil religion) 이론에서 볼 수 있다.[23]

1961년 1월 미국에서 케네디(J.F. Kennedy)가 행한 대통령 취임연설은 우리가 듣기엔 꽤 이상할 정도로 종교적인 어휘나 뉘앙스가 많았

---

20) 버거는 이것을 구조적으로 "E Pluribus Unum"의 상징으로 설명한다(P.L. Berger & R.J. Neuhaus, *op. cit.*, p. 41).

21) 졸고, 「매개구조로서의 종교」, 『정신문화연구』 29(1986/여름): p. 142.

22) 예컨대, J. Mechling, *op. cit.*, p. 360 참조.

23) R.N. Bellah, "Civil Religion in America," *Daedalus*, 96/1(1967): 1-21.

다. “나는 국민 여러분과 전능한 신 앞에서 엄숙히 선언합니다.”라든가, “인간의 권리는 국가의 관용으로부터가 아니라 신으로부터 유래하는 신앙”이라든가, 또는 결론에서 “신의 축복과 그의 도움을 요구하면서, 그러나 여기서 신의 과업이 바로 우리의 과업임을 알면서, 우리가 사랑하는 이 나라를 이끌어 갑시다.”라고 했던 말들이 쉽게 기억난다. 이런 것은 물론 케네디의 취임연설에서만 독특했던 점은 아니다. 대부분의 미국 대통령들은 취임연설뿐 아니라 종종 다른 공식연설 속에서도 신 등을 운운한다. 그러나 미국 사람들이 일상대화 속에서 이렇게 신을 말한다 해서 그들 모두가 독실한 기독교인이라고 쉽게 단정할 수는 없다. 이것은 마치 한국 사람들이 갑작스런 실망의 경우에 “하느님 맙소사!” 하고 하느님을 찾는 것과 실로 별 차이가 없을 것이다. 즉 케네디의 취임연설에서 언급된 신은 유대교나 가톨릭이나 또는 기독교 등 어느 특정 종파의 신을 의미하는 것이 아니다. 이것은 쉽게 말하자면, 대개의 미국인이 느끼는 어떤 일반적인 종교의 초월적 존재를 뜻한다고 할 수 있을 것이다. 여기서 논의되는 공민종교의 개념은 바로 이런 것과 연관된다.

물론 벨라의 공민종교론에서 보면 “약속된 땅”, “선민의식” 등 성서적 상징들도 있다. 하지만 “그리스도”라는 용어는 결코 사용되지 않는다. 그러므로 전통적 기독교와는 분명히 구별된다. 하지만 이것은 단순히 “종교일반”(religion in general)을 뜻하는 것도 아니라고 한다. 그리고 흔히 있어 온 국가주의나 민족주의와도 다르다. 미국의 역사에서 종종 국가가 종교와 비교적 부드러운 관계를 유지해 왔음이 다양하게 지적된다.[24] 그러나 공민종교론은 결코 유럽시대의 국교화(establishment)를 뜻하거나 값싼 국가지상주의나 민족주의를 의미하지

24) S.E. Mead, “The Nation with the Soul of a Church,” R.E. Richey and D.G. Jones, eds., *American Civil Religion*, N.Y.: Harper & Row Publishers, 1974, p. 67.

는 않는 것이다. 즉 신 앞에 맹세를 하지만 특정종교가 아닌, 오직 껍질 같은 표시(empty sign)인 신을 말하는 셈이므로 종교와 국가 사이의 엄격한 분리의 원칙을 준수한다고 할 수 있다. 그러므로 벨라는 "미국의 공민종교는 미국의 국가숭배가 아니라 궁극적이고 보편적인 실재에 비추어 미국적 경험을 이해하는 것"이라고 말하고, 그것은 "국가 자체가 궁극적인 것이 아니라 초월적 심판 아래 서 있으며, 오직 '더 높은 법칙'을 깨달았을 때에야 국가는 가치가 있다"는 것을 보여준다고 해석한다.[25)]

결국 공민종교의 개념 밑바탕에 깔려 있는 것은 전통적 기독교와 국가에 모두 관련되지만, 이 둘 모두와 분명히 구분되는 실재라고 요약될지 모른다. 이런 맥락에서 벨라는 공민종교를 "초월적 실재에 비추어 역사적 경험을 해석하는 모든 사람들의 삶에서 발견되는 종교적 차원"이라고 정의한다.[26)] 물론 벨라의 초기 논문에서는 공민종교가 여러 측면을 보여준다. 특히 이념적(ideological) 측면, 특수한 사건들(specific events)의 측면, 제의적 표현(ritual expression)의 측면들이 논의되기도 한다.[27)] 그러나 전통종교들과 국가로부터의 공민종교의 분화는 최근까지도 공민종교 개념 논의에서 중요한 틀로 여겨진다.[28)]

---

25) R.N. Bellah, "American Civil Religion in the 1970s," In *Ibid.*, p. 255.

26) Idem, *The Broken Covenant: American Civil Religion in Time of Trial*, N.Y.: A Crossroad Books, 1975, p. 3.

27) J.F. Wilson, "A Historian's Approach to Civil Religion," R.E. Richey & D.G. Jones, *op. cit.*, pp. 127-129.

28) 공민종교의 분화에 관해서는, G. Gehrig, "The American Civil Religion Debate: A Source for Theory Construction," *Journal for the Scientific Study of Religion*, 20/1 (1981): 54-55, 60-61 참조. 여기서는 세 가지 형태의 공민종교의 개념들을 분류해 논의하고 있는데, 첫째는 종교나 국가에서 분화하지 못하고 후원받고 있는 형태, 둘째는 세속적 국가주의의 한 형태로서 독점적 위치에 있는 형태, 셋째는 종교도 국가도 통제할 수 없이 분화된 공민종교의 형태가 지적된다. 미국의 경우는 물론 셋째 형태에 해당된다.

미국 역사적 차원의 공민종교에 관한 논의들은 차치하고서라도,[29] 학술적인 차원에 있어서 공민종교는 사실상 폭넓게 연구되어 왔다. 예컨대 "미국적 생활방식의 종교"(the religion of American Way of Life)나 "미국적 신조"(American Creed), 미국인의 "공통적 신앙"(common faith) 등이 거론되어 왔다.[30] 또 1960년대에 들어서면서는 종교사회학과 객관적 학문으로 자리를 굳히기 시작한 종교학을 일반대학에서 가르치면서 종파적 경향이 초월된 공민종교에 연관된 주제들을 다양하게 수용하였다.[31]

좀더 이론적으로는 뒤르켐이 "국민의 심원한 가치에 대한 초월적 표현"을 설명하기 위해서 "공통종교"(common religion)라는 용어를 사용한 바 있다.[32] 하지만 벨라의 공민종교론에 직접적으로 영향을 준 것은 분명히 루소(J. Rousseau)와 허버그(W. Herberg)였다. 루소는 "공민종교"라는 용어를 처음으로 사용하기 시작했는데, 그에게 있어서 "공민종교"는 어느 종교적 교리 자체가 아니라 "한 인간이 그것 없이는 훌륭한 공민이나 충실한 백성이 될 수 없는 사회적 감정"이라고 했다. 특히 그는 『사회계약론』(*The Social Contract*)에서 공민종교의 중심적 사상들을 윤곽짓는데, 그것은 "신의 존재," "삶의 기대," "미덕의 보상과 악덕의 처벌" 그리고 "종교적 아량" 등을 포함했다.[33] 한편 허버그는 『프로테스탄트, 가톨릭, 유대교인』(*Protestant, Catholic, Jew*)이라

---

29) 이런 측면에 대해서는 졸고, 「미국의 공민종교론」, 『미국학』 9(1986): 28-34 참조.

30) 위의 책, p. 34.

31) 위의 책, p. 35.

32) P.E. Hammond, "Pluralism and Law in the Formation of American Civil Religion," R.N. Bellah & P.E. Hammond, eds., *Varieties of Civil Religion*, San Francisco: Harper & Row, 1980, p. 139.

33) 루소의 공민종교론에 관하여, C.H. Lippy, "The 1980 Massachussetts Constitution: Religious Establishment or Civil Religion?," *Journal of Church and State*(1978): 549 참조.

는 그의 저서에서 미국은 "하나의 종교적 용광로"(a religious melting pot)로 상징되어, 이민을 왔던 사람들의 여러 종교전통들이 얼마만 지나면 그 고유한 성격을 잃고 이른바 하나의 공통적인 종교, 즉 "미국적 생활방식"이나 "미국주의의 종교"(religion of Americanism), 다시 말해서 "미국종교"로 동화되어 버림을 지적하였다.[34)]

아무튼 벨라 이후로는 공민종교에 관한 매우 다양한 논의들이 등장하여 여러 관점에서 유형화가 이루어져 왔다.[35)] 또 공민종교의 기본 전제들로서 (1) 종교적 상징체계의 존재, (2) 정치와 종교공동체로부터의 구조적 분화, (3) 교회와 국가 어느 것에 의해서도 수행되지 않았던 종교적 기능의 등장, (4) 문화적 진화의 방향을 뒤따르게 되는 공민종교적 분화 경향 등이 제시되기도 하였다.[36)]

이쯤 되니 공민종교는 더 이상 단순한 개념이 아니라고 말한다. 기독교나 불교 등의 전통적 종교들에 비교한다면 물론 아직 "신흥종교"에 불과하겠지만, 공민종교도 이들처럼 구체적인 사회적 실재, 종교실체라는 주장들이 있다. 예컨대, 워싱턴(G. Washington)과 링컨(A. Lincoln)은 공민종교의 성인들이고 수도 워싱턴 디씨와 하이드 파크(Hyde Park) 등은 성소(sacred places)이며, 헌법은 성서에 해당되고, 법원은 교회에, 그리고 판사들은 사제들이라 말할 수 있다고 한다. 공립학교들은 이런 식으로 말하면 주일학교로 취급된다.[37)] 또 공민종교의 미국적 국지성을 탈피한 보편성이 주장되면서,[38)] 점차 일본, 멕시코,

---

34) 허버그의 공민종교 연구에 대하여, R.E. Richey & D.G. Jones, *op. cit.*, pp. 7-8 참조.

35) 다양한 공민종교 유형론에 관하여, 졸고, 「미국의 공민종교론」, pp. 35-36 참조.

36) 이것은 John A. Coleman의 논의이다. G. Gehrig, *op. cit.*, pp. 52-54 참조.

37) R.E. Richey & D.G. Jones, *op. cit.*, p. 83; P.E. Hammond, "Commentary of Bellah's Civil Religion in America," D.R. Cutler, ed., *The Religious Situation*, Boston: The Beacon Press, p. 385.

38) 공민종교의 특수성과 보편성에 관한 논의로는, R.E. Richey & D.G. Jones, *op.*

이탈리아의 공민종교에 관한 일련의 연구들도 시작되었다.[39]

그러나 최근 논의되어 온 공민종교에 관한 이론 중에서는 그 형성에 관한 것들이 가장 주목을 받아왔다. 역사적으로 공민종교의 발생은 독립 당시부터 내려온 미국의 계몽주의적 사고 때문이라는 거시적인 주장도 있다.[40] 하지만 좀더 철저한 이론적 탐구는 종교다원주의(religious pluralism)의 결과라고 말한다. 즉 미국의 건국 초기부터 만연되어 있던 종교다원주의는 각개 전통종교들을 상대화시키고 마침내 "덜 종교적"(less religious)이게 하여 왔다고 한다. 많은 경우 전통종교들은 오직 선택의 문제나 생활을 위한 좋은 의견 정도로 전락하고 더 이상 절대적이지 않게 되었다는 말이다. 그러나 뒤르켐의 종교이론에서 그러하듯이 인간은 근본적으로 어쩔 수 없이 종교적 성향이 있게 마련이라고 한다.[41] 바꾸어 말하면 하나의 사회가 정상적으로 계속 유지되려면 그 모든 질서가 끊임없이 또 의미 있게 재정의되어야 한다는 것이다. 즉 이렇게 어쩔 수 없이 인간은 종교적이어야 하는데 전통종교들이 너무 약화되어 그 대신 미국에서는 가장 널리 인정되는 최소한의 규범으로서의 법제도가 질서를 유지하고 의미를 지니게 되었고, 그 결과 이것은 다시 국가로 하여금 종교적 성격을 띠게 하는 이유가 되었다고 주장된다.[42] 결국 공민종교의 형성은 종교다원주의로 인한 아노미를 극복하려는 시도에서 유래한다고 요약될 수 있는

---

cit., pp. 29, 35, 40 참조.

39) R.N. Bellah & P.E. Hammond, eds., *op. cit.*, chs. 2, 3, 4 참조.

40) R.E. Richey & D.G. Jones, *op. cit.*, p. 7.

41) 공민종교론과 뒤르켐의 종교개념과의 연관에 대하여, R.N. Bellah, "American Civil Religion in the 1970s," p. 256; R.E. Richey & D.G. Jones, *op. cit.*, pp. 77, 141 참조.

42) 이것은 해몬드(P.E. Hammond)의 주장이다. R.N. Bellah & P.E. Hammond, *op. cit.*, chs. 5, 6; P.E. Hammond & W.A. Cole, "Religious Pluralism, Legal Development, and Social Complexity: Rudimentary Forms of Civil Religion," *Journal for the Scientific Study of Religion*, 13(1974): 177-189.

것이다.

이런 맥락에서 공민종교의 사회적 기능에 관한 주장들은 쉽게 이해될 수 있다.[43] 즉 (1) 사회통합적(integrative) 기능, (2) 합법화(legitimating) 기능과 (3) 예언자적(prophetic) 기능 등은 공민종교의 당연한 역할로 생각되는 것이다. 따라서 미국 역사를 통해 이어져온 반동적 움직임 등은 미국 공민종교의 위기를 반영해 왔던 것이고, 부정적 교파들을 낙인찍는 과정에서 공민종교의 전통은 진정한 미국주의의 본질을 재정의함으로써 모호함들을 제거하고 국가적 질서를 유지시켜 왔다고 주장되기도 한다.[44]

물론 공민종교론은 아직도 새로운 하나의 시도에 불과한지도 모른다. 따라서 비판들도 다양하게 전개되어 왔다. 나치하의 독일 기독교가 그러했던 것처럼 프로테스탄트 기독교가 어용화될 위험을 말하거나,[45] 공민종교론은 너무 기독교 전통적 성향이 강하다는 비판도 있다. 그리고 공민종교와 공공적 신학(public theology)은 구별되어야 한다는 견해도 있다.[46] 또 종교적 신앙과 공민적 책임 및 도덕적 신앙, 이 셋 사이의 불일치로 공민종교는 실제로 형성되기가 어렵고, 제퍼슨(Jefferson)에서처럼 그 당시 문제의 더 중요한 것을 감추고 다른 곳으로 주의를 돌리기 위해 사용되는 개념일 뿐이라는 지적도 있다.[47] 더욱이 공민종교론은 지배계급, 즉 백인들만의 것이고 흑인들이 고려

43) 공민종교의 사회적 기능에 대하여, G. Gehrig, *op. cit.*, pp. 56-59 참조.

44) T. Robbins & D. Anthony, "Cults, Brainwashing, and Counter-Subversion," *The Annals of the American Academy of Political and Social Sciences*, 446(1979): 90.

45) H. Richardson, "Civil Religion in Theological Perspective," R.E. Richey & D.G. Jones, *op. cit.*, p. 180.

46) R.N. Bellah, "American Civil Religion in the 1970s," pp. 258-259.

47) D. Little, "The Origin of Perplexity: Civil Religion and Moral Belief in the Thought of Thomas Jefferson," R.E. Richey & D.G. Jones, *op. cit.*, pp. 186-189, 201.

되지 않았다는 주장도 있다.[48] 한편 공민종교는 기껏해야 보편적이고 초월적인 종교적 실재에 대한 인식으로서 결국 종교일반(religion in general)에 불과하다고도 한다.

그러나 이론적으로 보았을 때 공민종교론의 가장 중요한 문제점은 뒤르켐적 종교가정을 전제로 한다는 점일지도 모른다. 즉 공민종교의 형성에 있어서 종교다원주의에 의한 절대적 신앙의 상대화와 그로 인한 아노미를 인간이 견딜 수 없으므로 공민종교가 발생하게 된다는 이론은, 반드시 모든 사회는 질서의 유지를 위해 "뒤덮는 영적 우산"이 필요하다는 가정을 우리에게 먼저 강요하고 있는 것이다. 이런 이유로 인해서 벨라 등의 주장과는 달리 공민종교가 필연적(inevitable)이지는 않다는 것을 주장하는 사람도 있다.[49]

이런 모든 비판들에도 불구하고, 공민종교론에서는 전통종교와 국가가 완전분화된 가운데 어느 것도 우위를 차지하지 못하고 있음이 중요하다. 결국 정교관계 유형적 관점에서 보았을 때 종교와 국가는 어느 쪽의 희생도 없이 오히려 공민종교라는 새로운 형식으로 승화되고 있는 셈이다.

5 종교인의 정치의식

종교와 정치의 상관관계에 있어서 끝으로 살펴보아야 할 점은 최근 특히 활발히 전개되어 온 종교인의 정치의식에 대한 여러 경험적 조사연구들의 성과일 것이다.

흔히 중요한 조사지표로서는 정당선호도나 전쟁에 대한 태도 및 보

---

48) *Ibid.*, pp. 12-13.

49) H. Richardson, *op. cit.*, pp. 165-166.

수인가 진보인가 등이 주목되어 왔다. 우선 종교와 정당 선호의 관계는 미국의 경우 잘 알려져 있듯이 가톨릭은 민주당 그리고 개신교는 공화당을 선호함이 강조된다. 이것은 주로 사회경제적 요인 때문으로 알려져 있기도 하다. 대체로 보수적 종교인들은 반공적 성향이 강하고, 유대교인은 정치적으로 자유주의적이며, 정치적 급진파는 비종교적 경향이라는 연구들이 나와 있다.[50)]

전쟁에 대한 태도는 개신교가 군사행위를 가장 지지하고, 가톨릭이 다음이고 유대교인이 최소의 지지를 하는 것으로 나타난다. 그러나 퀘이커파가 전쟁 반대에는 가장 적극적이다.[51)] 대체로 종교적인 보수는 정치적으로도 보수입장에 선다는 것이 알려져 있다. 그러므로 근본주의자(fundamentalist)들은 미국에서 공화당을 선호하는 것으로 조사된다. 그리고 평신도들보다는 성직자들이 오히려 다양한 교리를 접하는 경우가 많으므로 진보적 경향을 띠어서 정치적으로도 더욱 자유로운 것이 흔한 현상이다.[52)]

경험적 조사연구에 기초하여 종교와 정치의 좀더 일반적인 관련성을 요약해 보면,[53)] 종교는 사회의 규범적 정당화에 참여하므로 대체로 보수적인 경향을 띠고 정치적 현상유지에 공헌하는 점이 두드러진다. 그러므로 정치적 관심이 상실되었을 때 종교는 흔히 번창한다고 말해진다. 따라서 교파운동(sectarianism)과 급진적 정치운동(radical political movement)은 서로 상쇄적 관계에 있다는 주장들이 있다. 즉 이 둘은 모두 사회적 박탈(deprivation)을 해소시키는 기능을 가지고 있으므로 상호간 기능적 대안(functional alternatives)이 될 수 있다는

50) M. Argyle & B. Beit-Hallahmi, *The Social Psychology of Religion*, London: Routledge & Kegan Paul, 1975, pp. 101-107; J.M. Yinger, *op. cit.*, pp. 449-456.

51) *Ibid.*, ch. 20; M. Argyle & B. Beit-Hallahmi, *op. cit.*, pp. 107-110.

52) J.M. Yinger, *op. cit.*, p. 110.

53) *Ibid.*, pp. 110-112.

것이다.[54] 그래서 최근 서양 산업사회에 교파운동이 적은 것은 급진적 정당이 있기 때문이라고도 설명된다. 또 마르크시즘은 일종의 노동계급을 위한 교파운동이었다고도 말해진다.[55] 그러나 교파(sect)운동은 정치적 무관심에 연관되지만 반면에 체제지향적 교회(church)는 정치적 권위를 정당화하고, 사회통제 수단이 되므로 정치에 밀접한 관련이 있음이 지적된다. 또 오늘날 제3세계에서 급진적 종교와 정치의 깊은 연관성은 주목되어야 할 것이다.

최근에는 한국에 있어서 종교인의 정치의식에 대한 다양한 경험적 조사연구들이 나오고 있다. 흔히 종교인의 정치참여에 대해서는 부정적인 견해가 더 많지만,[56] 실제로 보면 종교인들에 따라 정치의식은 다양하고 종교는 정치의식구조와 높은 상관관계를 보여주고 있다. 구체적으로는 역시 종교적 보수가 정치적 보수성과 연결됨을 알게 되고, 대체로 기독교가 불교보다는 정치적으로 진보적 성향을 가진다는 조사연구들이 나와 있다.[57] 이런 측면은 구체적인 성직자들의 의식조사에서도 나타나는데, 승려들이 여당지지도가 높은 반면, 목사나 신부들은 야당을 선거에서 더 많이 지지한 것으로 조사되었다. 그럼에도 불구하고 성직자들은 대체로 지나친 정치참여에 대해서는 부정적 입장을 보여준다.[58]

그러나 우리나라에서 종교인의 정치참여가 사회적인 문제로서 본

54) R. Stark, "Class, Radicalism and Religious Involvement in Great Britain," *American Sociological Review*, 29(1964): 698-706.

55) J.M. Yinger, *op. cit.*, pp. 419-420.

56) 갤럽조사에 의하면 종교인의 정치 및 사회 참여에 대하여 반대비율이 69.1%인 데 비해 찬성비율은 14.6%로 나타나고 있다. 한국갤럽조사연구소, 『한국인의 종교와 종교의식』, 1984, p. 58.

57) 이원규, 「한국 종교인의 정치의식」, 『현대사회』 7/1, 1987, pp. 10-25.

58) 류성민, 『우리나라 종교지도자들의 의식에 대한 조사연구』, 현대사회연구소, 1990, pp. 57, 76-77.

격적으로 고려되기 시작하는 것은 역시 1970년대 이후이다. 이것은 70년대 이후 종교집단들의 조직력이 급성장하고 정치에 참여하여 다양한 해방운동들을 주도하면서 더욱 강력해지고 또 사회적으로 의미 있는 힘을 구성할 수 있게 된 것 때문이기도 할 것이다.[59] 결국 종교인의 정치의식은 일반적 논의보다는 현실적 상황에 연관된 논의가 더욱 뜻하는 바가 크다고 하겠다.

그리고 앞에서 우리는 현대사회에서의 정교관계에 특히 초점을 맞추어 왔던 점을 상기할 필요가 있다. 무엇보다도 종교다원주의가 만연되면서 정교관계는 완전분화의 상황에 처함으로써 점차 종교와 정치의 직접적인 영향관계는 약화되어 온 셈이다. 그러나 정교관계가 이제 무시될 수 있다는 것은 결코 아니다. 매개구조론과 공민종교론 등에서 보았듯이 새로운 창조적 정교관계가 모색되고 있다. 즉 정교관계는 간접적인 영향관계를 유지하면서 아직도 우리에게 보이지 않는 의미심장함을 지니고 있다고 할 수 있을 것이다.

---

59) 졸고, 「정치운동인가 종교운동인가」, 『사회와 사상』(1990): 201-210.

제10장 종교와 법

사회적으로 종교가 문제시되었을 때 공식적 판단기준은 역시 법이다. 그러므로 종교에 관련된 법적인 내용을 살펴보는 것은 현실적 사회생활 속에서 종교의 위치를 이해하는 지름길이라 할 수 있다. 여기서는 종교관계 법제의 논의를 우선 종교의 법적 정의의 문제에서 시작하여, 현대 국가의 종교관계법의 양대 지주라 할 수 있는 종교의 자유와 정교분리의 원칙을 중심으로 검토하려 한다. 그리고 최근 국내에서 관심사가 되어온 종교단체의 법적 지위의 문제를 논하고, 끝으로 이러한 종교법제의 운용을 통한 국가의 종교통제 방식들을 개괄하여 현대사회에서의 종교에 대한 법적 인식의 틀을 정리해 보고자 한다.

1 종교의 법적 정의

종교는 법적으로 흔히 국민의 기본권으로 생각된다. 따라서 대부분의 현대국가의 헌법에는 종교에 대한 규정이 있고, 이것이 종교를 법적으로 취급하는 토대가 된다. 그런데 오늘날 대부분의 현대국가가 헌법상 종교규정으로 채택하고 있는 (종교의 자유나 국교금지의) 원칙들은 사실상 종교다원주의가 폭넓게 인정되면서 등장하게 된 것들이다. 그러므로 대개의 헌법상 종교규정의 본보기적 모델이 되어온 것은 역시 일찍부터 종교다원주의에 대한 사회적 공감대가 형성되어 온 미국의 경우로 알려져 있다. 그래서 종교관계 법적 문제는 미국 헌법이 본보기가 되어 유럽 및 일본 그리고 심지어 한국 헌법 등의 제정에 영향을 끼쳐왔다고 할 수 있다.

그러면 미국 헌법상의 종교규정은 어떻게 되어 있는가? 실제 미국 헌법의 종교규정은 부칙(흔히 수정헌법 제1조 the First Amendment라고 함)에 나타나고 있다. 즉 "연방의회는 국교화나 종교의 자유행사를 금지하는 입법을 할 수 없고……"(Congress shall make no law respecting an establishment of religion, or prohibiting the free exercise thereof……)로 되어 있다. 결국 헌법상의 종교규정은 비국교화(no establishment)와 종교의 자유행사(free exercise)에 초점이 맞추어져 있는 것이다. 그러므로 오늘날 대부분 국가의 헌법들은 이 비국교화와 종교의 자유를 양대 원칙으로 삼고 있고, 또 거의 모든 종교에 대한 법적 논의는 이 두 원칙에서 비롯된다.

하지만 헌법상의 종교규정을 적용하려면 그 적용대상 자체가 종교라는 가정부터가 성립되어야 할 것이다. 그러면 법적으로 종교는 무엇인가? 일반적으로도 종교를 정의하기란 여러 이유로 인해서 어려운 일이지만, 법적으로 정의하기는 더욱 어렵다. 특정한 종교만을 종교라고 정의한다면, 그 외의 종교는 종교가 아니라는 셈이 되어 결국 특정 종교만을 국가가 합법화하는 결과를 초래하여 이른바 비국교화라는 헌법적 원칙에 위배되기 때문이다. 따라서 법원은 헌법적으로 무엇이 종교인가 아닌가를 결정하는 데 사실상 관심이 없다.[1] 법원은 그럴 능력도 그럴 권리도 없기 때문이다. 따라서 흔히 "법은 이단을 모른다."(Law knows no heresy.)라고 말을 한다.[2] 법원은 교리 등에 따라 특정 종교만이 합법적이거나 정통이라고 할 수 없다는 말이다. 이단 논쟁은 그 종교단체의 내적 자율의 문제이고 사법심사의 대상이 아니라는 것이다.

그러나 법적으로 종교를 정의할 수 없다는 것이 아무나 다 헌법상 종교규정에 호소할 수 있다는 것을 뜻하지는 않는다. 특정 종교가 헌법상의 종교규정에 보호를 받고자 하는 경우, 법원은 그것이 과연 종교인가 아닌가를 비록 판단하지는 않지만 적어도 그 성실성(sincerity)은 물을 수는 있다. 예컨대 계시받은 교리를 믿기 위한 종교임을 주장하면서 실제로는 그 교리와 상관없는 아주 속된 생활을 하고 있다면 결코 성실하다고 할 수 없다. 즉 그런 것은 믿음을 빙자한 사기일 뿐 종교가 아니라는 것이다. 그리고 이런 경우는 헌법상의 종교규정을 적용할 수 없다고 본다.

한편 종교라는 것이 쉽사리 정의될 수 없고, 오늘날에는 종교가 사회문화현상 속에 폭넓게 스며들어 있어서 아주 광의로 해석되기도 하지만, 아직도 판례상 종교로서 간주되는 데는 대체로 보수적 입장이 깔려 있다. 즉 종교를 일반적으로 초월(transcendence)에 연관된 신앙(belief)과 실천(practice) 및 조직(organization)의 체계로 보려는 경향이 있는 것이다.[3] 적어도 이런 점들과 관련이 약하다면 헌법상의 종교규정을 고려하기 어렵다.

---

1) M.R. Konvitz, "The Problem of a Constitutional Definition of Religion," J.E. Wood, Jr., ed., *Religion and the State*, Waco, Texas: Baylor University Press, 1985, p. 147.

2) J.E. Wood, Jr., "New Religions and the First Amendment: 'The Law Knows No Heresey'," J.E. Wood, Jr., ed., *Religion and the State*, pp. 185-210.

3) C.M. Whelan, "Governmental Attempts to Define Church and Religion," *The Annals of the American Academy of Political and Social Science*, 446(1979): 32-51.

2 종교자유의 원칙

현행 우리나라 헌법 제20조 1항에는 "모든 국민은 종교의 자유를 가진다."고 규정되어 있다. 여기서의 종교의 자유는 흔히 두 가지로 구분된다. 즉 첫째는 내심상의 신앙의 자유이고, 둘째는 외면적인 종교적 행위의 자유이다.[4] 하지만 첫 번째 내심상의 신앙의 자유는 혼자서 마음 속에 일정한 신앙을 지니는 경우에 해당되므로 이것에 대하여 시비를 가리거나 부당하다고 제한할 수는 없다. 따라서 이것은 절대적 기본권이고 실제로 법적인 문제가 될 수도 없다. 이에 비하여 두 번째 외면적인 종교적 행위의 자유는 자신이 믿는 바를 실제 겉으로 드러내어 행사할 수 있는 자유이다. 구체적으로는 예배의 자유, 종교적 집회결사의 자유, 종교교육의 자유 및 선교의 자유 등을 뜻한다고 볼 수 있다. 따라서 외부 사회에 영향을 줄 수 있으므로 때에 따라 제한될 수 있는 상대적 기본권이고 법적으로 문제가 될 수도 있다.

이런 맥락에서 보았을 때 흔히 우리가 말하는 종교의 자유라는 것은 외면적 종교행위로 표현되었을 때는 무조건 다 인정될 수 있는 것이 아니고, 일정한 조건하에서 행해졌을 때에만 타당성을 지니게 된다는 것을 알 수 있다. 그러면 어떤 경우에 우리가 행한 종교적 행위가 자유로운 행사라고 생각될 수 있는가? 여기서 종교의 자유의 주체는 국민 또는 종교(단체)가 됨을 주목할 필요가 있다. 즉 국가가 주체로 되지는 않는다. 일반적으로 개인이나 종교(단체)가 헌법상의 종교자유의 보호를 받고자 할 때는 주로 다음과 같은 적용원칙에 부합되는가를 판례들에서는 따지고 있다.

---

4) 양건, 「한국의 종교법제와 그 기본문제」, 한국종교사회연구소 편, 『한국의 종교와 종교법』, 서울: 민족문화사, 1991, pp. 17-27.

우선 앞서 지적되었듯이 과연 종교인가 아닌가는 문제삼지 않더라도 그 종교를 성실하게 믿고 행하고 있는지는 물을 수 있다. 성실성(sincerity)이 없이 신도들을 모아놓고 사기행각을 벌였다면 아무리 계시에 따라 행한 것이라고 하더라도 종교의 자유행사로 생각될 수는 없다. 또 종교라면 역시 무언가 초월성(transcendence)을 보여야지 다른 세속적 회사들과 똑같이 영리사업만을 하면서 종교단체이니 면세혜택을 받겠다고 주장해 보아야 소용이 없다. 또 정당한 종교의 자유행사로 판단되려면 그 행위가 그 종교의 입장에서 중심성(centrality)을 인정받아야 하는 수가 있다. 예컨대 미국의 한 인디언 교회(the Native American Church)는 비록 기독교의 한 교파지만 그들의 예배의식에서 선인장에서 추출한 액체인 피요트(peyote)를 신비경험의 매체로서 사용해 오고 있다. 이 피요트는 마약성분이 있어서 한때 금지되었지만 그들이 전통적으로 이를 사용해 오고 있고, 또 그들의 제의에서 이를 통해야만 성스러운 신비경험에 이를 수 있다는 이른바 중심성이 인정되어 합법적이라는 법원 판례가 나온 바 있다.[5] 그러자 다른 급진적인 종교단체들도 대마초 등의 다른 마약의 사용을 법적으로 주장하였지만 대부분 중심성을 인정받지 못해서 결국 허용되지 않았다.

그리고 종교의 자유는 대체로 분명하고도 현재적인 위험이 있을 때는 금지되는(no clear and present danger) 경향이 있다. 즉 성서에 있는 비유적 표현을 글자 그대로 믿어서 예배에 독이 있는 뱀을 위험하게 사용한 경우는 불법이라고 미국 판례는 규정한 바 있다. 또 종교의 자유행사는 국가의 이익을 위협하지 않는(no compelling state interest) 경우에만 인정되기도 한다. 예컨대 아무리 종교적 자유행위라도 공공의 시설을 파괴하거나 국가에 중대한 손실을 가져올 경우는 합법적이라

5) R.B. Flowers, "Freedom of Religion Versus Civil Authority in Matters of Health," *The Annals of the American Academy of Political and Social Science*, 446(1979): 151-154.

고 생각될 수 없다는 것이다. 지나치게 타인의 권리를 침해하는 경우도 올바른 종교의 자유행사는 아니다(no excessive detriment to others). 즉 자기의 종교를 타인에게 강요하거나 또 전도를 한답시고 너무 시끄럽게 하여 다른 사람들의 생활에 지장을 초래한다면 정당한 종교의 자유를 행사한다고 할 수가 없는 것이다. 덧붙여 종교의 자유행사는 다른 대용수단이 없는(no alternative means) 경우에만 인정되는 수도 있다. 예컨대 특정교파는 토요일에 예배를 보는 수가 있는데, 이런 경우 신도들이 토요일마다 정기적으로 결근을 하여 그들이 다니는 회사에서는 참다못해 그들을 해고시켜 버렸다. 신도들은 이것이 종교의 자유행사를 침해한 것이라고 소송을 제기했었으나, 법원에서는 근무시간 이외에 예배를 보거나 토요일에 출근하지 않아도 되는 회사들이 있는데도 불구하고, 꼭 토요일에 근무해야 하는 회사에 들어가 결근하는 것은 부당하다는 판시를 내린 바 있다. 즉 다른 방법이 없는 경우에만 종교의 자유를 인정할 수 있다는 입장이다.

우리나라의 경우, 종교자유의 법적 보장은 구한말에 개항이 되면서 서양 여러 나라들과의 조약들을 통하여 서서히 보장되기 시작하였다. 즉 1883년 「한독수교통상조약」에서 한국에 사는 외국인, 특히 선교사들의 종교행사(*Religionsübung*)의 자유를 인정한 뒤, 「한로수호통상조약」을 거쳐서 1886년 「한불수호조약」에서 선교의 자유를 명문화하면서 본격화되었다.[6] 그후 일제시대에도 「메이지헌법」에서 "국가의 안녕질서와 신민으로서의 의무를 위배하지 않는 한에서" 信敎의 자유가 보장된다는 것이 우리나라에 그대로 적용되었고, 3 · 1운동 이후 상해 대한민국 임시정부의 헌법에서도 信敎의 자유는 명문화되었다. 해방 이후 제헌헌법에서도 "모든 국민은 신앙과 양심의 자유를 가진다."고 규정되었고, 그 이후 여러 차례 헌법이 개정되어 왔으나 헌법상 종교

6) 최종고, 「한국에 있어서 국가와 종교」, 『사상과 정책』 1/3(1984): 44-46.

의 자유는 그대로 유지되어 왔다.

그러나 헌법상의 조문에만 있었다고 해서 종교의 자유가 그대로 실현되어 왔다고 볼 수만은 없다. 특히 일제시대에는 식민지 종교들에 대한 탄압이 있었고, 해방 이후 실제 종교관계 문제가 생겼을 때 헌법상의 종교규정보다는 형법 등의 일반법을 주로 적용시켜 온 것이 보통이다. 그러나 점차 종교의 자유가 확대되어 1968년까지는 대체로 판례들이 종교의 자유를 적극적으로 인정하는 경향이 있었으나, 그 이후에는 국가안보를 우선적으로 고려하면서 보수적인 제한이 가끔씩 있다고 생각된다.[7] 그럼에도 불구하고 현대사회가 종교다원주의 시대인 것은 분명하다. 비록 예외들은 있어도 국제적으로 볼 때 종교의 자유에 연관된 판례는 확대되는 추세이고, 가능한 한 이를 긍정적으로 인정하려는 것이 또한 오늘날의 현실적 상황이라고 할 수 있을 것이다.

헌법상의 종교의 자유를 구태여 제한하는 경우에는 두 가지 형식이 있다. 하나는 특정종교에 대해서만 특수한 이유로 인해서 특별법을 제정하여 제한하는 경우이다. 예컨대, 우리나라에서도 현재 「전통사찰보존법」과 「향교재산법」이 이에 해당된다. 이런 경우 물론 특정종교에 대한 차별이라고도 할 수 있으므로 정교분리 원칙상 위헌 시비가 있다. 또 하나는 형법, 문화재관리법 등 일반법에 의하여 종교의 자유를 제한하는 경우이다. 이런 경우에도 위헌 시비가 있을 수는 있지만, 대체로 그 행위 자체가 올바른 종교의 자유를 행사하는 것이라고 보지 않는 경우가 이에 해당된다. 예컨대 1959년 '박태선장로사건'에서 믿음의 깊이는 헌금액으로 판단된다는 설교를 한 박장로를 법원은 종교적 자유를 빙자한 사이비종교의 사기행각이라고 보고 형

7) 최종고, 「한국종교법의 역사적 기초」, 한국종교법학회 편, 『종교법판례집』, 서울: 육법사, 1982, p. 53.

법상의 사기죄를 적용하였다. 또 1961년 '여호와증인의 병역기피사건'에 대하여 법원은 종교적 이유로 인한 병역기피를 인정하지 않았다. 즉 병역법을 그대로 적용하고 있는 셈이다. 그리고 1966년에는 일본종교인 창가학회가 정치적, 반국가적, 반민족적 단체이므로 종교활동을 금지시킨다고 법원은 판시하였다.

결국 국가의 안보, 질서유지 및 공공복리 등을 위해서는 헌법상의 종교의 자유보다 일반법에 의한 규제가 행해지는 것이다. 그러나 순수 종교적인 문제에 대해서는 종교의 자율권이 대체로 인정되고 있다. 예컨대 1981년 대법원은 종교단체의 권징결의는 종교단체 내부의 문제이므로 사법심사의 대상이 되지 않는다고 판시한 바 있다.[8]

다만, 꼭 제한을 해야 할 경우라도 利益衡量論이라 하여, 일정한 법적 규제가 종교에 가하는 부담과 그 규제를 통하여 얻어지는 세속적 이익과를 비교 형량하여 실익성이 적을 때는 종교에 대한 법적 규제를 면제하는 수가 있다.[9] 이것은 오직 실천상의 문제이다.

3 정교분리의 원칙

한편 현행 우리나라 헌법 제20조 2항에는 "국교는 인정되지 아니하며, 종교와 정치는 분리된다."고 되어 있다. 그런데 이 조항도 흔히 두 가지 측면에서 이해된다.[10] 우선 적극적인 면에서 보면 국교를 부인하고 또 국가에 의한 종교활동을 금지한다는 것이다. 따라서 국가기관은 비록 학문적 차원의 종교(학)교육은 허용할 수 있어도 신앙적 차

8) 1981. 9. 22. 대판 81 다 276.

9) 양건, 앞의 책, p. 20.

10) 양건, 앞의 책, p. 21; 최종고, 「정교분리원칙의 한국적 의미」, 『현대사회』 25(1987): 51-53.

원의 종교교육은 용인할 수 없고, 재정적인 면에서도 특정 종교에 대한 원조를 할 수 없다. 그리고 특정 종교에 의한 국가의례를 할 수도 없다. 이런 점에서 크리스마스와 석가탄신일을 공휴일로 한 것도 위헌 시비가 있을 수 있으나, 다만 세속적 관행에 의한 것으로 하고 있는 것이 우리의 현실이다. 또 한 가지 소극적인 측면에서의 이해는 국가에 의한 특정 종교의 우대 또는 차별금지를 뜻한다. 종교들은 법 앞에 평등하다는 말이다. 따라서 군목이나 경목 제도뿐만 아니라 군승과 경승 제도도 도입되었다.

이런 맥락에서 보았을 때 국교금지 내지 정교분리 조항의 주체는 개인이나 종교(단체)이기보다는 국가라는 것이 통설이다. 즉 여러 종교가 공존하고 있는 현대사회에서는 중세시대의 유럽이나 전통적 한국사회에서처럼 특정 종교만이 국가의 비호를 받는 것이 금지되어야 한다는 것이다. 따라서 부득이한 경우에 국가가 종교에 간여해야만 했을 때조차도 다음과 같은 원칙들이 지켜져야 한다는 것이 미국 판례 등에서 나타나고 있다. 우선 세속적이고 합법적인 목적(secular legislative purpose)을 위해서만 국가는 종교에 간여할 수 있다. 예컨대 국가는 특정 종교단체의 신도 유치를 도와줄 수는 없지만, 그 단체에 불이 난 경우에 소방차를 보내 불을 끄는 일을 도와줄 수는 있다는 것이다. 그러나 이렇게 국가가 종교에 간여하게 되는 경우에도 중립적 효과(neutral effect)를 가져와야 한다. 즉 앞의 예와 연관지어 다른 종교단체에 불이 난 경우도 똑같이 소방차를 보내 불을 꺼주어 모든 종교단체들에 돌아가는 혜택이나 불이익이 같게 해야 한다는 말이다. 그리고 또 아무리 중립적 효과가 있도록 간여한다 해도 국가의 지나친 개입은 금지(no excessive government entanglement)된다. 즉 불을 꺼주는 정도로 끝나야지 그 특정 종교단체의 재난을 복구하기 위한 재정적 지원 등은 안 된다는 뜻이다.[11)]

그러나 정교분리 원칙의 이러한 원론적인 이해를 넘어서 우리나라에서의 현실은 이 원칙이 주로 종교인이 정치에 참여하거나 종교적 행위가 공권력을 위협하는 경우들에 적용되어 왔음을 상기할 필요가 있다. 즉 운동권 학생 은닉으로 신부가 구속된 사건이나 개신교의 급진파 목사가 국가보안법을 어기고 방북한 것, 그리고 특정 종교에서 대통령선거 때 공공연히 야당후보를 지지한 이후 정부 및 보수세력은 헌법상 정교분리 조항을 내세워 종교의 껄끄러운 정치참여를 비판해 왔다.

과연 정교분리 원칙은 종교인의 정치참여까지도 불법적임을 의미하는가? 정부 및 보수세력뿐만 아니라 일부 법학자들[12]은 정교분리가 종교의 정치참여까지도 불법적임을 뜻한다는 입장이다. 예컨대 종교단체의 정당활동 등은 부당하다는 것이다. 그러나 해방신학자들을 비롯한 진보주의 세력이나 일부 다른 학자들[13]은 정교분리의 주체는 국가일 뿐 종교인의 정치참여는 포함되지 않는다고 주장하는 한편, 심지어 기존의 정교분리의 원칙 자체를 부정하기도 한다. 그 이유는 대체로 두 가지로 요약될 수 있다.

첫째, 정교분리의 해석상의 문제이다. 즉 정교분리라는 것이 문자 그대로 해석하면 정치(즉 국가)와 종교의 분리를 뜻하는 것이므로 국가가 종교에 관여하지 않는 것과 동시에 종교가 국가(정치)에 관여하지 않는 것으로 양분해서 생각해 볼 수 있다. 그러나 지금까지의 정교분리 원칙이 학술적 이론에서나 실제 법적 적용에서 뜻해온 바는 오직 전자의 경우, 즉 국가가 종교에 관여함을 금지하는 것뿐임을 상기해야 한다. 이 원칙을 최초로 실시하기 시작한 미국에서는 물론 거의

---

11) R.B. Johansen & S.J. Rosen, "State and Local Regulation of Religious Solicitation of Funds: A Constitutional Perspective," *The Annals of the American Academy of Political and Social Science*, 446(1979): 127.

12) 예컨대, 최종고, 「정교분리원칙의 한국적 의미」, pp. 53-54.

13) 예컨대, 양건, 앞의 책, p. 21; 졸고, 「종교의 현실참여논쟁: 정치운동인가 종교운동인가」, 『사회와 사상』, 서울: 한길사, 1990, pp. 205 -208.

대부분의 나라에서 그러하였다. 특히 미국의 수정헌법 제1조는 앞서 보았듯이 국교금지만을 지적하고 있을 뿐 정교분리를 명문화하고 있지 않다. 그런데 이런 국교금지가 구시대의 정교일치에 대조되는 것으로 이해되어 정교분리라는 원칙으로 미국 및 다른 나라들에서 확대 해석되어 왔던 것이다. 종교가 국가(정치)에 관여함을 금지하려는 의도는 애당초부터 없었다. 종교의 정치적 개입에 대한 제한은 단순히 간접적인 정치적 견해의 표명이든 본격적인 직접적 선거운동이나 정당 활동이든 어느 경우를 막론하고 실정법상에서 헌법위반이라고 취급된 적은 국내외 판례 어디에서도 찾아볼 수가 없는 것이다. 앞서 열거된 우리나라 급진적 종교인들의 체제 비판적 정치참여가 모두 정교분리 원칙을 어겼기 때문에 구태여 위헌이라고 한다면, 더욱 대규모로 행해진 구국법회나 구국기도회 및 여당후보 후원 등 체제 지지적 정치참여는 왜 위헌이 아닌지 모를 일이다. 엄밀히 따져보면 이들은 오직 종교 자체의 문제일 뿐이다. 사실 종교인도 국민이므로 물론 참정권은 헌법적으로 보장되어야 한다. 또 종교인의 정치참여가 공공질서(국가 이익)를 위협하는 경우에도 이는 정교분리보다는 종교의 자유행사(현행 헌법 제20조 1항)에 연관된 문제라고 할 수 있다.

정교분리 원칙의 두 번째 문제는 이 원칙 자체가 법이론적으로 한계를 지니고 있다는 점이다. 즉 완전한 정교분리가 실제 매우 어렵다는 것은 주지의 사실이다. 그 이유는 역사적으로 정치와 종교를 완전히 분리시킨 나라가 없었다는 데서도 분명해진다. 또 오늘날 정교분리 원칙이 지켜지지 않는 것은 현대사회가 너무도 철저한 종교다원주의 시대에 있기 때문이기도 하다. 물론 정교분리는 다원화된 사회의 산물이다. 역사적으로 종교가 다원화되는 과정에서 국가가 어느 특정 종교에 지나친 후원을 하는 이른바 국교화로 인하여 상대적으로 다른 종교들을 박해하는 것을 피하기 위하여 정교분리의 원칙은 마련되었다. 그러나 종교다원주의가 점차 만연되다 보니 많은 사람들이 종교를 오직 '개인의 문제'로 과소평가하고, 대부분의 국가는 종교집단과의 불필요한 갈등관계를 피하기 위하여 기껏해야 소극적인 종교정책에만 관심을 갖고, 정치적 · 사회적 문제들에 대한 종교의 지나친 월권만을 두려워하며 적극적인 국민의 '영적 복지'(spiritual welfare)에는 관심이 없다. 즉 현대에는 이제 더 이상 중세유럽이나 전통 한국사회에서와 같은 국교화의 위험성은 거의 없는 것이다. 오히려 너무 지나치게 정교분리만을 강조하다 보니 국민의 영적 복지에 대한 국가의 무관심만을 초래하였다는 것이 지적되고 있다.[14)]

그리고 또 한 가지 중요한 것은 헌법상 종교규정의 양대 지주는 정교분리와 종교의 자유행사 원칙인데, 최근의 해외 판례에서 보면 이 둘 사이에 충돌이 있다는 것이다.[15)] 예컨대 미국의 경우 한 독실한 가톨릭 신자가 자녀를 초등학교에 보내는데, 걸어갈 수 있는 가까운 공립학교를 마다하고 비록 멀리 떨어져 있어서 차를 타고 가야 하지만 철저한 가톨릭 정신을 구현하는 사립 가톨릭 교구학교에 보내려고 한다. 그런데 이 가톨릭 신도는 자녀를 교구학교에 보내 교육시키려는 것은 자유로운 종교행사이니 그에 드는 차비를 달라고 국가에 요구한다. 국가의 입장에서는 이 경우에 차비를 보조해 준다면 특정 종교에만 지나치게 혜택을 베푸는 셈이어서 정교분리의 원칙에 위배된다고 생각한다. 즉 현대적 견해에서는, 종교의 자유를 중시하여 종교적 행위에 대한 법적 규제를 풀어주다 보면 특정 종교를 지원하는 결과를 가져오기 쉽고, 반면에 종교를 지원하는 결과를 회피하는 데 역점을

14) 졸고, 「매개구조로서의 종교-적극적 종교정책을 위한 제언」, 『정신문화연구』(1986/여름): 131-142.

15) L. Pfeffer, "The Current State of the Law in the United States and the Separationist Agenda," *The Annals of the American Academy of Political and Social Science*, 446(1979): 7; Idem, "Religion and the Constitution of the United States," M. Eliade, ed. et al., *The Encyclopedia of Religion*, vol. 8, N.Y.: Macmillan Publishing Company, 1987, p. 483.

두면 종교적 행위를 제한하는 결과를 가져오기 쉽다는 것이 중시되고 있다. 그런데 전통적으로 이 두 원칙을 놓고 보았을 때, 종교의 자유가 목적이라면 정교분리는 이를 위한 수단으로 여겨진다. 즉 종교의 자유가 보장되려면 정교분리가 이루어져야 하며, 정교분리가 철저할수록 종교의 자유는 강하게 보장된다고 주장되어 왔다. 그러나 오늘날에서처럼 이 두 원칙이 충돌하는 경우 종교의 자유를 우선적으로 고려해야 한다는 것이 일반적 의견이다.[16] 정교분리의 원칙은 유보될 수 있다는 것이다.

우리나라에서 정교분리가 법제도상 정립되는 것은 서학이 도입된 뒤 박해를 피해 선교를 합법적으로 수행하기 위해서였다. 그 이전에는 불교나 유교를 중심으로 국교가 있던 셈이어서 정교일치가 이루어져 왔다고 할 수 있다. 따라서 이미 1830년대 정하상이 「상제상서」에서 기독교의 본질을 논하고 교회가 국가에 해롭지 않음을 변호하면서 국가와 교회 간의 위치를 이론적으로 설명하기 시작하지만,[17] 본격적으로 정치적 사항과 종교적 사항의 분리가 문헌으로 규정된 것은 1899년 국가와 가톨릭 사이에 체결된 「교민조약」을 통해서였다.[18] 즉 여기서는 "전교사가 행정에 간여하지 못하고[19] 행정관은 전교에 간섭하지 않는다."는 명백한 조항을 두고 있다. 그후 1901년 「교민화의협정」을 거쳐서, 1904년 드디어 「선교조약」이 맺어져 정교분리가 확고히 명문화되는데, 이것은 준 콘코르다트(*Konkordat*)적 성격을 지니고 국제법적 효력에 중점을 두었다고 평가된다.[20]

---

16) 하지만 수단으로서의 정교분리의 원칙이 목적인 종교의 자유보다 열등하지는 않다는 일부 견해도 있다. 相澤久, 『現代國家における宗教と政治』, 東京: 勁草書房, 1977, pp. 179-180.

17) 최종고, 「한국종교법의 역사적 기초」, p. 31.

18) 위의 글, pp. 41-43.

19) 따라서 교민조약에서는 종교의 국가(정치)에의 간여도 금지하고 있음이 주목된다.

한편 일제시대에는 메이지헌법에서 보장된 종교의 자유에 기초하여, 1927년에는 「종교단체법」이 제정되어 기본적으로 국가는 각 종교에 대하여 평등을 추구하려는 입장을 명백히 한다. 그러나 점차 군국주의가 확대되면서는 이른바 국가신도를 국교적 위치에 올려놓고 신사참배를 강요하는 등 정교합일적 성향을 보이기도 하였다.[21] 그리고 국가신도 이외의 모든 종교들은 나름대로 비슷하게 부당한 취급을 받았다고도 할 수 있을 것이다. 해방 이후에는 제헌헌법에서 "국교는 존재하지 아니하며 종교는 정치로부터 분리된다."라고 규정된 뒤, 부분적으로 자구만 수정되었을 뿐 오늘날까지 정교분리 조항이 헌법에 그대로 유지되어 온 셈이다.

그러나 이렇게 우리나라에서 정교분리가 법조문상 정립되어 온 과정보다도 실제 어떤 의미로 주장되어 왔는가를 보는 것은 더욱 심층적이고 흥미있는 일이다. 먼저 전래 초기 가톨릭의 경우는 박해를 받았던 경험이 있어서 늘 국가의 정치적 문제와는 충돌하지 않으려는 입장이 있었다. 따라서 정교분리를 강조하고, 심지어는 일제시대에는 거족적 민족운동이었던 3 · 1운동에 거의 모든 다른 종교단체들이 적극적으로 참여하는 상황인데도 가톨릭은 빠진다. 뿐만 아니다. 이토히로부미를 제거하고 잡혀온 안중근 의사가 자신이 독실한 가톨릭 신자라고 고백했을 때도 가톨릭에서는 그런 신자가 없다고 말했을 정도

20) 여기서 콘코르다트(*Konkordat*)란 가톨릭교회의 로마교황과 다른 국가의 세속적인 국가원수 간에 체결되는 조약의 형식인데, 우리나라의 「선교조약」은 전교활동의 외교적 책임자인 프랑스공사와 구한말 외부대신 간에 맺어진 것이므로 이렇게 설명된다(위의 글, pp. 45-46).

21) 이 당시 국가신도의 개념에 관하여, 졸고, "A Study of the Japanese Kokutai," 원광대학교 종교문제연구소, 『여산 유병덕 박사 화갑기념 한국철학종교사상사』, 전북: 원광사, pp. 1311-1324 참조. cf. K. Yanakawa & D. Reid, "Between Unity and Separation: Religion and Politics in Japan, 1965~1977," *Japanese Journal of Religious Studies*, 6/4(1979): 502-504.

였다. 이런 상황 가운데 나중에 들어온 개신교는 이미 종교적 박해의 시대가 끝난 뒤여서 국가와 별 충돌은 없었다. 하지만 늘 박해를 당해온 가톨릭과는 다르다는 것을 힘들여 강조하였다.

한편 구한말의 한국인 지식층들의 정교관계에 대한 입장은 정치적 과도기의 성격을 그대로 반영하였다. 개화파의 박영효나 유길준 등은 서구지향적 관심 속에서 정교분리를 주장하였는데,[22] 이들의 입장은 종교싸움에 국가가 얽히는 것을 부당하다고 본 것이다. 따라서 이들의 종교에 대한 태도가 부정적이거나 소극적이었던 것을 주목할 수 있다. 이에 비해 수구파의 윤효정이나 강전 등은 국교제도의 필요를 강조하며 정교일치론적 입장을 제시하였다.[23] 이들의 종교에 대한 태도는 오히려 긍정적이거나 적극적이어서, 적어도 국가는 분명한 종교적 입장을 통해 국체를 보존하거나 공공질서를 확립해 나갈 수 있다고 생각했던 것이다. 그러나 점차 바깥 세계로의 개방이 일어나면서 개화파의 정교분리가 더욱 설득력을 지니게 되었다고 할 수 있다.

따라서 일제시대에는 비록 의도하는 바는 달라도 대체로 정교분리 원칙이 이념상 일반화된다. 개신교는 일제에 저항하는 여러 정치운동에 직간접으로 관여하였던 셈이지만, 탄압을 피하려고 늘 정교분리를 주장하였다. 반면에 총독부를 앞세운 일제도 비록 실제로는 식민통치를 위해 종교에 다각적으로 간여하면서도, 그들이 하는 통치에 직간접적인 교회의 관여를 막기 위해서 외면적으로는 정교분리를 강조해왔다. 결국 정교분리는 양측이 겉으로만 합의할 수 있는 사항이었다.

해방 후에도 이런 '겉으로만의 정교분리'의 경향은 그대로 답습되었다. 헌법조문에는 정교분리가 명문화되었지만 이승만 정권은 개신교에 긴밀한 관련을 가졌고, 비구-대처 싸움에서는 부정적인 월권행

22) 최종고, 「정교분리원칙의 한국적 의미」, p. 47.

23) 위의 글, pp. 47-48.

사를 하기도 하였었다. 이런 상황 속에서 기독교는 정부와의 밀월관계를 누렸고, 아직 조직이 덜 정비되었던 불교, 유교 그리고 특히 일부 신흥종교들은 애써 정부지지 입장을 폄으로써 스스로를 보호하기에 급급하였다.

그러나 1970년대 들어서면서 정교관계는 완전히 바뀐다. 이것은 특히 급성장을 거듭해 온 기독교가 철저한 조직화를 이루어 거대한 힘이 생겼기 때문이었다. 늘 정교분리를 앞세우고 몸조심하기 바빴던 가톨릭은 오늘날 삼백여 만 명의 일사불란한 신도조직으로 성장하여 이제 목소리를 높여 나름대로의 정치적 주장을 한다 해도 감히 누가 시비를 걸거나 짓누를 수 없는 세력으로 커져 버린 것이다. 이것은 개신교도 마찬가지이다. 이런 점에서 제5공화국 헌법을 위한 제안들 중 기독교계를 대표하면서 여섯 사람의 교수가 제시한 이른바 「아카데미안」은 시사하는 바가 크다. 이 안은 "국교는 인정되지 아니하며, 국가는 종교에 관여할 수 없다."고 기존의 헌법조문을 바꾸어 국가의 종교에 대한 간섭은 계속 막으려 하면서 사실상 종교가 국가(정치)에 관여할 수 있는 길은 새로 열어 놓으려 했기 때문이다. 비록 채택되지는 못했지만 이 안은 현 사회 속에서 확고한 힘이 생긴 기독교계의 정교관계에 대한 입장을 단적으로 보여주고 있는 셈이다.

물론 앞서 언급되었듯이 정부 및 보수세력은 이런 진보적 기독교의 정치참여를 정교분리 원칙의 위반이라고 비판한다. 그런데 문제는 또 앞서 지적되었듯이 종교의 정치참여는 정교분리의 문제가 아니고, 보수와 혁신 양쪽의 주장이 정교분리의 원칙을 겉돌기만 할 뿐 실제 목표가 아니라는 점일 것이다. 즉 아직도 '겉으로만 정교분리' 인 셈이고, 진정 그 속에는 힘의 충돌이 있음을 생각해야 한다.

4 종교단체의 법적 지위

종교법제의 문제를 헌법적 고려를 넘어서 실제적인 차원에서 보게 되었을 때, 최근 관심사가 되어 온 바는 종교단체의 법적 지위를 어떻게 취급하느냐 하는 것이다. 여기서는 종교단체들을 공법인화하고 있는 많은 유럽 국가들과는 달리, 주로 우리나라처럼 종교다원주의가 일반화되어 있는 미국과 일본의 사례들을 중심으로 검토하고 그 한국적 의미를 생각해 보기로 하자. 이 두 나라는 정교분리의 원칙이 모범적으로 잘 존중되면서도 또 각기 매우 다른 방식들로 국가가 종교단체들의 법적 지위를 창조적으로 잘 보장해 주고 있는 점이 중요하기 때문이다.

미국의 경우, 철저한 자유주의 원칙에 기초하여 주마다 다르므로 일관된 논의에는 무리가 있지만, 대체로 종교단체가 법적으로 취급되는 세 가지 형식이 있다.[24] 첫째는 영국에서 유래하여 캘리포니아 주 등에서 행해지고 있는 자선단체(charitable organization)의 형식이다. 이렇게 일종의 자선단체로서의 종교단체 운영에는 공공이라고 볼 수 있는 자선수혜자들을 대표하는 법무부장관이 간여하여, 주정부의 지나친 종교 개입에 관한 위헌 시비가 있다. 이에 대하여 법원의 권위 있는 법적 타당성 부여는 아직 없다. 둘째는 개인집합(private individuals)의 형식이다. 버지니아 주 등에서 보면, 종교단체들은 종교의 자유행사를 위한 개인(자연인)의 헌법적 권리들의 집합적 표현이다. 따라서 개인이 가지는 종교의 자유행사권과 정부간섭배제의 능력을 다만 집단적으로 가진다고 생각되는 것이다. 셋째는 법인

24) S.L. Worthing, "Corporate Free Exercise: The Constitutional Rights of Religious Associations," J.E. Wood, Jr., ed., *Religion and the State*, pp. 167-181.

(corporation)의 형식이다. 뉴욕주에서는 종교법인법이 제정되어 특수 법인으로도 취급되지만, 대체로 종교단체들은 일반적인 비영리법인 (non-for-profit corporation) 중의 하나로 형식화된다. 이 경우도 법인 설립의 행정절차를 통해 주정부가 종교단체를 단순히 법인화할 뿐만 아니라 효과적으로 "창조"까지 해내는 것에 대한 반발이 매우 심하다. 따라서 종교단체에 대한 주정부의 간섭을 배제하려는 미국의 철저한 자유주의적 태도는 쉽게 읽을 수 있다.

버지니아주와 웨스트버지니아주만을 빼놓고는 모든 주들이 종교단체가 법인으로 되는 것을 인정하여, 법인의 형식이 가장 일반적이라고 볼 수 있으므로 여러 종류의 종교적 법인의 형태들을 좀더 상세히 살펴볼 필요가 있다.

역사적으로 미국의 종교적 법인은 공법인으로부터 사법인의 형태로 변천해 왔다. 초기 독립시대에는 특히 매사추세츠주 등에 보면 영국에서 유래한 교구단체(the territorial parish)라는 일종의 공인교회 (established church)가 존재했다. 이 교구단체의 유지는 교육, 빈민구제, 도로교량의 유지처럼 주정부의 의무로 생각되어, 교구단체의 운영에 주정부는 적극적으로 참여하고 교구단체 직원은 공무원이었다. 또 일부 주에서는 개개 교회의 목사 등의 재산 소유를 가능하게 하기 위하여 한 사람만으로 구성된 소위 단독법인(the corporation sole)이라는 종교적 법인이 있었다. 단독법인의 법인격은 계속 유지되다가 구성원이 죽으면 후계자에게 이전되는 게 특색인데, 결국 공인제도의 소멸과 함께 사라지게 된다. 즉 공법인으로서의 교구단체와 단독법인은 오늘날 존재하지 않고, 다만 사법인의 형태로 변형된 단독법인이 곳곳에 잔존할 뿐이다.

그러므로 미국에서 종교적 법인들이 현재 취하고 있는 대표적 형태는 사법인이라고 할 수 있는데, 수탁자법인과 사단법인의 형식이 특히 중요하다. 수탁자법인(the trustee corporation)은 단순히 법률상의 자격만을 가진 공허한 법인인데, 재산권은 당시의 수탁자들이 관리하고 (단독법인에 비해 3인 이상이 수탁자가 되므로) 단절될 염려가 없는 것이 특색이다. 한편 재산문제 발생시 종교단체 구성원들의 견해가 유일한 기준이므로 그것을 측정함에 있어서 어려움은 있다. 이에 비해 사단법인(the corporation aggregate)은 재산권을 법인 자체가 소유하여 항상 법적으로 명백히 보호된다는 점에서 다르다.[25]

이상의 공법인과 사법인 외에도 펜실베이니아주로부터 시작되어 동부 주들에서 시행되고 있는, 유산상속 등 특수권한만을 위하여 법인으로 인정된 준법인(the quasi corporation)인 종교조직으로서 임의교회조합(voluntary church society)이 있다. 한편 로마가톨릭교회는 특수한 법적 지위를 지니는 셈인데, 대체로 개개의 단위교회들을 포괄하는 전체 로마가톨릭교회가 하나의 법인으로 인정되고 있다.[26]

결국 미국의 종교적 법인들의 특성을 정리해 보면, 우선 자유주의

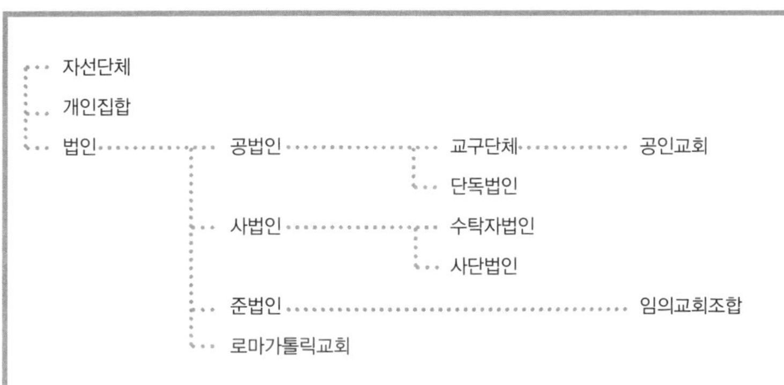

미국 종교단체의 법적 지위의 형식

---

25) 井上惠行,『宗教法人法の基礎的研究』, 東京: 第一書房, 1969, pp. 361-373.

26) 다만, 뉴욕주의 「종교법인법」(Religius Corporation Law, 1909)에서는 전체교회(the Roman Catholic Church)로서가 아니라 개개교회(a Roman Catholic Church)가 법인으로 인정되고 있다(위의 책, p. 368).

의 원칙에 따라서 다원적이라는 것이다. 그리고 (그 어휘의 상식적 뜻과는 달리) 종교적 법인들은 사실상 세속법인(secular corporation)이라는 것이 중요하다.[27] 즉 교리, 의례 등 종교단체 고유의 성스러운 일은 교회가 하고, 이와 전혀 상관없는 재산관리 등의 세속적 일만을 종교법인들이 한다. 그리고 포괄법인이 대체로 인정되지 않는다는 것이다.[28]

일본의 경우, 메이지 헌법 이후 종교법제가 성문화되면서 「종교단체법」(1939)이 제정되어 운영되었다. 그러나 패전 직후 국가신도가 극단적인 전투적 국수주의에 관련되었다는 이유로 미국을 중심으로 한 연합군사령부는 이 법을 폐지시키고, 다만 여타 종교단체들의 잔여재산 귀속 및 면세 등을 위하여 일부 일본 측 대표들과 협의를 거쳐 양해사항으로서 이른바 「종교법인령」(1945)을 제정한다. 그리고 현행 일본의 「종교법인법」(1956)은 결국 이 「종교법인령」이 너무 간단하여 많은 부분이 민법에 준함으로써 있던 폐단을 지양해 더욱 세밀히 확대하여 운영상의 명확성을 기하고, 당시 종교 상황의 변화를 고려해 神道 중심적 법조문을 다른 종교단체들에도 맞게 수정한 결과이다.[29]

우선 이 「종교법인법」은 실제적으로 종교단체가 그 본래적 목적달성을 위한 일을 하는 데 있어서 세속사회에서의 법률적 능력을 부여하려는 것이라 할 수 있다.[30] 그래서 철저한 보장적 의지가 중시되고, 어떠한 제한적 경향의 해석도 사전에 금지되고 있다.

성격상 일본의 종교법인은 공법인이 아니라 사법인이고, 영리법인이 아니라 공익법인이다. 또 종교법인은 두 가지로 분류될 수 있는데,

---

27) 위의 책, pp. 378-379.

28) 이것은 개개교회가 전적으로 자치 및 독립을 행하고 있는 미국적 개교회주의의 원리에서 유래한다(위의 책, pp. 379-380). 물론 가톨릭은 예외가 되기도 한다.

29) 위의 책, 제4장.

30) 위의 책, pp. 280-281.

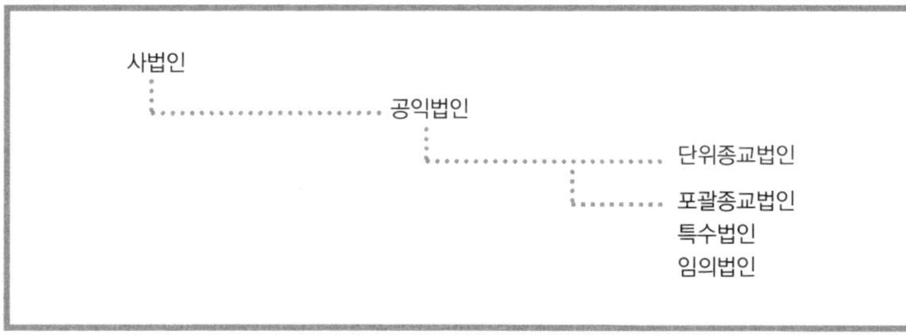

일본 종교법인의 성격

사원, 神社, 교회 등 개별 종교단체들인 단위종교법인과 神社本廳, 천태종, 천리교 등 상위의 포괄적 종교단체들인 포괄종교법인이 있다.[31] 그리고 전자는 재단법인적 색채가 농후하고 후자는 사단법인적 성격이 강하나, 정확히 말해서 종교법인은 모두 특수법인이라는 학설이 지배적이다.[32]

종교법인으로 된다는 것은 종교단체의 자유의사에 맡겨지므로 임의법인인 셈이고, 설립은 강제나 허가에 의하지 않고 준칙주의를 채택하고 있다. 즉 설립등기만 하면 쉽게 종교법인이 된다. 다만 등기 전에 관할청에 인증을 받아야 한다.[33] 설립인가주의를 채택했던 「종교단체법」과는 달리, 「종교법인법」에서의 인증절차는 등기 성립의 요건일 뿐 법인 성립의 요건은 아니다. 그리고 여기서의 인증은 종교단체의 규칙에 대한 인증이고 종교(단체) 자체에 대한 인증은 아니다.[34] 아무튼 이렇게 일본에서는 하나의 종교단체가 종교법인이 되는 것이

---

31) 이 경우 전자는 각 지방자치단체의 장(도지사등)이 관할하고 후자는 문부대신이 직접 관할청이다(위의 책, p. 282).

32) 위의 책, pp. 335-339.

33) 인증이 불가능한 것을 판단하거나 재심하는 등 어려운 경우에는 (종교 및 종교학 전문가 10인 이상 15인 이내의 위원으로 구성되는 문부대신의 자문기관인) 종교법인심의회의 조사심의를 거치게 되어 있다. 그러나 심의에 있어서 종교(단체)의 신앙, 규율, 관습 등 종교상의 사항에 대해서는 절대로 조정, 간섭 등을 금지하고 있다(위의 책, pp. 292-293).

절차상 그다지 까다롭지 않은 문제이므로 대부분의 종교단체들이 법인으로 등록되어 있는 것이 특징이다.[35]

한편 일본 「종교법인법」에 깔려 있는 근본경향으로 첫째, 헌법상 정교분리의 원칙에 근거한 철저한 종교평등을 들 수 있다. 물론 이것은 종교단체들 간의 상대적 · 실질적 평등이라기보다는 법 앞에 절대적 · 형식적 평등을 뜻한다. 그리고 둘째로는 종교단체의 권리와 의무를 명확히 함으로써 그 공공성을 확보하려 함을 볼 수 있다. 예컨대 종교법인의 설립 · 합병 · 해산 때에는 특히 재산문제 등과 연관지어 게시 및 신문광고에 공고할 것 등을 규정해 놓고 있다.[36] 또 끝으로 가장 중요한 것은 종교법인의 출세간적 세간성일 것이다. 즉 「종교법인법」에서는 위헌 시비를 피하기 위해서 특정 종교들에 기초한 종교 정의는 하지 않고, 다만 종교단체를 (법적 해석상의 목표를 위하여 사회적인 각도에서 객관적으로) (1) 종교의 교의의 선포, (2) 의식행사의 집행, (3) 신자의 교화육성을 그 요건으로 하는 것으로 규정하고 있다. 따라서 앞서 미국의 경우에 종교적 법인이 교회와는 달리 순수 세속법인이었던 것과는 대조적으로 일본의 교회, 사원 등은 그 자체가 종교법인이고 구분이 없다. 즉 일본의 종교법인은 종교적 성질(종교성,

---

34) 위의 책, pp. 346-349. 따라서 인증은 과연 「종교법인법」에서 규정된 종교단체에 해당되는가와 규칙 및 수속절차가 적합한가만을 확인하는 것으로서, 결국 효과적 의사의 표시라기보다는 일종의 판단의 표시이고 준법률적 행정행위일 뿐이다. 즉 이렇게 법인 성립의 요건 자체는 개방시켜 놓았다는 점에서 「종교법인법」은 위헌 시비를 피해온 셈이다. 그럼에도 불구하고 인증절차를 통한 간접적 규제가 있어서 위헌적 소지가 비판될 수는 있을 것이다.

35) 1985년 현재 총 종교단체 22만 6천여 개 중 종교법인은 18만 3천여 개로 약 80%이다(共同通信社, 『世界年鑑』, 1988, p. 154).

36) 또 종교법인들의 법적 관리책임을 분명히 하기 위하여 3인 이상의 책임역원을 두고 그중 1인의 대표역원을 두어야 한다. 그리고 부분적으로는 수익사업도 할 수 있지만 종교법인 그 자체나 공익사업을 위한다는 전제에서만 가능하다. 아마도 이러한 공공성 확보를 위한 노력은 결국 종교법인의 민주적 운영까지도 유도하고 있는 셈이라 할 수 있을 것이다.

출세간성)을 지닌 동시에 또한 법인적 성질(세속성, 세간성)도 지닌다. 그리고 종교법인의 종교적 성질은 헌법이 보장하는 면이므로 「종교법인법」은 오직 법인적 성질에만 간여한다. 따라서 「종교법인법」에서는 대표자, 책임자 등을 규정하나 목사, 주지, 신자 등은 규정하지 않는다.[37)]

우리나라의 경우 1990년 현재 종교법인의 총수는 246개에 불과하다.[38)] 전체 종교단체 수를 짐작해 보면 법인으로 등록된 것은 진정 극소수인 셈이다. 법적으로 보면 종교단체들은 「사회단체등록법」의 대상에서 제외되어 있고 대체로 민법 32조에 근거해서 비영리 사법인으로서 재단 또는 사단이 될 수 있지만, 등록요건으로서 허가주의를 채택하고 있으므로 실제 대부분의 종교단체들은 법인격이 없는 사단이나 재단의 상태인 셈이다. 비록 종교법인으로 등록되어 있는 경우도 종교전통 나름대로 단위단체나 포괄단체가 불규칙적으로 등록되어 있고, 큰 사찰과 향교들은 타종교 전통의 단체들과는 달리 불평등하게 허가 또는 강제주의 원칙에 따라 「전통사찰보존법」과 「향교재산법」에 묶여 있다. 그리고 법인격 없는 사단이나 재단의 경우는 법적 권리능력이 불분명하여 흔히 조직상의 문제나 재산권 시비 등이 잦고 그 결과 사회적 공공성을 위협받게 된다.

이런 맥락에서 최근 국내학계에서는 종교단체의 종교적 특수성을 고려한 법적 지위를 보장하려는 다양한 시도들이 있어 왔다. 첫째, 미국에서처럼 철저한 자유주의 원칙에 따라서 각 종교단체들이 자율적으로 공공성을 확보하도록 하는 방안이 생각될 수 있다. 이런 경우 종교단체들 자체의 법적 자기적응 능력을 개발시키는 것이 선행되어야 할 것이다. 둘째는 현행 민법상의 법인제도를 개선시켜 활성화하는

37) 井上惠行, 앞의 책, pp. 354-357.

38) 문화부 종무실, 『한국의 종교현황』, 1990, p. 9.

방안도 제시된다. 이 경우 종교단체들이 법인제도에 더 많이 참여하려면 무엇보다도 설립을 위한 현행 허가주의는 훨씬 용이한 방향(예컨대, 신고주의 등)으로 수정되어야 할 것이다. 또 적어도 현행 민법상 법인격 없는 재단의 재산소유방식 등이 개선되어야 할 것으로 생각된다.[39] 끝으로 세 번째, 일본에서처럼 따로 「종교법인법」을 제정하여 운영하는 방안도 논의된 바 있다. 사실상 종교법인은 대체로 재단법인적이면서 사단법인적 성질도 모두 가지고 있고, 헌법상 종교의 자유를 개인적 차원을 넘어서 종교단체에까지 확대하려면 특수법인제도를 도입하는 것도 바람직하다. 그러나 우리는 「사회단체등록법」에 의한 강제적용이나 「종교법인법」 제정을 통한 행정적 규제에 대하여 일부 종교단체들의 강한 반발을 경험한 바 있다. 따라서 이 경우에는 먼저 당국이 종교단체에 대한 권리보장 의지를 충분히 보여야 할 것이다.

5 국가의 법적 종교통제

앞서 보았듯이 현대 종교다원주의 사회에서는 헌법적으로 종교의 자유와 정교분리가 일반화되어 있지만, 그럼에도 불구하고 실제적으로는 불가피한 경우 종교에 대한 국가의 법적 통제가 이루어진다. 여기서는 그러므로 그러한 국가의 법적 종교통제의 구체적인 형식들을

39) 특히 이 경우 재산권이 세대교체 시기 등에 공백상태를 거쳐 私物化됨으로써 공공성을 잃는 점 등이 지적되어 왔다. 또 교회재산의 경우 신도들에게 지분권이 인정되는 合有와 지분권이 인정되지 않는 總有 양자에 대한 법원의 판례태도가 때에 따라 바뀐 점도 문제이다(김성환, 「분열된 교회재산의 소유관계」, 한국종교법학회 편, 『법과 종교』, 서울: 홍성사, 1983, pp. 225-269 참조). 이에 비해 사찰의 재산은 신도와는 상관없이 오직 사찰의 소유라는 판례도 있다(1970. 2. 10, 대판 66 누 120, 121).

개괄해 보고자 한다.

역사적으로 보면 종교에 대한 통제는 대체로 이원적 구조로 행해져 왔다. 하나는 종교집단 안의 내적 규율에 의한 통제였고, 또 하나는 국가의 권력에 의한 통제였다. 특히 중국을 비롯한 우리 동양사회에서 불교에 대한 국가 통제는 중요한데, 사찰 건립이나 승려가 되는 것, 또 종교활동을 함에 관한 다양한 통제방식들이 있었다. 무엇보다도 승려의 면허제도를 실시한 경우는 단순히 승려의 수만 통제하는 것이 아니라 인정된 교리 등을 표방하는 정통신앙을 우대하고 이단이 생기는 길을 차단시키는 효과가 있기도 하였다.[40]

우리나라에서도 신라 초기에는 불교 자체에 승관이 있어서 자체 통제를 담당하고 또 한편 세속적으로는 (불교세력을 저지하려는 귀족집단이 설정했던) 국가적 통제기관(大道署 등)이 있어 이원적이었으나 점차 후기로 들어오면서는 이 둘이 독특하게 하나로(政官) 통합된다는 연구가 있다.[41] 이러한 경향은 고려시대에 와서 일반화되는 국사 왕사제도가 통치권의 역할과 민심을 대변하는 불교의 역할을 조화롭게 연결시켜 주는[42] 데로 더욱 확대될 수 있는 저력이 아니었는가 생각된다. 그 후 조선시대에 이르러 억불정책의 일환으로 나왔던 도첩제는 일종의 승려 면허제도로서 중국에서처럼 승려의 수와 이단 통제의 수단이었던 것으로 볼 수 있다. 특히 불교탄압이 본격화되면서 승려의 도성 출입이 금지되었는데, 후에 일제는 식민지 수탈을 목표로 도성 출입을 허용한 반면 불교에 적극적인 관리통제를 실시하기 시작하였다. 따라서 한일합방 후에는 1911년 「사찰령」이 시행되어 불교재

---

40) C.K. Yang, *Religion in Chinese Society*, Berkeley: University of California Press, 1967, ch. VIII.

41) 中井眞孝, 「新羅における佛教統制機關について」, 『朝鮮學報』 59(1970. 4): 1-22.

42) 고려시대 국사 왕사제도의 기능에 관하여, 허흥식, 「고려의 국사 왕사제도와 그 기능」, 한국종교법학회 편, 『법과 종교』, pp. 41-87 참조.

산의 처분에는 총독의 허가가 요구되기도 한다.

한편 해방 후에는 헌법적으로 종교의 자유가 보장되었으나, 앞서 언급되었듯이 종교에 대한 국가의 법적 통제는 두 가지 형식으로 나타난다. 하나는 특별법의 형식으로서 현행 「전통사찰보존법」과 「향교재산법」이 있고, 또 하나는 일반법에 의한 통제이다. 결국 특별법은 불교와 유교에만 적용되고 있는 셈이다. 우선 「전통사찰보존법」은 해방 이후 「사찰령」이 그대로 적용되어 오던 것이 1962년 「불교재산관리법」으로 바뀌었다가 다시 1987년 새로 제정된 불교관계 특별법이다. 「불교재산관리법」은 모든 사찰을 대상으로 재산의 처분, 회계보고 등을 의무화하여 위헌 시비와 불교계의 강력한 반발이 있었으므로,[43)]「전통사찰보존법」에서는 "역사적 의미를 가진 전통사찰을 보존함"만을 목적으로 규제 대상을 제한한 것이 특징이다. 그럼에도 불구하고 기독교 등 타종교에는 해당되지 않는 차별법이라는 점에서 계속 위헌이라는 의견들이 있다. 유교의 「향교재산법」도 문화유산으로서의 가치가 있는 향교들을 보존하는 데 도움이 된다기보다는 역시 차별법이라는 점에서 위헌 시비가 있다.

오히려 문화재로서의 사찰과 향교 등을 보호하려면 일반법의 형식인 「문화재보호법」 등을 정비할 것이 제안되기도 한다. 이외에도 종교에 관련하여 「공원관계법」, 「국토이용관리법」, 「도시계획법」 등 다양한 일반법에 의한 통제형식이 있다.

그럼에도 불구하고 현대사회가 점차 종교의 특수성과 자유를 확대시켜 나가는 경향이라면 규제 일변도의 법적 고려보다는 보장을 위한 입법이 더욱 요구된다고 하겠다.

---

43) 「불교재산관리법」의 여러 문제에 관하여, 연기영, 「한국종교관계법령의 문제점과 입법정책적 방향」, 현대사회연구소 편, 『종교정책의 현실과 과제』, 1986, pp. 82-97 참조.

제11장 종교와 경제

1 마르크스의 종교와 경제론

자본주의의 역사적 기원, 특히 경제문제와 종교 사이의 관계에 지적인 관심을 본격적으로 보이기 시작한 것은 칼 마르크스(K. Marx)에 이르러서였다. 무엇보다도 마르크스는 엥겔스(F. Engels)와 더불어 당시 다른 사회과학자들이 경제문제를 사회의 틀 속에서 부차적인 것으로 본 데 비하여 중심적이고 우선적인 것으로 인식하려 했다. 따라서 그는 자연히 종교의 역사적 역할에 대하여 주로 부정적인 평가를 했고, 종교를 주변적인 것으로 보았다.

예컨대 생시몽(Saint-Simon)은 종교가 사회 속의 요소들을 연결시켜서 당시 경제적 문제들의 분출에 당면하여 인간생활의 사회성을 유지하는 데 본질적인 역할을 함을 강조했다. 이에 비하여 마르크스에게 종교는 분명한 소외의 형식이다.

즉 자본주의 사회에서 노동자들은 일한만큼 대가를 받지 못하고 착취를 당하고 있다. 다시 말해서 노동자들은 사회 속에서 소외당하고 있는 것이다. 그런데 종교는 이러한 소외를 근본적으로 해결하는 데 일조하지 못하고, 오히려 아편처럼 잠시 달래주는 역할만을 하므로 소외를 증폭시킬 뿐이라는 것이다. 따라서 마르크스에 의하면 자본주의 사회의 경제문제를 변화시킬 수 있는 것은 비자발적인 분업의 폐지나 사유재산제를 타파하는 적극적 실천이지 결코 종교적 위안이 아니다. 그리고 이것은 혁명을 통한 공산주의의 성취에 의해서만 가능한 것이다. 즉 종교를 경제문제의 철저한 종속변수로 본 것이다.[1)]

2 베버의 『프로테스탄트 윤리와 자본주의 정신』

한편 베버(M. Weber)가 마르크스의 경제 중심의 유물론적 사회변동 해석을 비판하고 그 대신 관념론을 끌어들였다는 종전의 주장들은 매우 잘못된 이해들이었다. 오히려 베버는 사회변동에서 마르크스가 지적한 경제요인을 중시하고 다만 소홀히 여겨진 정신적, 윤리적 가치만을 보충했다고 해야 할 것이다.[2)] 즉 베버는 단순히 개신교를 원인으로, 자본주의를 결과로서 도식화하고 있는 것이 아니다.[3)] 다만 자

---

1) 이러한 맥락에서 거시적으로 흔히 경제적 불황기에 종교는 번창한다고 생각되어 왔다. 그러나 실제 경험조사의 결과들은 좀 다르다. 대체로 경험적 조사들은 경제 불황기에 종교는 큰 변동이 없고, 다만 일부 보수적인 교회들만이 성장한다고 하고 있다. 또 작은 교파들이 큰 종파들에 비해 성장하지만 증가율 자체는 경제 불황기의 전과 후에 큰 차이가 없는 것으로 조사되고 있다(M. Argyle & B. Beit-Hallahmi, *The Social Psychology of Religion*, London: Routledge & Kegan Paul, 1975, pp. 174-177).

2) 즉 베버는 역사의 단일 원인론을 반대하고 다원론적 입장을 취한 셈이다(G. Marshall, *In Search of the Spirit of Capitalism: An Essay on Max Weber's Protestant Ethic Thesis*, N.Y.: Columbia University Press, 1982, p. 151).

3) 이와 관련하여 개신교 윤리로부터 비롯되었던 것이 '자본주의의 정신' 이지 결코 '자본주의' 그 자체가 아님은 유의할 필요가 있다. 즉 개신교 윤리는 자본주의의 원인이 아니라 자본주의의 정신의 원천일 뿐이다. 그리고 이 자본주의

본주의의 활력이 정신적인 것(일종의 기풍)을 포함한다는 점을 주장하고 그 주된 기원이 개신교 윤리와 이념적으로 연관이 있음을 밝히려 하였던 것이다. 그러므로 요컨대 베버의 『프로테스탄트 윤리와 자본주의 정신』[4]은 마르크스의 자본주의론의 맥을 이어서 종교개혁 시기에 전개된 칼빈주의(Calvinism)의 현세적 금욕주의와 근대 자본주의 정신 간의 이른바 선택적 친화력(elective affinity)을 분석하고 있다고 생각된다.

우선 이 글에서 베버는 근대 자본주의 정신을 단순히 영리욕에 의해 형성된 상업주의와는 분명히 구별하고 있다. 즉 근대 자본주의 정신은 당시의 경제구조를 넘어서 전에는 없었던 합리주의적 경향을 띤 새로운 독특한 기풍(ethos)으로 생각되고 있다. 한동안 열심히 돈을 벌어서 잘 먹고 잘 살자는 것이 아니라 재산이 축적되어도 계속 보람을 가지고 일하는 일종의 성스러운 소명의식 같은 것이 깔려 있다는 것이다.

그런데 베버는 이러한 근대 자본주의 정신이 종교개혁 이후에 비로소 본격화되었다고 한다. 그리고 그것은 물론 자본, 상업, 기술, 정치력의 집중화, 법적 합리화 및 세속주의 등의 영향도 있지만 무엇보다도 청교도의 현세적 금욕주의(this-worldly asceticism)가 중요한 역할을 했음을 지적하고 있다. 적어도 종교는 여기서 독립변수로 여겨지고 있는 것이다. 즉 마르크스의 자본주의 쟁점 속에 들어와 경제생활과 종교 관념 사이에서 베버는 경제 일변도의 해석을 지양하고 상호 영

의 정신은 자본주의의 출현을 가져왔다기보다 이미 있던 자본주의의 확대 및 발전에 공헌했다고 베버는 주장했던 것이다(양영진, 「베버 종교사회학 저술들의 내적 연관성」, 전성우 편, 『막스 베버 사회학의 쟁점들』, 서울: 민음사, 1995, p. 361 참조).

4) M. Weber, *Die Protestantische Ethik und der 'Geist' des Kapitalismus* (1905), trans. T. Parsons, *The Protestant Ethic and the Spirit of Capitalism*, N.Y.: Charles Scribner's Sons, 1958.

향관계를 강조한 셈이라 하겠다.

그러면 칼빈주의가 어떻게 자본주의 정신의 형성에 영향을 주게 되었다는 말인가?[5] 우선 베버는 서구적 합리성[6]이 궁극적으로 목표로 하는 바는 세계를 끊임없이 개혁하여 정복하려는 것으로 보고 있다. 그리고 이러한 합리성의 전개는 사회의 제도들 가운데 표출되어 왔는데 종교에서는 특히 금욕주의로 나타난다고 한다.

여기서 금욕주의는 단순한 소극적인 절제를 뜻하는 것이 아니라 기본적으로 어떤 초월적인 이상을 설정해 놓고 일상의 생활세계를 그 이상에 맞도록 쉬지 않고 개혁해 나가는 것이라 할 수 있다. 즉 이것은 한편으로는 세계 참여를 긍정적으로 여기면서 또 한편으로는 (초월적 이상에 비추어) 일상의 세계를 부정적으로 거부하는 것이다. 즉 도피적 신비주의나 순응적 속세주의 어느 것과도 구별되는 성향이다. 결국 긍정과 부정의 상반된 두 태도가 교묘히 조화됨으로써 세계에 열심히 참여하며 또 현실에 안주하지 않고 개혁하려는 성향을 가져오게 되는 것이라고 생각된다.

베버는 바로 이러한 일상세계에 참여하면서 개혁하려는 개신교 금욕주의의 성향이 자본주의 정신을 가져오게 되는 중요한 요인 중 하나라고 한다. 즉 세계 개혁적 금욕주의 성향이 경제적인 생활 속에서 열심히 일하여 돈을 벌고도 쾌락에 빠지지 않고 자본을 축적하게 하여 끊임없는 확대재생산을 가능하게 하였다는 말이다.

물론 베버는 이러한 금욕주의적 요소가 개신교 윤리에서 처음 발견되는 것이라고 주장하지는 않는다. 현세참여적 냉철성은 유대교 전통

---

5) 이 문제에 대한 집중적 연구로서 조혜인, 「세계의 깸: 개신교 윤리 명제의 동적 측면」, 『한국사회학』 제30집(1996/봄): 31-64를 참조할 수 있다.

6) 이 '합리성'을 원래 철학적 개념이었던 '이성'을 베버가 사회과학 용어화한 것으로 이해하는 견해도 있다(전성우, 「논저구상: 『막스 베버의 자본주의론』」, 『대우재단소식』 59, 1997/봄, p. 19).

에까지 거슬러 올라갈 수 있다고 한다. 그러나 유대교는 세계에 적극 참여만 할 뿐 개혁하려 하지 않는 것이 한계라고 한다. 따라서 부에 대한 유대교인들의 태도는 자연주의적 탐욕에 그쳐 그들의 상술은 근대적 자본주의와는 사뭇 다르다는 것이다.

반면에 기독교로의 발전은 보편주의적 성향을 중시하게 되고 전통주의를 거부하는 가운데 도덕적 초월성 등을 새로 부가시켜 왔다고 한다. 하지만 중세에 이르러서도 서구 사회에서는 오직 종교와 세속간의 분명한 이중구조를 바탕으로 단지 종교계에서만 국한되어 추구되는 (흔히 신부나 수녀에게서 보이는) 이른바 내세적 금욕주의(other-worldly asceticism)가 주도하였다고 한다. 즉 중세 가톨릭 사회에서는 세계를 거부하는 종교계와 제멋대로의 세속계가 너무나 동떨어지고 결코 조화되지 못하여 개혁적 성향을 도출시킬 수 없었다고 한다. 그럼에도 불구하고 이러한 가톨릭의 내세적 금욕주의가 개신교의 현세적 금욕주의를 배태시킨 잠재능력을 지니고 있었음은 또한 부정할 수 없는 사실이었다.

베버는 칼빈의 예정론(the doctrine of predestination)에서 개신교의 현세적 금욕주의가 절정에 이른다고 주장한다. 특히 이 예정론은 인간의 구원이 하느님에 의해 철저히 예정되어 있다는 것으로서 루터(M. Luther)의 이른바 소명의식을 이어받고 한걸음 더 나아가 루터 속에 잔재해 있던 일말의 신비주의적 요소까지 제거하여 신의 초월성을 더욱 강조한 것으로 이해되고 있다. 즉 한 인간이 구원을 받을 것인가 아닌가 하는 것은 철저히 하느님의 은총에 의한 것이지 결코 인간적인 노력에 의한 것이 아니다. 물론 성직자와 같은 중간 매개자들에 의한 것은 더욱 아니다. 즉 인간은 예정된 구원 여부를 바꿀 수 없다. 게다가 과연 누가 구원을 받기로 예정되어 있는지 아닌지를 알 수조차 없다. 그것은 진정 아무도 모르는 것이다. 오직 하느님만이 아는 것이다.

그런데 정말 구원이 인간적 노력과는 상관없이 예정된 하느님의 은총에만 의한 것이라면 도대체 인간은 어떻게 살아야 하는 것인가? 노력할 필요 없이 편한 대로 살아도 되지 않는가라고 생각할 수도 있을지 모른다. 그러나 실제로는 그렇지 않다는 것이다. 즉 인간적 노력에 의한 선행(善行)은 예정된 사실을 바꿀 수 있는 원인은 아니지만 구원이 예정되었음을 보여주는 징조가 될 수 있다고 베버는 말한다. 결국 이 세상에서 근검절약하지 않고 방탕한 사람은 그 자신이 구원받도록 예정되지 못한 존재임을 스스로 증명해 보이는 셈이라는 말이다. 심지어 구원받았음을 의심하는 것은 오히려 죄악이고, 구원의 확신은 자신이 선택된 자임을 생활로 입증함으로써만 강화된다고 하였다. 그래서 개신교인들은 "평신도도 수도승처럼 살아야 했다"고 한다. 그리고 물론 피안적 수도승으로서만이 아니라 세상일에 적극 참여함으로써 종교적인 사업가들이 될 수 있는 길을 열어 놓았던 셈이다.

결국 물질적 현실세계에서의 성공을 정당화하면서 동시에 책임을 부과하고 있는 것이다. 즉 예정된 구원 여부를 알 수 없다고 가만히만 있을 수는 없다. 구원의 확신을 잠시라도 놓치지 않기 위해서는 누구나 열심히 일해서 돈을 벌고 그렇게 번 것을 즐기는 데 낭비하지 않고 축적하여 자본을 형성하고 재투자하게 된다는 것이다. 이렇게 해서 마침내 청교도들은 물질적 현실세계에 적극 참여하면서 또한 그 속에서 자신들의 자연적인 욕구를 참고 거부하여 더 나은 세계로의 개혁을 시도하게 된다는 말이다.[7)]

---

7) 물론 칼빈주의의 예정론이 이렇게 현세적 금욕주의를 초래했다는 것은 오직 베버의 해석이다. 다시 말해서 이것은 종교학적(신학적)으로 반드시 타당한 해석은 아니다. 베버적 해석의 역사적 중요성은 인정한다고 하더라도, 예컨대 버거는 적어도 신학적으로 청교도의 금욕주의가 칼빈주의적 구원관에 대한 심지어 엄청난 오해였음을 지적하고 있다(P.L. Berger, *Capitalist Revolution*, N.Y.: Basic Books, 1986, 이원희 역, 『자본주의 혁명』, 서울: 지문사, 1987, p. 133). 이런 점에서, 베버가 교리적인 진실보다 비록 오해라도 당시의 신앙 양

이와 같이 현세적 금욕주의가 유대교로부터 가톨릭을 거쳐 개신교 특히 칼빈주의에서 결정화되는 것에서 우리는 아마도 베버의 진화론적 사고[8])를 엿볼 수 있을지 모른다. 아무튼 이것을 통해서 베버는 종교적 금욕주의에서 심화된 서구의 합리화가 다른 사회제도들 중 특히 경제체제의 합리화에 견인차 역할을 하고 있음을 제시하고 있다.

3 베버 주제에 대한 비판과 쟁점 전개

물론 베버의 『프로테스탄트 윤리와 자본주의 정신』이 나오자 수많은 비판들이 있었고 다양한 측면에서 쟁점들이 형성되었다.[9)] 우선 자본주의 정신의 개념에 대하여 그것이 베버가 주장하듯이 정신적 기풍(ethos)이라기보다는 자기 목적으로서의 화폐추구 내지 영리욕 일반이라는 브렌타노(L.J. Brentano)와 좀바르트(W. Sombart) 등의 비판이 있었다. 그들은 자본주의 정신은 자본가(기업가)층에 의해 대변된다고 하였다. 이에 대하여 베버는 근대 자본주의 정신은 단순한 영리욕에 근거한 천민자본주의를 넘어서 일하는 그 자체에 대한 일종의 거룩한 성취감을 중시하며 그것이 또한 하나의 윤리적 의무를 부과하는 기풍임을 강조한다. 따라서 근대 자본주의의 전달자(carrier)는 자본가(기업가)만이 아니라 중산층과 심지어 임금노동자까지도 포함한다고 하였다.

상에 더 관심이 있었던 것은 중요하다. 이것은 진실 자체보다도 믿음 자체를 중시하는 종교학의 전통적 안목과 맥을 같이하는 것이라 여겨진다.

8) 그러나 베버는 역사상 어떠한 필연적 발전단계가 있다는 마르크스주의자적 사회진화론의 입장은 결코 취하지 않았다(余英時, 『中國近世宗敎倫理와 商人精神』, 정인재 역, 서울: 대한교과서주식회사, 1993, pp. 3-4).

9) 주요 비판들과 쟁점 및 베버의 입장들에 대하여, 권규식, 『종교와 사회변동』, 서울: 형설출판사, 1985, pp. 14-24 참조.

그리고 과연 칼빈주의가 그러한 자본주의 정신을 가져오는가 특히 자본주의 정신 발생의 직접적 원인(the direct cause)이라고 할 수 있는가 하는 비판들이 나왔다.[10] 예컨대 토니(R.H. Tawney)[11]는 당시의 최대 상업과 금융의 중심지는 오히려 베니스나 플로렌스 등의 가톨릭 지역이었고, 개신교 국가들의 자본주의 발달은 지리상의 발견이나 정치적 제도의 결과라는 비판을 하였다. 또 베버는 칼빈주의를 너무 단순화하고 있다고 하며, 오히려 자본주의 정신이 프로테스탄트 윤리에 영향 준 바를 지적하기도 하였다. 그러니까 당시에 사람들이 칼빈주의를 신봉하게 된 것은 그들이 이미 실천해 오고 있던 세계관을 칼빈주의가 잘 정당화하고 신성화시켰기 때문이라는 것이었다. 로버트슨(R. Robertson)도 베버는 종교적 요소들의 독립변수적 성격을 지나치게 강조하고 또 그 요소들 중 교리와 믿음에만 치중하였음을 지적하였다.[12]

이에 대하여 베버적 입장에서는 칼빈주의가 자본주의 정신의 형성에 꼭 유일하고도 충분한 원인이라고 주장한 것은 아니라고 변명할 수 있다. 다른 많은 요인들과 더불어 칼빈주의 신학은 새로운 경제적 기풍을 이룩하는 데 기여했다고 주장하였던 것이다. 즉 당시 사회의 상부구조인 칼빈주의 신학의 현세적 금욕주의와 하부구조인 자본주의의 정신이 어느 한 방향으로의 단선적 인과관계보다는 묘한 선택적 친화력을 보여주고 있음을 지적했다는 말이다.

---

10) 심지어 사무엘슨(K. Samuelsson)은 자본주의와 칼빈주의가 같은 시기에 일어난 것은 오직 우연의 일치일 뿐이라고까지 하였다. K. Samuelsson, *Religion and Economic Action*, trans. E.G. French, N.Y.: Basic Books, (1957) 1961.

11) R.H. Tawney, *Religion and the Rise of Capitalism*, N.Y.: Harcourt, Brace & Company, 1926.

12) R. Robertson, *The Sociological Interpretation of Religion* (N.Y.: Schocken Books, 1970), 이원규 역, 『종교의 사회학적 이해』, 서울: 대한기독교출판사, 1984, pp. 171ff.

이와 연관하여 기본적으로 직접적 인과관계론이 밀려나면서 간접적 혹은 우회적 인과관계론이라고 할 수 있는 것들이 등장한 것은 아주 당연한 일이었는지도 모른다. 즉 칼빈주의가 자본주의 정신을 직접 야기한 것이라기보다는 당시의 정치적, 사회적 상황에 폭넓은 영향을 줌으로써 그러한 상황들이 결국 자본주의 정신의 형성에 일조하게 되었다는 것이다.

이런 맥락에서 아이젠슈타트(S.N. Eisenstadt)의 '변형능력'(transformative potential) 개념은 시사하는 바가 크다. 여기서 '변형능력'이란 간단히 말해서 여타의 사회구조 속으로 새로운 제도를 구현시킴을 이념적으로 합법화해낼 수 있는 능력을 뜻한다고 생각된다. 즉 칼빈주의와 자본주의 정신의 관계는 직접적 인과관계라기보다 개신교 윤리의 변형능력에 초점이 맞추어져야 한다는 것이다. 이런 점에서 베버는 경제에 대한 종교의 명시적 영향력보다는 전체적인 정향(orientation)을 강조하였던 셈이라고 아이젠슈타트는 주장하였다.

이 변형능력의 구체화 과정을 좀더 자세히 살펴보자면, 우선 아이젠슈타트는 칼빈주의의 성향을 세 가지로 특징짓고 있다. 첫째, 칼빈주의는 현세성(this-worldliness)과 초세성(transcendentalism)을 잘 조화하고 있고, 둘째, 개인적 활동과 책임을 강조하고 있으며, 셋째, 성스러움에 대한 개인의 매개되지 않은 직접적 연관성을 부각시키고 있다는 것이다. 그런데 이러한 성향들은 사회구조의 폭넓은 개방성(openness)을 가져오고 또 사회 전반에 자율권(autonomy)과 자족(self-sufficiency)적 분위기를 일깨워 주었다고 한다. 따라서 결과적으로 이들은 중심적 정치상징(political symbols) 체계들을 변화시키고, 새로운 유형의 역할들(roles)을 창조해내서 전 사회의 제도(institution)적 변화를 초래하게 되었다고 한다. 그리고 이것은 경제제도로서의 자본주의 정신의 형성으로까지 전개되었다는 것이다. 결국 칼빈주의의 변형능력이 흡수되거나 제도화될 수 있었던 사회적 요건은 질서의 자율

(autonomy of orders), 즉 다원주의(pluralism)였다고 아이젠슈타트는 주장하고 있다.[13)]

이렇게 개신교 윤리와 자본주의 정신의 상관관계가 직접적 인과관계보다 변형능력에 이르기까지 각종 간접적 인과관계로써 어렴풋이 설명될 수 있다는 것은 의미심장하다. 즉 그것은 하나의 이론으로서의 논리적 타당성보다는 신화로서의 개연적 설득력에 근거하고 있음을 암시하는 것인지도 모른다.

4 종교와 경제 관계의 경험적 연구

한편 베버의 종교와 경제의 상관관계론은 수많은 경험적 연구들을 초래하게 된다. 초창기 경험적 연구들은 베버의 주장이 실제 경험적으로는 대개 입증되지 못한다는 것이었다.[14)]

그러나 렌스키(G. Lenski)는 미국 디트로이트 교외의 거주자 656명과의 인터뷰 조사를 바탕으로 베버 주장의 타당성을 경험적으로 다시 확인하였다.[15)] 즉 개신교인들이 가톨릭교인에 비해서 우선 직업의 소명감과 성취감이 강하고, 할부구입을 싫어하고, 또 사회적 지위의 상승이동을 더 추구한다고 렌스키는 주장한다. 특히 지적인 정통주의자(orthodoxy)

---

13) S.N. Eisenstadt, "The Protestant Ethic Thesis in Analytical and Comparative Context," *Diogenes*, 59(1967): 25-46(Reprinted in R. Robertson, ed., *Sociology of Religion*, N.Y.: Penguin Books, 1969, pp. 297-317).

14) 예컨대 S.M. Lipset & R. Bendix, *Social Mobility in Industrial Society*, Berkeley: University of California Press, 1959 참조. 물론 이러한 경험적 조사와 연관된 관심들은 주로 미국에서 거론되었다. 초창기 이들에 관한 간략한 논의는 B. Nelson, "Weber's Protestant Ethic: Its Orgins, Wanderings, and Foreseeable Futures," C.Y. Glock & P.E. Hammond, eds., *Beyond Classics?: Essays in the Scientific Study of Religion*, N.Y.: Harper & Row, 1973, pp. 99-102 참조.

15) G. Lenski, *The Religious Factor*, N.Y.: Doubleday, 1961.

들보다도 기도 등 실천을 중시하는 열광주의자(devotionalists)들이 경제문제에서 신앙의 영향을 더 많이 받고, 그들의 친구나 가족 등이 신자인가 아닌가 하는 것(associational and communal involvement)은 별 상관이 없다고 한다.

이에 더하여, 렌스키의 맥을 따라 전개된 '개신교 윤리' 연구의 명제들은 몇 가지로 정리될 수 있다. 첫째, 대개 금욕적 개신교는 위로의 사회적 이동성(social mobility)을 더 크게 가져온다는 것이다. 둘째, 개신교가 더 높은 성취동기(achievement motivation)를 제공한다는 것이다. 그리고 셋째, 개신교가 더 많은 교육의 기회(educational opportunity)를 준다는 것 등이다.

그러나 많은 경험적 조사들은 이러한 명제들이 지지될 수 없음을 보여주고 있다. 우선 그릴리(A.M. Greeley)[16] 등은 적어도 북미에서는 개신교와 가톨릭 사이에 사회적인 지위의 차이가 거의 무시할 정도이고, 사회적인 이동성도 거의 차이가 없으며 또 비록 차이가 있다고 해도 그것이 종교윤리 때문이라 할 수 있는 근거는 미약하다고 하고 있다. 그리고 더 높은 성취동기나 더 많은 교육의 기회를 준다는 것에 대해서도 실제조사들은 조사에 따라 서로 다른 결론을 내고 있다.[17]

그렇다면 과연 베버의 종교와 경제 간의 상관관계론은 결국 경험적으로는 무의미한 것인가? 이것은 간단한 문제가 아니다. 우선 종교개

---

16) A.M. Greeley, "Continuities in Research on the 'Religious Factor'," *American Journal of Sociology*, 75(1969: November): 355-359.

17) 예컨대 G.D. Bouma, "Beyond Lenski: A Critical Review of Recent 'Protestant Ethic' Research," *Journal for the Scientific Study of Religion*, 12/2(1973): 141-155; S. Gaede, "Religious Affiliation, Social Mobility and the Problem of Causality: A Methodological Critique of Catholic-Protestant Socioeconomic Achievement Studies," *Review of Religious Research* (1977): 54-62; J.A. Riccio, "Religious Affiliation and Socioeconomic Achievement," R. Wuthnow, ed., *The Religious Dimension*, N.Y.: Academic Press, 1979, pp. 179-228 참조.

혁 당시에 칼빈주의가 자본주의 정신에 영향을 주었다고 주장한 베버의 이론을 오늘날의 상황에 대한 경험적 조사로 검증하려 하는 것 자체가 잘못된 것이 아닌가 하는 비판이 있다.[18] 그리고 베버는 개신교 중에서도 특히 칼빈주의를 다루었는데 대부분의 경험조사들은 개신교 종파들을 구별하지 않고[19] 그들의 신앙의 차이, 무엇보다도 예정론을 믿는가, 금욕적 생활을 하는가 등을 전혀 따지지 않고 있음이 지적되고 있다.[20]

따라서 베버의 이론은 경험적 조사의 한계가 극복되지 않는 한 계속해서 재고의 필요가 있다는 것이다. 즉 베버의 이론은 경험적 조사 결과에 근거한 사실에 의해 그다지 흔들리지 않고 있는 셈이다. 심지어 경험적 사실을 초월하고 있는지도 모른다. 결국 이쯤 되면 베버의 종교와 경제 간의 상관관계론은 경험적 조사라는 점에 있어서도 이론이기보다 신화적 차원에 있다고 해야 하지 않을까?

5 유교 윤리와 동아시아의 경제발전

개신교 윤리와 자본주의 정신의 연구에서 비롯된 종교와 경제 간의 상관관계에 대한 베버의 관심은 후기에 들어서면서 점차 역사사회학적 비교연구를 초대하게 된다. 그러니까 왜 서구 사회만이 합리적인

---

18) K.A. Roberts, *Religion in Sociological Perspective*, 3rd edtion, Belmont, California: Wadsworth Publishing Co., 1995, p. 238.

19) 예외적으로 M. Homola, D. Knudsen & H. Marshall, "Religion and Socio-Economic Achievement," *Journal for the Scientific Study of Religion*, 26/2(1987): 201-217. 여기서는 개신교 종파들을 구분해서 다루고 있으나, 종교가 사회경제적 성취에 직접 영향을 준다기보다는 피조사자의 교육, 직업 및 수입 등의 개입변수들이 중요하다고 하고 있다.

20) G.D. Bouma, *op. cit.*, pp. 152-153.

자본주의를 발생시켰는가라는 물음을 제기하였다. 즉 서구에서 자본주의 정신이 발달한 것은 단순히 기술과 경제 등 구조적 기반 때문만이 아니라 칼빈주의의 힘이 컸다고 하였으니, 비서구 사회에서 자본주의 정신과 같은 것이 형성되지 못한 이유를 타종교들과 관련하여 검토해 보는 것은 당연한 접근이었는지도 모른다.[21)]

그러나 이러한 베버의 타종교 비교연구가 자본주의를 매개로 단순히 서구의 독특성과 우월성을 주장하기 위한 반증적 사례연구였다고 종종 여겨지는 것은 사실 매우 잘못된 이해라고 할 것이다. 오히려 베버는 서구중심주의 시각으로부터 탈피하기 위해서 비서구권 문화들을 연구하였다. 그리고 개신교를 비롯한 모든 세계종교들이 개인들의 경제적, 사회적 행위를 형성하고 반영하는 과정을 이해하고, 또 비서구 문명권의 세계종교들을 거울로 삼아 서구 합리주의의 특징을 간접적으로 확인하려 했다고 할 것이다.[22)]

아무튼 베버는 그후 소위 '세계종교의 경제윤리: 비교 종교사회학적 시도' (*Die Wirtschaftethik der Weltreligionen: Vergleichende Relgionssoziologische Versuche*)라는 큰 주제로 중국의 종교, 인도의 종교, 그리고 유대교 등에 대한 논문들을 썼다.[23)] 우선 "힌두교와 불교"[24)]에

21) S.N. Eisenstadt, "The Implications of Weber's Sociology of Religion for Understanding Processes of Change in Contemporary Non-European Societies and Civilizations," C.Y. Glock & P.E. Hammond, eds., *op. cit.*, p. 132.

22) 이와 관련하여 특히 터너는, 베버를 과도하게 종교를 중심으로 동양과 서양이라는 범주론적 구분에 의해 비교분석했다는 점에서 파슨즈를 비판하였다. B.S. Turner, "Weber's Orientalism," *For Weber: Essays on the Sociology of Fate* (London: Routledge & Kegan Paul, 1981), 유석춘 편, 『막스 베버와 동양사회』, 서울: 나남, 1992, pp. 87-96; S. Molloy, "Max Weber and the Religion of China: Any Way Out of the Maze?," *The British Journal of Sociology*, 31/3(1980): 377-400; 유석춘 편, 위의 책, pp. 159-192; 양영진, 앞의 논문, pp. 371-381 참조.

23) 이 논문들은 1920년에 일부 수정 보완되어 『종교사회학 논문집』(*Gesammelte Aufsätze zur Religionssoziologie*)이라는 총서로 간행되기 시작했다.

서 힌두교의 윤회(samsara), 업(karma), 법(dharma) 등은 절대불변의 진리로서 이에 대한 신앙은 기존 사회질서를 합법화하고, 특히 카스트 제도의 사회적 불평등을 정당화하여 사회개혁의 의욕을 제거하였다고 한다. 따라서 내세에 대한 관심은 있으나 전통주의를 강화하고 현세에의 무관심을 초래했다고 한다. 한편 불교에 대해서는 카스트는 반대하지만 현세가치를 배격하여 개혁의지가 약함을 지적하고 있다.

또 "고대 유대교"[25]와 관련해서는 신에 절대복종하는 신관은 개신교에까지 계승되었고, 율법(Torah)의 합리화, 민중적 구제의 실천 및 예언자의 활동 등이 합리적 윤리 형성의 계기를 마련했다고 한다. 그리고 유대민족의 독특한 역사 상황은 현세적 관심을 야기하게 된다고 한다. 그러나 반면에 율법주의적 생활방식은 전통주의적 성격을 조장하여 개혁을 방해했고, 선민사상으로부터 나오는 이중도덕(동포와 비동포에 대한 차별적 윤리)은 보편윤리를 거부하고 결국 천민자본주의(*Pariakapitalismus*)를 초래하게 되었다고 한다.

한편 베버는 "유교와 도교"[26]에서 중국종교의 사회적 · 경제적 행위와의 상관관계를 다루고 있는데, 특히 유교 부분은 오늘날 동아시아의 경제성장 논쟁에까지 이르는 문제의 시발점이 되었다는 점에서 중요하다. 대체로 유교의 도(道)는 조화와 안정 및 균형의 불변적 질서로서, 삶 속에서 도를 추구하는 중국인은 전통을 고수하고 현실과 쉽게 타협하는 현세주의에 집착하여 변화와 개혁을 두려워한다는 것을 베버는 지적한다. 그래서 결국 서구와 같은 합리성이나 자본주의의 정신 같은 것이 생기기가 어려웠다는 말이다.

---

24) M. Weber, *Hinduismus and Buddhismus*(1916), 홍윤기 역, 『힌두교와 불교』, 서울: 한국신학연구소, 1986.

25) M. Weber, *Das Antike Judentum*(1917), 진영석 역, 『야훼의 사람들: 고대 유대교』, 서울: 백산출판사, 1989.

26) M. Weber, *Konfuzianismus und Taoismus*(1916), 이상률 역, 『유교와 도교』, 서울: 문예출판사, 1992.

좀더 따져보면, 유교는 무엇보다도 실용적이고 세속적일 뿐 형이상학적이고 초월적인 기반이 약하다고 한다. 즉 유교는 개인적인 기도가 없으며 너무 제사의례적이고, 또 체계 잡힌 사제계급도 없어서 구체적인 구원론이나 윤리가 잘 개발되지 못했다는 것이다. 그리고 유교는 (유대교의 개혁적 원동력이 되었던) 예언과 같은 것이 없고, 주술적 비합리성이 만연된 가운데 내세적 운명에 대해서는 아주 무관심함을 지적하고 있다. 그래서 결국 유교 윤리는 현세에 관심을 보일 뿐 현세를 개혁하기보다는 그에 적응만을 강조한다고 한다. 즉 질서의 수락과 정태적인 학문 및 효 등이 주요 덕목으로서 보수적인 전통주의가 그 중심을 이루고 있다는 말이다.

특히 유교사회의 가족제도는 개개인을 혈연적 관계 속으로 귀속시켜 족벌주의와 정실주의 등의 특수주의를 가져오고 또 대내적 도덕과 대외적 도덕을 구분시켜 개별주의를 초래하였다고 한다. 그리고 이러한 개별적 특수주의 속에서는 (누구에게나 정직과 같은) 보편규범이 생길 수 없어서 (합리화의 중요한 척도인) 근대적인 관료제 등이 발달될 수 있는 여건을 조성할 수 없었다고 한다. 이러한 상황 속에서 근대 서구의 자본주의 정신과 같은 것이 발생하기는 어려웠다는 것을 암시하고 있는 셈이다.

사실상 20세기 초반에 행해진 베버의 이와 같은 중국사회의 종교와 경제윤리의 상관관계 분석은 그 후 상당히 오랫동안 설득력 있는 주제로서 널리 인정되어 왔다. 즉 대개의 서구학자들의 중국종교 연구는 베버적 주제를 확인하는 맥락에서 시도되었다. 그리고 일부 동양의 무비판적인 서구지향적 종교사회학자들은 아주 최근까지도 베버의 유교 분석을 너무나 당연한 것으로 수용하여, 종종 동양사회의 합리화를 유교로부터의 해방과 동일시하는 경향이 있었다. 심지어는 베버적 유교 해석을 더 통속적으로 왜곡하여 동양이 이렇게 서양보다 못 사는 것은 단지 개신교 윤리와 같은 것이 유교에는 없기 때문이라고까지 주장한 사람들도 있었다.

그런데 20세기 후반에 들어서면서 일본이 패전의 악몽에서 벗어나 빠른 경제발전을 이루어 낸 것은 온 세계가 놀란 일이었다. 그리고 이 것은 사회경제적 여건 때문만이 아니라 일본 특유의 이른바 정신적 기풍의 산물로서 여겨지게 되었다. 즉 일본사회 가치체계의 바탕이 되는 유교에 대한 재해석[27]이 요청된 것이다.

이런 맥락에서 각광을 받으며 등장한 것이 바로 벨라(R.N. Bellah)의 『도쿠가와 종교』(*Tokugawa Religion*)[28]에서 시도된 일본사회의 분석이었다. 즉 일본경제의 빠른 성장을 흔히 일본인의 약삭빠른 모방능력이나 편협한 유물론적 역사해석으로 설명해 보려던 종전의 이론들과는 달리, 벨라는 좀더 근본적인 일본 특유의 가치체계와의 상관관계 속에서 이해해 보려 했던 것이다. 따라서 그러한 가치체계의 원천인 근대 일본의 문화적 뿌리를 기본적으로는 베버적 틀을 유지하면서 파슨즈(T. Parsons)의 행위이론을 적용하여 분석해내고 있다.

다시 말해서 근대 일본의 문화적 뿌리는 유교이다. 그리고 그것은 법이나 진리 및 정의 등의 보편적 가치보다는 가문[家]이나 부락 등의 특수(개별)적 관계를 중시한다는 점에서 중국의 유교 전통주의와 크게 다르지 않다. 그런데 그것에 덧붙여 무사(武士) 전통에서 유래하는 또 한 가지 중요한 기풍이 있다. 즉 연령이나 성(性) 및 신분 등의 속

---

27) 사실 베버도 그의 저술들에서 흩어져 단편적으로나마 일본사회의 정신적 기풍을 논의한 바 있다. 무엇보다도 일본 근대화의 중추세력은 무사(武士)였고, 행정개혁 단행을 가져온 기풍의 근거는 비종교적인 봉건적 무사윤리라고 베버는 보았다. 그럼에도 불구하고 일본에서는 능동적으로 자본주의가 나올만한 에토스가 없었는데, 베버는 그 이유로 일본사회 속에서 불교는 세속 내의 금욕주의를 갖지 못했고 반개혁적이었으며 신도와 유교는 모두 국민을 결집시킬 에너지로서 불충분했음을 지적했다(권규식, 앞의 책, pp. 153-158 참조).

28) R.N. Bellah, *Tokugawa Religion: The Values of Pre-Industrial Japan*(N.Y.: The Free Press, 1957), 박영신 역, 『도쿠가와 종교』, 서울: 현상과인식, 1994.

성보다도 오히려 업적을 중시하는 것이다.

이러한 업적위주의 기풍은 예컨대 일본인의 신에 대한 개념과 그에 관련된 종교행위들을 통해서도 잘 나타난다. 즉 일본인들은 흔히 신을 천지(天地)나 불타(佛陀) 같은 초월적인 존재로 여기거나 또는 도(道)나 이치[理] 및 불성(佛性) 등과 같은 존재의 근거 내지 실재의 내적 본질로서 이해한다. 여기서 전자와 같이 초월적 존재로 인식되는 신의 개념은 은혜에 대한 존경과 감사, 즉 보은(報恩)의 행위를 요구하며 나아가서는 충성[忠]으로 발전되기도 한다. 이에 비해 후자와 같이 존재의 근거로서의 신의 개념은 신 존재와의 합일 또는 동일화의 행위를 요청하게 되는데, 일부 상류층은 이것을 수행이나 은둔을 통해서 이루려 하지만 일반 대중들은 대체로 세속에 참여를 통해서 성취하게 된다고 한다. 그리고 이러한 대중의 세속 참여 의지가 위의 보은의 행위와 밀접하게 연관되어 바로 업적위주 사상을 초래하였다고 벨라는 주장하였다.

그러므로 본래 근대 일본사회는 중국에서처럼 유교적 특수(개별)주의가 근간을 이루고 있었지만 여기에 일본 특유의 업적본위 사상이 가미되었다는 것이 중요하다. 즉 이 두 가지 기풍의 조화가 사실상 일종의 일반화된 특수관계주의를 구성하고, 이것이 결국 보편주의적 기능을 하게 되어 합리화에 공헌한다는 것이다.[29] 그러니까 유교는 중

29) 한편 이러한 벨라의 주장에 대하여, 일본학자 마루야마 마사오(丸山眞男)는 아직도 천황과 국가에서 가족에 이르는 특수집단들이 건재하고 있는데 이들의 이러한 일본적 특수주의가 과연 윤리적 보편주의를 대체하는 기능을 한다고 할 수 있는지 질문하였다. 그리고 경제발전이 반드시 정치적 민주화나 윤리적 보편주의와 함께 한다고 할 수 있겠는가를 물으며, 근대 일본의 전개 방향이 오직 합리화와 근대화로 나아갔다고 한 벨라의 해석이 지나치게 낙관적임을 비판하기도 하였다. 이에 대하여 벨라는 『도쿠가와 종교』의 새 문고판을 1985년에 내면서 전에 지적하였던 일본 특유의 기풍이 합리화와 근대화의 원천을 제공할 뿐만 아니라 그에 따르는 손실 비용면에서도 또한 고려되어야 함을 시인하였다. R.N. Bellah, *op. cit.*, 〈문고판〉 머리글.

국에서처럼 보수 전통주의로 인한 주술적 비합리성으로 더 이상 이해되지 않고, 업적본위 사상과 더불어 일본사회에서는 윤리적으로 합리화의 영향력을 행사하는 진보적 기풍으로 해석되었던 셈이다.[30)]

6 한국 근대화와 유교 윤리

그런데 한편 1980년대에 이르러서는 일본뿐만 아니라 급속한 경제성장을 이룩한 대만, 홍콩, 싱가포르 그리고 한국 등 이른바 '네 마리 용' 으로 일컬어지는 동아시아 신흥공업국가들(ANICs)이 출현하게 되었다. 그리고 이들의 공통된 정신적 배경으로서 유교는 또 한번 새로운 사회과학적 해석의 관심사로 떠오르게 된다.[31)] 과연 이들 동아시아 국가들의 경제성장과 유교는 상관관계가 있는가?

이들 중에서도 가장 대표격인 우리 한국의 경우는 세계적인 주목을 받게 되었다. 그리고 이것은 곧 한국 근대화와 유교 윤리의 상관관계 논쟁[32)]으로 전개되었다. 우선 한국사회 내에서 근대화가 무엇을 뜻하

---

30) 이와 유사한 맥락에서, 그 후 일본경제의 성장을 종교를 중심으로 하는 문화적 맥락에서 설명한 것으로 미치오 모리시마의 책 등을 꼽을 수 있을 것이다. 그러나 보겔의 책 등에서는 문화보다는 제도적인 요인들이 해석틀로서 더욱 강조되기도 하였다(M. Morishima, *Why Has Japan 'Succeeded'?: Western Technology and the Japanese Ethos*, Cambridg University Press, 1982; E.F. Vogel, *Japan as Number One: Lessons for America*, Cambridge: Harvard University Press, 1979).

31) 미래학자 칸(H. Kahn) 등은 유교문화가 사회를 자본주의 관행에 적합하도록 변모시켰다고 하였다. 한편 버거(P.L. Berger) 등은 동아시아의 경제발전은 서구적 합리성과 개인주의를 따랐기 때문이 아니라, 오히려 이들에게 공통적으로 확산되어 있는 유교적 이념과 가치관에서 유래하는 것으로 보았다(국민호, 「동아시아 경제 발전과 유교」, 『한국 사회학』 제31집, 1997/봄, p. 43). 소위 '유교 자본주의' 라는 말이 등장하게 된 것도 바로 이런 맥락에서였다.

32) 이 논쟁이 서구에서의 '개신교 윤리와 자본주의 정신간의 상관관계 논쟁' 과 유사하게 우선 개념논쟁 그리고 직접 및 간접 인과관계 논쟁의 순서로 발전되

는가 하는 논의가 시작되었다. 사실상 종전의 일부 서구중심적 연구들은 『프로테스탄트 윤리와 자본주의 정신』의 베버적 주제를 그대로 적용하여 한국 개신교의 근대화에 있어서의 역할을 부각시켜 왔다. 이러한 맥락에서[33] 주술적이고 가족중심적인 보수성으로 대표되는 한국의 유교 윤리는 근대화의 저해요인으로만 여겨져 왔다. 물론 유교 윤리가 점차 현실주의 쪽으로 변해가는 경향은 있으나 아직도 전통주의를 완전히 벗어나지 못하고 있음이 지적되었던 것이다. 또한 종종 한국 개신교 윤리는 초창기에는 근대화의 창조적이고도 개혁적인 역할을 담당하였으나, 점차 유교 윤리의 영향을 받아서 보수화하여 근대화에 철저한 기여를 하지 못했음이 주장되기도 하였다.[34] 이런 논변 속에서는 근대화는 오직 개신교화이고, 이것은 또 심지어 전통적인 유교에서 이탈된 정도를 뜻하는 것이었다.

그런데 과연 근대화가 서구화라는 등식이 성립될 수 있는 것인가? 또 개신교만 근대화에 공헌했다고 할 것인가? 1980년대에 이르러 동아시아 국가들의 경제성장과 유교 윤리의 상관관계 논의가 활발해지면서 바로 이러한 질문들이 제기되었다. 예컨대 다른 동아시아 국가들에서처럼 새로운 가치체계로서 해석되는 이른바 '후기 유교 윤리'(post-Confucian ethics)[35]를 강조하며, 한국의 전통윤리는 주로 유교적 가족주의를 중심으로 한다는 것이 다시 상기되었다. 그리고 경제성장

었던 것은 매우 흥미있는 일이다. 이것은 아마도 '한국 근대화와 유교 윤리의 상관관계' 도 넓은 의미의 종교와 경제 간의 상관관계 논의의 일부를 의미함을 암시하는 것인지도 모른다.

33) 사실상 베버는 그의 "힌두교와 불교"에서 짧게 한국의 경우를 다룬 적이 있다. 요컨대 한국사회는 중국사회의 모방에 불과하다고 본다. 즉 중국에서처럼 유교는 합리화의 저해요인으로 간주되었던 것 같다(권규식, 앞의 책, p. 209에서 재인용).

34) 위의 책, pp. 214-303.

35) 혹자는 '신유교(Neo-Confucian) 윤리' 라고도 일컫는데, 이 용어는 중국 송대 이후의 유교를 '신유교' 라고 흔히 불러왔기 때문에 혼동의 여지가 있다.

이 더할수록 한국사회는 전통윤리를 더 강화해 왔음이 지적되었다.[36] 결국 한국의 경제성장과 유교 윤리의 상관관계가 본격적으로 거론된 것이다.

그러면 유교 윤리는 경제성장을 가져오는 직접적 요인인가? 이 문제는 그러나 간단하지가 않았다. 경제문제와 정신적인 가치의 인과관계를 도식화해내기는 본래 베버의 주제에서처럼 쉽지가 않았기 때문이다. 이에 대하여 유교적 가치는 일종의 모가치(母價値)로서 인륜, 도덕, 성실 및 협동과 조화 등의 사회윤리, 또는 부정부패를 엄단하고 절약과 검소를 실천하는 등의 정치윤리나 경제윤리 및 효 등의 가정윤리의 원천이 되어 왔음이 종종 언급된다.[37] 또 부존자원이 거의 없는 우리 사회에 고도의 인적 자원을 공급해 온 강한 교육열도 유교적 가치에서 비롯되는 것이라고들 한다. 즉 급속한 경제성장을 경험하면서 자칫 흔들리기 쉬운 가치관을 그나마 안정적으로 잘 버티며 창조적으로 나아갈 수 있게 하는 가치요소들의 근거가 바로 유교 윤리라는 것이다. 따라서 유교 윤리는 직접적이기보다는 간접적으로 근대화에 공헌했다는 말이다.[38]

그러나 이러한 유교 윤리의 근대화 공헌 논의를 좀더 심층적으로 따져 보아야 한다는 신중론도 있다. 즉 동아시아의 이른바 '후기 유교주의' 문화의 단일성과 인과성은 증명되기가 어렵고 또 역사적인 증

---

36) 박영신, 「한국의 전통 종교 윤리와 자본주의」, 한국사회사연구회 편, 『한국의 종교와 사회변동』, 서울: 문학과지성사, 1987, pp. 151-169.

37) 이동인, 「한국의 근대화 과정에서의 유교적 가치」, 한국사회사연구회 편, 위의 책, pp. 170-225.

38) 또 아주 최근에는 이렇게 거창한 거시경제적 시각을 벗어나 기업의 경영방식에서 유교적인 기업 윤리가 거론되기도 한다. 즉 한국 등 동아시아 국가들의 기업들에서 특징적으로 인식되는 집단결속, 충성심과 신뢰감 및 절대적 순종 등은 유교적 가족주의의 맥락에서 이해되어야 한다는 것이다(국민호, 앞의 논문, pp. 43-44).

거도 미약하다는 주장들이다. 그리고 유교문화가 동아시아 경제성장에 어떻게 영향을 주는가는 어느 한 사회 내에서도 각 시기마다의 역사적 경험과 국내외적 상황의 변화에 따라 다르게 나타난다는 점이 지적되기도 한다. 그러므로 때로는 긍정적으로 또 때로는 부정적으로 영향을 줄 수가 있다는 말이다.[39] 이것은 결국 경제성장에 있어서 유교중심의 문화론적 시각의 한계를 보여주고 있는 셈이다.

한편 경제문제에 있어서 이러한 종교중심 문화론적 시각들에 대한 또 하나의 중요한 비판 경향으로 비교적 근자에 마르크스주의적 맥락에서 등장한 이른바 월러스틴(I. Wallerstein)의 세계체제론(World-System Theory)이 있다. 베버의 비교 종교사회학적 연구가 세계의 다양한 종교와 문화 전통을 기본 전제로 한 데 비해서, 세계체제론은 우선 자본주의의 성장과 더불어 세계가 전반적으로 단일의 사회문화 체제를 구성하게 되었음을 가정한다. 즉 주로 개신교 국가들이 식민지들을 개척하게 되면서 (즉 그 국가들의 자본가들이 임금은 낮게 주며 큰 이윤을 남김으로써) 자본이 축적되고 마침내 서구의 자본주의가 형성되었다고 한다.[40] 그리고 이렇게 형성된 자본주의는 점차 세계적

39) 위의 논문, pp. 47-50. 사실상 이러한 입장은 "하나의 문화 내지 가치체계가 사회발전에 끼치는 영향은 그 사회가 갖고 있는 제도적 조건에 달려 있다"는 젱하스(D. Senghaas) 등의 주장에 힘입은 바가 크다. 그러나 이 젱하스의 주장은 문화적 요인이 제도적 조건에 종속된다고 하여 제도주의적인 이론에 지나치게 의존하는 결과를 초래한다는 비판도 있다(김호기, 「동아시아 자본주의 발전과 유교의 역할」, 유석춘 편, 앞의 책, pp. 347-349).

40) 이와 연관하여 남미 신생 독립국가들의 일부 정치지도자들이 경제성장을 위하여 개신교의 확산을 장려했던 것은 흥미로운 일이다. 그러나 마르크스주의적 맥락에서 나오는 또 하나의 이론인 소위 종속이론(Dependency Theory)에서는 남미경제의 후진성이 결코 비자본주의적 가톨릭의 탓이라기보다는 오히려 강대국의 경제적 침탈에 의한 것, 즉 세계체제론과 통하는 것임을 주장했다(R. Robertson, "Economics and Religion," M. Eliade, ed., *The Encyclopedia of Religion*, vol. 5, N.Y.: Macmillan Publishing Co., 1987, pp. 9-10).

으로 확대되어 개별 사회들의 경제적 운명들을 결정해 나가게 되었다는 것이다.[41] 따라서 세계체제론에서는 자본주의 경제를 기반으로 하는 현대 세계체제의 형성에 종교는 주변적이고 부수적인 현상일 뿐이다. 베버에서처럼 경제에 대한 종교의 독립변수적 역할보다는 오히려 종교가 지닌 체제 내에서의 불평등과 착취를 정당화하는 이데올로기적 역할의 경제적 의미심장성에 대한 일부 새로운 시각만을 자극하고 있는 셈이다.

그러면 과연 종교는 진정 경제변동의 종속적 변수에 불과한 것인가? 인간생활에 있어서 경제적 요인이 중요한 것은 물론이지만 결정론적 의미에서는 그렇지 않음을 파슨즈가 강조했던 것이 여기서 다시 상기될 필요가 있다. 심지어 산업혁명에 대한 경제적 반응들조차도 스스로를 성격상 일종의 종교상징으로 여겼다고 그는 지적했다. 즉 아무리 경제적 반응이라 하여도 결국에는 인간 존재의 본질과 의미에 관한 사상들을 동반할 수밖에 없기 때문이라는 것이다.[42] 이쯤 되면 경제문제에 관한 종교 · 문화론적 시각이든 유물론적 시각이든 사실상 모두가 순수 이론적이기보다는 신화적인 측면[43]이 있다고 할 수

---

41) I. Wallerstein, *The Modern World-System*, N.Y.: Academic Press, 1974; R. Robertson, "The Sacred and the World System," P.E. Hammond, ed., *The Sacred in a Secular Age*, Berkeley: University of California Press, 1985, pp. 347-357 참조.

42) T. Parsons, "Religious and Economic Symbolism in the Western World," *Sociological Inquiry*, 49(1979): 1-49.

43) 이와 관련하여, 노박이 자신의 책을 '경제학의 신학'(a theology of economics)으로 끝맺으며 자본주의를 기독교적 용어로 변호했던 것을 상기할 수 있다. 일종의 자본주의 신화화의 시도였던 셈이다(M. Novak, *The Spirit of Democratic Capitalism*, N.Y.: Madison Books, 1991). 또 여기서 한 걸음 더 나아가, 오늘날 우리의 경제체계를 아예 종교로 이해하는 수도 있다. 이런 맥락에서는 경제학이 과학이기보다 신학이며, 그의 신은 시장(市場)이다. 그리고 자본주의의 이단이었던 공산주의의 몰락은 그 '시장의 종교' (religion of the market)가 역사상 최초로 진정한 의미의 '세계종교' 로 되어가는 데 일조하고 있다고 한다. D.R. Loy, "The Religion of the Market," *Journal of the American Academy of Religion*,

있을 것이다. 한편 터너(B.S. Turner)는 이와 비슷한 맥락에서 아예 사회발전 문제를 마르크스 전통과 베버 전통으로 이분화시켜 이해하려 했던 기존의 접근방식 자체를 통렬히 비판하고 비신화화하기도 하였다고 볼 수 있다.[44]

이상의 긴 논의를 마감하면서, 결국 종교와 경제의 상관관계론은 일정한 이론으로서가 아니라 오히려 신화적 맥락에서 우리에게 던져지고 있다고 생각된다. 요컨대 마르크스에서 시작된 하부구조적 결정론에서 베버의 개신교 윤리론을 거치며 내려온 자본주의 신화는 수많은 비판을 당면하면서 비신화화되었다. 그러나 다시 베버의 주제는 파슨즈 등에 의해 유물론과 종교 · 문화론 그리고 동양과 서양이라는 이분법적 변수들로서 새롭게 재신화화된다. 하지만 터너 등의 파슨즈 비판은 이렇게 재신화화된 베버 주제에 대한 또 한번의 비신화화인지도 모른다. 그리고 제도론 등을 새로운 개입변수로 제시한 비신화화도 있었다. 그럼에도 불구하고 오늘날까지도 종교와 경제 간의 상관관계가 수많은 사회과학자들과 종교학자들에게 중요한 신화적 모티브를 끊임없이 제공하고 있는 것만은 분명하다.

65/2(1997): 275-290.

44) B.S. Turner, "Weber and Sociology of Development," *For Weber: Essays on the Sociology of Fate*, 유석춘 편, 앞의 책, pp. 105-128.

찾아보기

ㅇ

저자 약력

김종서金鍾瑞, Kim Chongsuh

현재 서울대학교 인문대학 종교학과 명예교수

서울대학교 인문대학 종교학과 졸(B.A.)
미국 캘리포니아대학교(UC Santa Barbara)
종교학과 석사 및 박사과정 졸(M.A. & Ph.D.)

한국정신문화연구원(현재 한국학중앙연구원) 한국학대학원 교수 역임
미국 하버드대학교 세계종교연구센터 객원학자 역임
미국 캘리포니아대학교(UC Berkeley) 객원학자 역임
일본 도쿄대학교 객원학자 역임
『종교연구』 편집위원장 역임
세계종교학회(IAHR) 학술위원
한국종교학회 회장 역임

논저

"Religious Pluralism and the Concept of Religious Revalorization"
「종교다원주의와 한국신학적 의미」
「한말 일제하 한국종교 연구의 전개」
"A Study of Korean Church History"
"Inter-religious Conflicts and Religious Education in Contemporary Korea"
"Inter-religious Clash and Dynamic Faith in Contemporary Korea"
「韓國宗教と宗教學」 외
『현대 신종교의 이해』
『*Reader in Korean Religion*』
『서양인의 한국종교연구』
『비교종교학』(역서)
『현대종교학담론』(역서)
『미로의 시련-엘리아데 입문』(역서)

종교학총서 2

종교사회학

초판 1쇄 발행 2005년 12월 30일
초판 10쇄 발행 2022년 4월 25일

지은이 김종서

펴낸곳 서울대학교출판문화원
주소 08826 서울 관악구 관악로 1
도서주문 02-889-4424, 02-880-7995
홈페이지 www.snupress.com
페이스북 @snupress1947
인스타그램 @snupress
이메일 snubook@snu.ac.kr
출판등록 제15-3호

ISBN 978-89-521-1514-0 93200